《阿含經》解脫之道
－增上戒、定、慧三無漏學

胡順萍　著

目 次

緒言

一、研究緣起與旨趣

　　由初涉佛學之探究，至今已約近二十年，在浩瀚之三藏中，不得不感嘆佛學內涵之豐富與理論之精微。然正由於佛學深具理論思想之內涵，故佛學可獨立爲一理論系統，可成爲純粹一種學術研究；惟返觀釋尊開法之旨趣，其主要之目的是爲人生解決生活與生命之問題；換言之，論述修學內容且要求實踐於日常生活中，使個己之生命能有另一番境界，如是才符合釋尊之本意。

　　個人對佛學之探究，是由禪宗爲入門，此中所呈現之相關與延續之著作有《六祖壇經思想之承傳與影響》（碩士論文）、《宗密教禪一致思想之形成與影響》（博士論文）與《永明延壽「一心」思想之內涵要義與理論建構》，此三著作是對禪宗做一探源與發展之研究。至近多年來，於大乘經典中，則將研究觸及至《華嚴經》與《法華經》，於此所完成之著作分別有《華嚴經之「成佛」論》與《法華經之思想內涵》，此兩著作皆以經典文本爲主要探究之著力處。其中《華嚴經之「成佛」論》除呈顯法界觀外，其重點仍緊扣在完成佛道之部分，此亦代表修證才是關鍵。於《法華經之思想內涵》之探究中，開權顯實爲《法華經》之主旨，然權法之開

敷即代表對修證之肯定。由此再探及至《般若經》，所呈現
之著作是《般若波羅蜜多之覺觀與行證》，是書主要探究「般
若波羅蜜多」於修學、觀照、行持與證悟上所具有之特殊作
用，亦可言：唯透過般若慧才能使各種修學道品轉爲具有增
上作用，以至終得證悟之可能。由以上之研究所涉及處，在
在呈顯佛學之探究，終必論及至實踐修行，而此即是戒、定、
慧三無漏學之內涵。今本著作之撰寫旨趣，是立足以最根本
之法義爲中心，內容以《阿含經》爲主要經典依據。[1]

以下即分別就《四阿含經》之內容作一總體之論述：

有關《雜阿含經》之論述，如云：[1] 從聖典結集與開展
的經過，可以得知：《相應阿含》（又稱爲《雜阿含經》）是
佛教教理、經說的母體，是現存最早出的基本經典，亦是研
究佛學的基礎。熟讀《雜阿含經》可以體會：1.釋尊成道至
般涅槃間一代之教化。2.佛陀慇勤之教授、教誡，親切猶如
釋尊現前。3.記錄人間佛陀來往各地，解答教內、教外日常
生活乃至宗教生活的種種問題，可以做爲現代人建立正確人
生觀的借鏡。4.人間佛陀觀異於後出經典之超人佛陀觀，可

---

[1] 漢譯《四阿含經》分別爲：《長阿含經》《中阿含經》《雜阿含經》《增
壹阿含經》。巴利語譯《五部》分別爲：《長部》《中部》《相應部》《增
支部》《小部》，其中前四部約相當於《四阿含經》。有關四阿含與五
部內容之比較，請參閱印順《原始佛教聖典之集成》第二章、第三、
四節，其中〈漢譯四阿含〉一文，於傳譯之時間、過程與考證皆有說
明。（台北：正聞出版社，1986 年），頁 89-103。本著作於《阿含經》
之主要參引文獻資料爲漢譯《四阿含經》，以《大正新脩大藏經》爲
主，並輔以《佛光大藏經·阿含藏》。

以認識佛陀的本來面目。5.可以把握釋尊的教、理、行、果的本義。」[2]

有關《中阿含經》之論述，如云：「所收集經以分別抉擇爲主。注重分別『業』，以建立正見、正信、正精進。分別『戒』，以守護正志、正語、正業、正命。分別『定』，以確立正念、正定。分別『慧地』之蘊、處、界、諦、緣起諸法，以獲得正智。抉擇『道』及『道次第』，以安立解脫道跡，使學者依次第趣涅槃。」[3]

有關《長阿含經》之論述，如云：「在內容上，長阿含經之重心，乃針對教外之適應與化導。如下所述：1.佛陀之大德、大行。2.透過天神、神通及一般信仰而表現出佛陀的崇高。3.表彰佛法之圓滿。4.融攝民間信仰，導正異學宗教見解及行爲。5.平等、安和、樂利之社會。」[4]

有關《增壹阿含經》之論述，如云：「編集之二大方針：1.依法數增一，相次彙集，便於持誦，憶念不忘；亦便於教化，以防諍訟。2.以教化弟子啓發世、出世善，滿足希求，

---

[2] 引自《佛光大藏經‧阿含藏‧雜阿含經》〈雜阿含經題解〉，（高雄：佛光出版社，1995年），頁8-9。

[3] 引自《佛光大藏經‧阿含藏‧中阿含經》〈中阿含經題解〉，（高雄：佛光出版社，1995年），頁8。

[4] 引自《佛光大藏經‧阿含藏‧長阿含經》〈長阿含經題解〉，（高雄：佛光出版社，1995年），頁6。

爲人生善悉檀爲主。」[5]又：「增壹阿含者，比法條貫以數相
次也。終十令加其一，故曰增壹也。且數數皆增，以增爲義
也。其爲法也多錄禁律，繩墨切厲乃度世檢括也。」[6]

　　由上之所述，顯可得見：《阿含經》代表釋尊言行之展
現，且主要是爲引導學人以及化度教外，故除展現釋尊之德
行外，如何分別抉擇戒、定、慧以終趣入涅槃解脫，此是《阿
含經》最主要之意趣。觀《阿含經》之內容，其所呈現之佛
法，是一種於日常之修行，且在力行實踐之下，可確實爲人
生注入新泉源。

　　惟《阿含經》之探究上，由判其爲小乘教，至視其爲代
表釋尊早期之法義，如是之歷程，是在能對《阿含經》做深
入研究後所得之結果；[7]換言之，佛法義之根本思想，是保
存於《阿含經》中，此是受肯定的。至近數十年來對《阿含

---

[5] 引自《佛光大藏經‧阿含藏‧增壹阿含經》〈增壹阿含經題解〉，（高
雄：佛光出版社，1995 年），頁 10。

[6] 引自晉‧釋道安《增壹阿含經》〈序〉，大正 2‧549 上。

[7] 釋惠敏〈《阿含要略》出版感言〉：「完整的《阿含經》類在五世紀初
就已完成漢譯了，可是並沒有受到中國佛教的重視。其原因或許是當
印度佛教傳入我國的初期，印度本土正是初期大乘佛教的發展高潮，
最重要的佛典傳譯者，如竺法護、鳩摩羅什等大師也是以弘揚大乘爲
言。因此，對本來是代表『根本佛法』，卻常被誤解爲是『小乘』經
典的《阿含經》類，其專家學者亦寥寥無幾。」收錄於楊郁文《阿含
要略－阿含學與阿含道》〈序文〉，（台北：法鼓文化公司，1997 年），
插頁 1。

經》相關之研究，已漸成規模。[8]在隨著前人對《阿含經》
更多元之研究，並再檢視佛法發展所延伸興起之各宗派，阿
含經義所論述之無常、苦、無我之理論，可謂是整體佛法之
核心；換言之，各宗派所強調闡述之義涵或有不同，此乃是
因透悟角度不同所呈現之面貌所致，實然仍不離佛法之核
心：觀一切皆緣起，終究成空。顯然，證空是佛法終極目標，
如是之智慧亦為大乘佛法所確行，以是菩薩欲轉證入佛，仍
需立於不執、不著之般若慧滌淨而悟得。惟證空之慧，尚依
憑於戒、定以成之，至此，由戒、定、慧以致解脫之歷程則
已成《阿含經》論解脫道之模式，而戒、定、慧在互為增上
作用下，更是後世論證修行之根本要領，故又謂三無漏學。

　　本著作之撰寫旨趣則是建立在：歷經多年探究大乘經論
上，佛學終不離要求力行實踐，亦即是對戒、定、慧三無漏
學之具體完成，故本著作特以戒、定、慧以至解脫為總論，
並以《阿含經》為最根本之法義源頭。在前人已具有之研究
基礎上，本著作於戒、定、慧與解脫之探究上，著重在以《阿
含經》之經文為主，分析論述三無漏學之內涵，是一皆環繞
在以欲證解脫為目的；換言之，《阿含經》所論述之三無漏
學，非為理論之建構，而是為證解脫。在以欲證解脫為目的
之前提下，則修戒是為離欲，修習身心之止定是為求發慧，
開慧之源頭則在觀照五蘊，而解脫是一種心境，亦是三無漏

---

[8] 其中楊郁文《阿含要略－阿含學與阿含道》，是將《阿含經》做一整
　體架構之分類，是書對於欲探究《阿含經》，可謂是一本入門導引之
　書，將本是集各經而成之《阿含經》，可得一窺《阿含經》之大要主
　旨。

學之完整具體呈現。依本著作之探究實為呈明：由《阿含經》所立論之戒、定、慧三無漏學，是立足於現實世間，且是一必可實行之修習方法，如是之內涵精神，是通於後起之各大乘經論與宗派。即使於後起大乘經論裡，或如《華嚴經》所建構華藏莊嚴重重無盡之世界海，惟如是世界海之證得，亦需立於由人證入，此即展現於善財童子五十三參之部分。又或如《法華經》所論之三乘歸一乘，一乘是立於佛之本懷－以遠劫之實而論，則人人皆本是佛，但權法之近迹則是修習工夫之歷程與展現。乃至《般若經》所論不執不著之智慧，尚需因觀照世間法一切皆空無所得而證悟，顯然，不論所建構之境界與精神有多殊勝而妙不可思議，但於證得上，則一皆需返回在現實人生中而完成，故唯有力行修習戒、定、慧三無漏學以至解脫，才能彰顯成佛之真實意義，此即為《阿含經》之主旨，亦是本著作所欲呈現之內涵意向。

二、問題思考與研究範圍

釋尊將生活安排與對生命觀照置為人生最重要之課題，此中最能凸顯之部分即是要求於己之煩惱解脫，亦可言：論解脫之道，正是為使個己當下之生命與生活能呈顯自在安然，如是之理路，顯而得見是將人生之重心先放在對個己之關心上，以是，於《阿含經》中，有關觀照人生之無常、無我、苦等思想，則為《阿含經》之重點亦能明之，唯釋尊

以己身而示現行遊教化之過程，正是一種菩薩行之展現。[9]
換言之，在《阿含經》中，論解脫之道，可謂是與釋尊重生
活與生命之意旨相應，然修證解脫方法之增上戒、定、慧三
無漏學，則在延伸契入釋尊演法是爲濟世度人之究竟精神。

　　本研究範圍是立於思考釋尊演法之究極目標在證得涅
槃、得解脫，並由己而他之對生命同體之觀照，此是釋尊一
生示現之本懷，實亦爲《阿含經》之理論與目標。惟考之佛
法隨著後起大乘菩薩行之被高度宣揚後，若以大乘特強調濟
世度人之立場，以反觀《阿含經》先立於觀現象之緣起性空
之核心理論，則《阿含經》被判爲以自度爲主而有小乘之名，
如是之論說，顯然是僅以法義傾重不同所得之結果。唯當更
深入大乘之核心與目標時，大乘所論之菩薩行者，其證空之
智慧仍爲入涅槃、得解脫之依據，在此立論下大乘佛法之空
義，實仍不離《阿含經》緣起性空之核心價值。

　　基於《阿含經》至大乘法義之廣揚，如是之發展歷程，
不論之先立於觀現象緣起性空，或強調濟世度人之行願，在
歸結證空、涅槃、解脫上，則可謂是佛法之所以名爲佛法之
最根源問題。以是，將研究範圍設爲以《阿含經》爲主，正
是爲彰明《阿含經》在名爲「傳來之聖典」義時，其核心價

---

[9] 林崇安《佛法之源－阿含經的源流與核心思想》〈《阿含經》的菩薩道〉
有云：「釋尊在《阿含經》中的開示，是以聲聞道爲主，兼及菩薩道。
每當釋尊提及自己往昔如何如何修行時，便是在教導菩薩行。這些教
導散見於《阿含經》中，其內容不外是布施、淨戒、安忍、精進、靜
慮和般若等六度。」（台北：大千出版社，2007年），頁215。

值之法義精神，是代表佛法之宗旨；換言之，不論後人如何判教，《阿含經》實不可與其他宗門法義相較而被判之為小。

　　依釋尊悟得緣起法則，是由宇宙現象所覺之而然，亦可言：釋尊悟得緣起之理，實然亦是悟得宇宙天地之理，而宇宙天地最具體之表現即是生命。古人以天、地、人名曰三才，此並非僅為說明人存於天、地之間而已，更重要在於人與天、地互相依存之關係；除此，萬物萬類之間更可謂是彼此同為一體。今時，隨著環保意識之抬頭，「地球村」名詞之出現，更引證生命一體之概念，以是，釋尊所覺悟之緣起法則，當適用於一切萬物萬類，乃至宇宙天地，故釋尊不但覺悟緣起法，並以緣起法為法義核心而引領教導世人，亦皆當覺之、悟之此宇宙天地之理，而釋尊亦依如是之弘法利生之典範行為而入涅槃。因此，不論是在證空智慧之表現上，或對生命熱情之積極態度上，如是皆是佛法之根本價值，而如是之精神，不但表現於《阿含經》中，更為後起大乘佛法所繼承發揚。

　　依上所論，本著作是以《阿含經》為主要參引文獻資料，此是為彰明《阿含經》代表釋尊之根本法義，其理論與地位是佛法之基石；且為顯出修證歷程與完成，是釋尊對生命最熱情具體之表現，故在覺悟宇宙緣起法後，並將之落實至人本身之行證上，而增上戒、定、慧三無漏學，正可謂是欲求人格以至佛格所必然衍生之願求與行為。

　　當釋尊以緣起法義之悟得並以之爲教化核心時，顯然，釋尊是欲將悟得之理，使生活能有一更好之安排秩序與品質提昇，因依緣起法，則緣生或緣滅皆有一定之因緣條件存在；換言之，論緣起法，不但能勘破宇宙是成、住、壞、空之共業，此不必然只是了知終究成空之消極義，其更具有掌握每個當下因緣條件之積極義，故在釋尊覺悟緣起法之教導裡，其對戒、定、慧之要求，即是欲求人之品質轉爲增上，亦可言：人類唯有在悟得天地之理，並配合宇宙全體生命之律動，人類才能發揮真正之力量，故覺悟緣起之理、行持修證之路，是爲成就全體圓滿生命之道。

　　悟緣起法是釋尊之智慧，引領學人一皆能由己至他以互爲增上行持之力量，此爲釋尊對全體生命關懷所展現之大慈悲心，亦可言：慈悲心之具體流露即是對全體生命之觀照。對全體生命之觀照與思惟，於後起大乘各大宗派中，華嚴宗是爲最具代表性：中土華嚴宗之諸祖，依《華嚴經》所顯之佛始成正覺之境界，在海印三昧之映現與因陀羅尼網之架構下，全體華藏世界海一皆是相即相入，且依據「一即一切，一切即一」之周遍含容、圓融無礙之理境，以至觀一切現象與現象之間亦皆相融無礙，而完成「事事無礙」之理想世界，此現象界中之事事無礙，即是對全體生命所展現大慈悲心之關懷與包容，此爲華嚴宗之理論思惟與特色。

　　釋尊悟緣起法，可得知現象之事實，然對生命之現象存在亦表現出深刻之關懷，故釋尊於悟緣起法後，即積極展開

其濟世度人之行，此是釋尊之慈悲心。至此，可再思惟：顯
然《阿含經》所論之緣起無常，與釋尊力行戒、定、慧之修
持，以至終其一生之行遊教化，如是皆在展現對全體生命之
觀照與關懷。《華嚴經》在對全體生命同為一體之思惟上，
可謂甚具代表性，故本著作於論《阿含經》有關戒、定之修
持內容時，為說明《阿含經》非只是觀緣起無常為自知消極
義而已，因當個己生命投入行持與積極度人時，生命實已無
有獨立存在之說；換言之，生命之互為依存是確為事實而無
可爭議。以是於增上戒、定學之論述中，特舉《華嚴經》為
一指標性之理論而做一延伸之說明，此皆為說明：《阿含經》
實不可被視為單一論緣起無常義而已，其對宇宙現象之觀照
所得之智慧，以及對全體生命之關懷，是為後起大乘所紹隆。

　　釋尊一生之示現，其悟緣起法是由宇宙現象而得之智
慧，且由宇宙天地再及至人事，則人生所遭遇之喜、怒、哀、
樂，亦終在緣起之下而呈現無常性，此為釋尊終要學人觀五
蘊皆空之理，並以此而了脫人生因執著所產生之煩惱。觀
此，悟緣起法且將其落實在具體生活上，此即是釋尊一生所
努力推動之意旨與趣向，而如是之思惟智慧與具體生活之行
持，於釋尊而言，緣起法絕非只是一種現象或理論而已，其
目標在將緣起置於生命與生活中，以臻至呈現解脫自在之人
生；換言之，於釋尊之思惟裡：理論（緣起法）必然要再加
上生活（戒、定、慧之行持），才是成就佛道之徑。

　　由以上所論述之思惟，亦即是本著作所欲呈現之內涵與

研究範圍：是立於釋尊對全體生命之觀照與關懷，生命之最主要課題，是爲使互爲依存之個個不同之生命，皆能完成互爲增上之表現，而此中則必然要涉及自我行證之實，故本著作是以《阿含經》解脫之道爲主題，而其內涵即是增上戒、定、慧三無漏學之行持修證。如是之設定，是爲返歸釋尊之根本法義精神，是以智慧爲前提，與具體表現在行爲上之本懷，而如是之意旨方向，與今時全世界正積極推展之大自然生命互爲一體之理念，可謂是互爲呼應，而此即是本研究主題所探究之範圍中，最欲呈顯之另一深層之意象；換言之，解脫之道與增上行持，正是一種由己至他對全體生命觀照所呈顯具體實證之方法。

三、章節安排與內容說明

佛教由釋尊所推成創立，此爲史家之論，即或依釋尊之意，一切法皆本存在宇宙中，其並未開創任何法，但釋尊於佛教之地位，是不容撼動則已爲確然。佛法之根本契入點在緣起，而緣起生滅之現象，本呈顯在宇宙事實中，故釋尊言緣起法並非由其所開創，此理亦可明之。惟釋尊之不凡是在覺悟緣起法則，並以之爲其教化之核心，此是釋尊之特殊貢獻。釋尊法義之精神，其根本處即在引學人將本自覺知之能發掘出來，顯然，依釋尊之本意，是在肯定人人本具自覺如來，在如是立足點上，則本無佛與眾生之差異，唯自覺知被彰明之多寡程度，即是形成聖、凡有別之關鍵所在。爲充分

開顯自覺知，則修證工夫被強調重視與高舉，如是可將本不可測得之自覺知，返歸落實在日常生活之細儀中，此不但在釋尊身上可得見之，更表現於僧團之制戒上。

　　佛法隨時間與地域而有甚大不同之發展，唯此中可思考之問題是：佛法之重心爲何？佛法之法義精神是否有因時代之發展而有所改變？又後起各宗之法義雖各有不同之傾重，但其間是否有共同之意旨方向？依佛法之根本在緣起，此爲釋尊宣法之主旨，緣起是現象界之事實，由緣起所觀照而得之無常、無我、苦，則爲佛教之法印標幟，即或後起大乘特強調濟世度人，但於我、法之不執以致證空，如是之智慧與精神並未改變。小可言：在鳥瞰整體佛法之各宗，依修行實證而達至解脫成佛之歷程，使佛法終不僅以理論爲勝場，其需在生活與生命中而悟得，如是，則戒、定、慧三無漏學之修證，不僅使佛法擁有宗教之特質，更是全體佛法之架構座標。

　　依如是之思考，則本著作特以戒、定、慧、解脫爲四大章節，其內容安排說明如下：

　　於增上戒學方面：首先探究戒所具有之義涵，依釋尊之意，戒是立於防非止惡之作用，此爲戒之消極義，但由持戒（戒德）可成就佛道，此則爲戒之積極義。再進至探究釋尊爲引導學人（僧團）時，其施戒之原則，是著重在意業上；換言之，起心動念即是修戒之開始，且又以解決現世當下之

煩惱爲主，此亦彰顯《阿含經》是人間佛教、釋尊是人間佛陀之意向。並再論及修戒之入門在守護六根，於此釋尊提出「四念處」之修戒方法，要學人在日常生活間謹守「身、受、心、法」之觀照，以此可得成法行、正行，如是皆可看出：戒實然具有增上一切諸法、道品之作用。除此，再予探究由阿含戒學至大乘戒之相承關係（以《華嚴經》〈淨行品〉爲例），此部分是爲說明：《阿含經》所論述之戒，雖是以「克己」爲立基，但其終境仍在「利他」上，此與大乘精神是相應的；換言之，若以《阿含經》是僅爲小乘之自利，實是對阿含戒學之誤解。由對《阿含經》增上戒學之探究，可知佛法之修證、佛德之圓滿，一皆依戒而成，戒爲三無漏學之首，其地位亦確然得立。

於增上定學方面：於《阿含經》中，除對現實世間欲求煩惱止息之探究外，有關定之修持，是佔有一定之分量。於定之探究，首先是論及定之義涵，依定之修證而言，實然是源於心（意）之紛亂，故求於定之修持；換言之，定與思惟、觀照是互爲相關的，惟《阿含經》是以對五蘊無常、苦、無我之觀照爲主，且由對五蘊之正觀，故可得離苦之目的，此爲《阿含經》一貫之意旨。正因定與心（意）有密切之關係，故探究修定之方法，則是在護心、修心與意念之思惟，於此，則論及至四無量心與七覺分之修習。依三無漏學之次序，是起於戒，終於慧，定顯然是一過程；換言之，佛法終不以入深定、證神通爲究竟，故論及修定之目的，則是爲得成般若慧，此即是在說明：所謂定實然是爲證得慧，雖言如是，但

修定能具有神足示現之功能，亦在《阿含經》之論述中。除此，必再探究修定之境界，此即是論述四禪那之過程，如是實爲彰顯：定境之獲得必依道次第而得成；換言之，離開戒之修持，亦無有定境之可能成就，而聖者之解脫境，是一種由戒生定所產生之意境。

於增上慧學方面：三無漏學是由戒生定、依定發慧，顯然，成就慧是證得解脫之重要依據。於慧之探究上，首先論及《阿含經》所成就之慧，是一種於現實世間中因觀照五蘊終究成空，以至產生不執不著之智慧與態度；換言之，成就慧是以厭離欲而趣向涅槃爲目標；而慧之內容即是四聖諦：由感苦而探知苦之源，再進而斷除以至證悟，如是之歷程，即是修證成佛之道次第，亦能凸顯《阿含經》所論述之慧，是爲落實成正行以悟入實相爲要旨。其次是以佛法縱向發展爲背景，探究由《阿含經》所開展之緣起智慧，因緣起而可得成不執之圓融，此即是阿含慧學所展現之價值意義，而如是之慧學內涵，是整體佛法之根基；由《阿含經》緣起之觀照智慧，至大乘相關之般若系經典，其內容主旨可謂：一皆因觀照五蘊皆無常、空，而行不執不著之生活態度，此部分特以《般若心經》、《金剛經》與《壇經》爲論述，以探知阿含慧學對後世所產生之影響。

於正解脫學方面：修習三無漏學，其目的是爲證得解脫，於此，首先需探究解脫之義涵，於《阿含經》中，解脫之主要義涵是諸漏盡與於一切法皆去執後之生活態度，而解

脫之證得又與持戒、習定、修慧有關，此亦可明示：《阿含經》所論述之解脫，是一種必依實修、實行而論。惟於《阿含經》中，解脫可依不同之修證內容而有不同之解脫名稱，顯然，於證果上，如來與阿羅漢皆可同名為解脫，但如來是正覺解脫，而阿羅漢則為慧解脫，依如是之立論，則解脫亦可謂是一種道次第之修證。其次，所要探究是修證解脫之主要方法，於《阿含經》中，特強調心之遍修、守護與不染，於此將論述大心解脫、無量心解脫與四念處之「觀心如心」。於《阿含經》所論述之三法印，是為入於寂靜涅槃，而涅槃即是一種自他身心淨化之修證，而淨化之程度，亦可言是對涅槃之態度，終將決定所證得之解脫內涵。再其次，則是探究解脫者之修行境地，所謂解脫之證得，是意指於心態與行事上另有一番見地；換言之，於一解脫者而言，於解脫後亦必須其繼續修持與境地之提昇。

　　由以上對《阿含經》戒、定、慧、解脫學之探究，是為揭示：佛法之核心價值在自覺修證上。戒之制訂與持守，是各宗之必然，惟於戒律之內容與持守上所產生之歧見，此為佛法發展中所當要面臨之問題。若視戒為法，則法除重其建立，更要能隨時、空而修之，此乃意謂：戒法容有因時、地等因緣不同而有差異，但對根本之五戒，與制戒之精神，則不容異議，此正可凸顯：即使隨時、空之轉移，若干之戒條已不合時宜，但律為三藏之一，戒為佛法修證上之必修功課，則為確立。定之修習是佛法一特色，且隨佛法之發展，習定可獨立為一學門，雖言如是，但由《阿含經》所論述之

定,是一種源於正觀思惟所產生之行持,且依定之修持,落實於日常生活上,則是為避免因紛亂之判斷而造成煩惱,此為習定之效果。依《阿含經》論定之義涵,則習定並非僅止於在定上著力而已,然觀今日各種與習定相關之學派紛然成立,此則是在說明:於忙碌生活中,人們對身、心平靜有著強烈之渴望與需求,此或與釋尊論定之本懷稍有差異,但習定所產生之功效,則已然是受肯定的。釋尊是示現出家相而行持教化,於此立場上,佛法常易被歸類為出世法,然依《阿含經》所論述,釋尊強調「於世間而不染世間」,故所謂出世法並非是獨立於世法之外。佛法強調智慧,所謂智可以是一種知識、世法;慧代表一種力量,而慧需以智為基礎,依《阿含經》所論述之慧,是依於五蘊世間而真實觀照得之,顯然,修學佛法是一種須深入世間而觀照,需在世法知識滋養下而領悟之。因對世法觀照得知無常之真理,故不執是觀五蘊所產生之態度,更是一種智慧之表現,此智慧與態度表現於具體行為上,即是不固執己意、不自恃己見、不自以為是,亦可言:觀五蘊所得之慧,是將自己成見放下,才能於應事待人上能更具同理心以臻至不傷己又不傷人之圓滿狀況。解脫二字是極易被誤解,常人以死亡為解脫,死亡雖代表生命之終境,但佛法所論之解脫,是煩惱止息、諸漏已盡之境地;換言之,佛法是為求生存當下即能證得解脫。就生命而言,心之無明與痛苦,往往可能勝過身之病痛,觀現今憂鬱症、躁鬱症等相關病苦之起因,實然可以肯定:心之自在解脫是擁有快樂人生之重要關鍵之一。依《阿含經》所論

述之解脫境，顯然並非是一種神秘經驗，其實就是一種淨化之修證，而爲能永保解脫之境地，則修行即無所謂有終境之處，實然是一種淨化再淨化之歷程，直至生命圓盡之時。

第一章《阿含經》增上戒學之立論特色

一、前言

　　釋尊開法著重在啓發人人皆本自具足自性之智慧，唯智慧呈顯多少，則會因人而異，此即是有若雲遮月般，雲則代表個人之執障，執障除則月現，月則代表自性之智慧。然執障之去除並非憑空可得，皆需仰賴修證工夫，而修證工夫之基礎則在戒，佛法特立律藏爲三藏之一，此足見佛法不同於一般之哲學理論而已，其施戒之目的，是但爲修證，因持戒之精微程度，將攸關由凡夫以臻至成佛之重要關鍵。《阿含經》是以論述無常、苦、無我爲主要內容，然釋尊之初轉法輪，除對三法印之開演外，更著重在四聖諦之闡述，四聖諦亦可言是釋尊爲度眾生能由凡入聖之修證工夫。若依釋尊於不同之時、地、人、事等因緣而有方便善巧之演法，此中，不論是強調布施、持戒、禪定等法，如是可使眾生於世間中能得勝利自在；或言四聖諦使眾生能見苦、斷集、證滅、修道；或依緣起之究竟空性以入涅槃得解脫等；如是演法之不同，皆是釋尊爲度根性不同之眾生而然，唯此中皆一致要求必須修證，顯然，唯有修證才有入於解脫境之可能性。雖言眾生根性各有利鈍之差異，然能由戒入手，才可使鈍漸轉入爲利，顯然，戒於佛法可謂是共同之守則；而佛教之諸宗別派理論或有不同，但同重戒、共遵戒，則爲一致。唯於戒之內容、於戒之細則，則各有不同，且因個人願力不同，而戒

律之嚴謹程度亦將個別有異,如是皆能看出:佛法之戒律,是以自律為重;個人皆可衡量各自之差異而持守不同之戒律,唯代表僧寶之比丘與比丘尼則必遵行具足戒。[1]

本章欲探究呈顯代表早期聖典之《阿含經》中,有關論述「戒」之義涵、立戒之原則意義、修戒之方法與對戒德具足之描述等,於此皆能透顯釋尊欲以戒印證法義之本懷;並由對《阿含經》戒學之內容探論,亦能對後起大乘戒或相關戒律之經論,能具有多一層溯源之思慮。

二、戒之相關義涵、原則與趣向

戒為佛法之基礎,就戒本身而言,戒即是一種戒條,但戒之所以能對個己或團體產生影響與意義,則必與思惟有密切之關係;換言之,戒之持守與施設,必然是對信守者能產生某些作用與意義,此乃肯定戒所具有之正面效果。

---

[1] 《長阿含經》卷 15〈種德經〉:「世尊告婆羅門曰:如來出現於世,自身作證為他說,上中下言皆悉真正,義味具足,梵行清淨。若長者、長者子聞此法者信心清淨。信心清淨已,作如是觀:在家為難,譬如桎梏,欲修梵行不得自在;今我寧可剃除髮、鬚,服三法衣出家修道。彼於異時,捨家財業,棄捐親族,服三法衣,去諸飾好,諷誦毘尼,具足戒律,捨殺、不殺乃至心法四禪,現得歡樂。所以者何?斯由精勤專念不忘,樂獨閑居之所得也。婆羅門!是為具戒。」(大正 1·96 中-下)。

1. 戒之相關義涵

當隨釋尊度生之面漸廣，於團體之生活規律而言，施戒則成為必要，然於學人而言，唯有自守持戒，才能使自己與僧團生活以達規律與和合。顯然，戒之重心在願持之心態上，如是才能使戒成為積極之意義。

有關「戒」之義，據《阿含要略》之整理約略有四：「思是戒、心所是戒、律儀是戒、不犯是戒」。[2]

依「思是戒」之義而論，則說明所謂「戒」是要經過「思」之過程始可言之；換言之，戒是一種用心（意）後之表現，如《雜阿含經》所云：

> 有人不殺生，離殺生，捨刀杖；慚愧，悲念一切眾生。不偷盜，遠離偷盜；與者取，不與不取，淨心不貪。離於邪淫，若父母護。離於妄語，審諦實說。遠離兩舌，不傳此向彼，傳彼向此，共相破壞。遠離惡口，不剛強，多人樂其所說。離於壞語，時說、義說、法說、見說。離於貪欲，不於他財、他眾具，作己有想，而生貪著。離於瞋恚，不作是念：搥打縛殺，為作眾難。正見成就，不顛倒見：有施、有報、有福，有善

---

[2] 參見楊郁文《阿含要略－阿含學與阿含道》，（台北：法鼓文化公司，1997 年），頁 167-170。

> 惡行果報，有此世，有父母、有眾生生，有世阿羅漢
> 於此世、他世現法自知作證：我生已盡，梵行已立，
> 所作已作，自知不受後有。[3]

顯然，於戒之持守考量，實則是立於對他人之一種尊重與於己之一種感同身受，此中亦已點出：重「意業」之傾向。若以戒是一種正行，則「思」即代表正見與正智，故亦可言之：一切戒行之產生皆不能離開智慧之思慮。

對有關「心所是戒」之說明，如《中阿含經》云：

> 世尊告曰：物主！身業、口業者，我施設是戒。物主！
> 念者，我施設是心所有與心相隨。云何為心？若心有
> 欲有恚有癡，當知不善戒從是心生。賢聖弟子云何行
> 滅不善戒？若多聞聖弟子觀內身如身，至觀覺、心、
> 法如法；賢聖弟子如是行者，滅不善戒也。[4]

以「心所有」、「心相隨」而論施設戒，是意指一切戒之持守，皆是在有「心」操作之下而然，而心之清淨（無欲、無恚、無癡）或染污（有欲、有恚、有癡），則終將影響持戒之結果是善或不善；換言之，「心」是形成身、口、意三業是善或不善之最重要關鍵點。釋尊施設戒，是為能以戒消業，然

---

[3] 《雜阿含經》卷37〈第1039經〉，大正2‧271下-272上。
[4] 《中阿含經》卷47〈五支物主經〉，大正1‧720下-721上。

持戒是否能真正達至消業之目的，則必然需仰靠用心（或曰意志）持戒與護戒。如是亦能看出釋尊重「意」大於身與口之傾向。依於釋尊強調「心」是造成業之善或不善之主因，而戒之作用首要是止惡，故對於心之污穢之因，則釋尊特有列舉說明與教示。[5]

依「律儀是戒」而論，一切之戒條、儀則皆是戒，唯戒除具有止惡之作用外，以律儀而言，律儀更具防護之功效，亦是促成威儀具足之重要推手，如《雜阿含經》所云：

> 賢士夫住於正戒，波羅提木叉律儀，威儀行處具足，見微細罪，能生怖畏，受持學戒；是名丈夫於正法、律第一之德。[6]

---

[5] 《中阿含經》卷23〈水淨梵志經〉：「世尊遙見水淨梵志來：因水淨梵志故，告諸比丘：若有二十一穢污於心者，必至惡處，生地獄中。云何二十一穢？邪見心穢、非法欲心穢、惡貪心穢、邪法心穢、貪心穢、恚心穢、睡眠心穢、掉悔心穢、疑惑心穢、瞋纏心穢、不語結心穢、堅心穢、嫉心穢、欺誑心穢、諛諂心穢、無慚心穢、無愧心穢、慢心穢、大慢心穢、憍慠心穢、放逸心穢。」（大正1‧575上-中）。

[6] 見於《雜阿含經》卷33〈第925經〉，大正2‧235中-下。此經是以「良馬」具有八德，以喻賢士夫亦具正法、律八德成就。第二德：性自賢善，善調善住，不惱不怖諸梵行者。第三德：次行乞食，隨其所得，若麤若細，其心平等，不嫌不著。第四德：於身惡業、口意惡業，及諸煩惱等，增其厭離。第五德：若有沙門過，諛曲不實，速告大師及善知識，大師說法，則時除斷。第六德：學心具足，作如是念，設使餘人學以不學，我悉當學。第七德：行八正道，不行非道。第八德：乃至盡壽，精勤方便，不厭不倦。

以戒爲律儀，顯然是一種將戒由消極之防非止惡外，再向上
提昇至佛德之成就亦需由戒而始，而律儀之具足亦可謂是佛
德之圓滿。若以佛德之圓滿以對律儀之要求，則能於「見微
細罪生怖畏」，則是律儀具足之初步；換言之，以律儀爲戒，
則戒是具有漸次增上之作用，故於道次第中，戒爲修證三無
漏學之首的次序，顯然已成一定型。引〈雜阿含經題解〉所
論如下：

> 道次第之緣起：慚愧→不放逸→恭敬、順語→習（近）
> 善知識→樂見賢聖→樂聞正法→不求人短→生信、順
> 語→不掉（過分精進）→住律儀→學戒→不失念、正
> 知、住不亂心→正思惟→習近正道→心不懈怠→不著
> 身見、不著戒取、度疑→不起貪、恚、癡→斷老、病、
> 死（一切苦）。[7]

戒、定、慧是三無漏學，然能願持守戒，實並非由戒本身即
能入手，尚需甚多之修行德目，顯然，在戒之持守上，於佛

---

[7] 《佛光大藏經・阿含藏・雜阿含經》〈雜阿含經題解〉，（高雄：佛光出
版社，1995 年），頁 18。有關原文內容請參見《雜阿含經》卷 14〈第
346 經〉，大正 1・95 下-96 中。
釋惠敏《戒律與禪法》：「『聲聞地』將『戒律儀』依『阿含』之戒學
的傳統而分成：1.安住淨戒 2.堅牢防護別解脫律儀 3.軌則 4.所行皆得
圓滿 5.於微小罪見大佈畏 6.受學一切所有學處等六句來說明，此外這
六句在『戒淨斷→心淨斷→見淨斷→解脫淨斷』或者『戒→定→慧』
之修行次第中，不管是從初期佛教、部派佛教，或者從大乘佛教的觀
點，此六句都被視爲『戒學』之定型句。」（台北：法鼓文化公司，
1999 年），頁 22-23。

法而言，必需有深厚之善根因緣，而一切之根基成就，又決然要仰賴無量之修持，此即佛法所一再強調信、願、行、證之歷程。

有關「不犯是戒」之義，可謂即是：「不作眾惡，不犯非法。」[8]戒是一種具體行為之展現，對戒之持守與對律儀之要求，能完具持之以至成之，才是釋尊施戒之最重要目的。然對戒之施設當下，則戒已成一不可違犯之範圍；換言之，戒實然是在建構某一種框架，一旦逾越而出，則戒已然不具有其防護之作用。依「不犯是戒」之義而言，顯然不違犯是願將自己置於戒之防患範圍內，而「不犯」之原則，才能使戒具有存在之真實意義。

依上所論之四義，可謂皆不離開「心」(此處所論之「心」是廣義的，代表「思考」)。於「戒」而言，本是一種戒規，但戒之所以有其意義，並非在戒規之本身，而在於是否願持之與能持之。因此，所謂「戒是思」與「戒是心所」，皆在說明：戒之持守必是一種經過理性思考後所產生之具體行為；而所謂「律儀」之成就，亦必是以「信心」為主才有可能；而「不犯」之行為產生，亦必是在理性思考後才能持守與臻至。[9]

---

[8]《增壹阿含經》卷7〈五戒品〉：「梵志問曰：云何名之為戒？阿那律曰：不作眾惡，不犯非法。」(大正2‧581上)。

[9] 陳麗彬《《雜阿含經》中佛陀對病苦的教示研究》：「與戒相關之義涵可總體論述為：1.捨棄惡行的意志活動 2.離貪等的心理活動 3.別解脫

於上之四義，《清淨道論》亦有相關之論述：

> 什麼是戒？即離殺生等或實行於義務行（即比丘在寺
> 內事師和掃除等）者的思（意志）等之法。
> 《無礙解道》說：什麼是戒？即思戒、心所戒、律儀
> 戒、不犯戒。
> 完成不殺等或完成義務行者的思名為「思戒」。
> 離殺生等的離（指正語、正業、正命的離心所）名為
> 「心所戒」。
> 其次捨殺生的七業道（即於身三、口四、意三的十善
> 業道中，除去意三的七善業道）之思名為「思戒」。
> 捨貪欲而離貪心住等所表現的無貪、無瞋、正見之法
> 名為「心所戒」。
> 「律儀戒」，當知有五種律儀：
> 別解脫律儀－圓滿具足別解脫律儀。
> 念律儀－防護眼根，成就眼根律儀。
> 智律儀－諸流的防護，當以慧來遮；正當的使用資具。
> 忍律儀－對寒暑忍耐等的表述。
> 精進律儀－不容生起欲尋等的表述，活命遍淨戒也包
> 括之。
> 「不犯戒」：受持戒律之人的身、口等不違犯於戒。[10]

律儀等五種有防護及遮止作用的律儀 4.身、口、不違犯於戒。」（華
梵大學東方人文思想研究所碩士論文，2005 年），頁 94。

[10] 覺音（Buddhaghosa）著，葉均譯《清淨道論》（Visuddhimagga），（高
雄：正覺學會，2002 年），頁 7-8。《清淨道論》是綜述南傳上座部

再引《解脫道論》有關於戒之論述：

問云何為戒？答：戒者威儀義。

云何戒者？

謂思戒、威儀戒、不越戒。

何者為思戒？我不作惡，作者自受。

何者威儀戒？離於犯處。

何者不越戒？若有戒人身、口無過。[11]

觀《阿含經》與《清淨道論》、《解脫道論》[12]所論有關戒之

佛教思想的一部作品，全書除序論、結論外，共分二十三品，依照
戒（前二品）、定（中十一品）、慧（後十品）三大主題次第論述。

[11] 參見於大正 32・399 下-400 下。

[12] 長井真琴《南方所傳佛典の研究》〈解脫道論與清淨道論的比較研
究〉：「有關這兩本書，在極古時，有稱為 Vimutti-magga《解脫道論》
的書。它是 Upatissa（西紀元一世紀頃）的著作。它的原本也許已被
後人改動，但無論如何，漢譯本《解脫道論》仍保留有該書古時的形
式。至於 Visuddhi-magga 方面，覺音（西元五世紀）在譯述時，則
已完全改變原本的本來面目。由在 Visuddhi-magga 有關六行的說明，
似乎知道漢譯本有十四行的記載，由此可見，覺音以前已存在有如《解
脫道論》之類的東西。總之，雖然難免有後世的改動，但是漢譯本比
巴利本更保留有古代的形式。」（東京：國書刊行會，1975 年），頁
220-244。又覺音著，葉均譯《清淨道論》〈漢譯前言〉：「覺音寫《清
淨道論》，其組織的次第和內容，有許多地方與優波底沙（Upatissa）
所著的《解脫道論》相似。優波底沙約早於覺音二百餘年。」（高雄：
正覺學會，2002 年），頁 2。又黃夏年釋譯《解脫道論》〈題解〉：「從
《解脫道論》的九心輪描述中，我們知道有分心是『有根心』，在九
心輪的輪轉活動過程中即是最初生起的心識，亦是最後心識活動的終
識，具有承先啟後的作用，是心識活動的根本識或有根心。這種認識
是取自於禪定活動後而得到的一種心理分析現象，是佛教實踐活動昇

義涵，大抵是先以自身所能行之立場爲考量，戒是著重在不
違犯以保持身、口之無過，所謂「思」則代表於己之意志可
行持爲主，顯然，在戒之規範下，除根本戒之必然遵守，如：
殺、盜、淫、妄、酒，一旦違犯則將損及他人之性命與利益，
故不論持戒與否皆在戒規之內。除此，大多數之戒實然皆爲
促成有更增上之德行與智慧產生。[13]顯然，論「戒」並非在
知道戒規而已，而是當要再論及其實證工夫，此即是由論戒
而必然再論及至持戒。於持戒之出發點與所抱持之心態，則
依持戒所產生之功德與結果終將不同：若僅爲自身之安樂或
解脫而持戒，此則爲中、下。若是爲求利樂有情以臻至解脫
而持戒，此則爲上。[14]

　　論戒是爲持戒，此爲釋尊論戒之用意，故釋尊曾譬喻
「戒」：「猶人之頭目；清白如冰、如玉。」[15]戒爲三無漏學

華後生起的總結性認識，以後再擴展到宇宙觀的領域，成爲三有世界
的恆遍因。《解脫道論》是一部上座部佛教的論書，表明了早在一千
多年前，上座部的佛教心理學說已被中國人了解，所以它是中國記載
上座部執的完整心理學說的最早一部著作。」（台北：佛光文化公司，
1998 年），頁 10-11。

[13] 《中阿含經》卷 20〈迦絺那經〉：「諸賢，如是若有比丘不犯戒、破戒、
缺戒、穿戒、穢戒、黑戒者，欲依戒立戒，以戒爲梯，昇無上慧堂正
法閣者，必有是處。」（大正 1・554 上）。

[14] 覺音著，葉均譯《清淨道論》〈漢譯前言〉：「作者（覺音）在評論持
戒的出發點時說：『以愛爲出發點，爲求生命享受而持戒者爲下；爲
求自己解脫而持戒者爲中；爲求一切眾生解脫而受持的波羅戒爲
上。』可見作者也接受了當時發展中的某些大乘佛教的思想影響。」
（高雄：正覺學會，2002 年），頁 2。

[15] 《佛說法海經》：「汝爲沙門，奉戒爲本。戒猶人之頭首；沙門戒行，

之首，且律藏爲三藏之一，於其後之發展，戒律成爲一門獨
立學問，而律宗之出現即爲最佳之說明。惟戒是一種行持，
演暢法義必須與修行能相契合，才是釋尊演法之目的：是爲
修行以證解脫，並非是爲演暢法義而論戒；換言之，不是因
理論而施設戒，而是以戒來印證法義，如是亦能知釋尊要學
人以奉戒爲本，或以戒爲師之本懷。釋尊極力言戒之重要
性，實因戒之正持，將具有防非止惡之功能，若以現今之語
言而論說戒，則戒代表一種良善之行爲，由行爲而漸成習
慣，而好習慣將融入人格中而形成好性格，而性格即決定人
之命運。顯然，不論是爲得證解脫道，必由止惡行善之戒而
實證之，或依人格之養成而論，行爲（戒）終將影響大部分
之結果。

2. 因業施戒之原則

　　戒既然是一種行爲之實證，所謂實證即落實於具體之日
常生活中，此中，則涉及一重要關鍵，即如何才能使持戒能
深固而永續？凡人多喜歡自由而不願受拘束，一旦論及戒即
有抗拒之心，總視戒爲一種制約，若持守戒將使自己喪失某
種程度之自由，此爲一般人於戒所產生之負面心態；然戒有

　　宜令清白如冰、如玉。」（大正 1・818 上）。
　　有關戒的譬喻，尚有：「1.種子喻 2.用力作務者喻 3.建城師喻 4.翻觔斗
者喻。」相關內容請參見陳麗彬《《雜阿含經》中佛陀對病苦的教示
研究》〈戒的譬喻〉，（華梵大學東方人文思想研究所碩士論文，2005
年），頁 95。

其正面積極之意義，此則攸關持戒是否心甘情願而持續永恆。於任何事情之作爲，若爲心願主動則較能收其效果，反之，則可能不彰，而釋尊於戒之要求上，顯然是立足於主動之心態，故有言：「善戒從是心生」，[16]此言是在說明：心若無貪、瞋、癡，此即是持守善戒；換言之，心之所願、所求，或所畏、所懼，終將導向於戒之持守。依「善戒從心生」，此可總括爲世法與出世法，於世法上，約可分爲：畏懼心與求福心，於出世法上，則可分爲恕心與菩提心，[17]分述如下：

於世法之畏懼心：此乃因畏懼受惡報之心故持戒，五戒之首爲殺，於世法而言，殺人即觸犯法律，必受法律制裁，此於個人名譽而言是一大損害；若以佛門而言，則今世當嘗苦果，且將影響至來世。[18]如是之畏懼心理，不論是畏懼惡

---

[16] 《中阿含經》卷 47〈五支物主經〉：「物主！此善戒從何而生？我說彼所從生，當知從心生。云何爲心？若心無欲、無恚、無癡，當知善戒從是心生。」（大正 1‧721 上）。

[17] 楊郁文《阿含要略－阿含學與阿含道》，將戒與心之關係總分爲：「怖苦心、畏罪心、求福心、兩利心、慚愧心、慈悲心、恕心、菩提心。」（台北：法鼓文化公司，1997 年），頁 171-172。

[18] 《中阿含經》卷 55〈哺利多經〉：「多聞聖弟子作是思惟：殺者必受惡報，現世及後世。若我殺者，便當自害，亦誣謗他；天及諸智梵行者道說我戒，諸方悉當聞我惡名；身壞命終，必至惡處，生地獄中。如是殺者受此惡報，現世及後世；我今寧可依離殺、斷殺耶！便依離殺、斷殺；如是，多聞聖弟子依離殺、斷殺也。」（大正 1‧773 中）。
《雜阿含經》卷 30〈第 832 經〉：「若比丘住於戒、波羅提木叉，具足威儀、行處，見微細罪則生怖畏，受持學戒，是名增上戒學。」（大正 2‧213 下）。
《雜阿含經》卷 24〈第 637 經〉：「世尊告諸比丘：出家已，住於淨處，

名昭彰、受人恥笑、身當刑戮，或畏懼命終投生地獄惡處等，凡人一旦有所畏懼且恐怖受苦之心態，於戒之持守上，則較能看出其效果，而如是之畏懼心，於戒而言亦當有其意義。

　　於世法之求福心：此乃因施福受善報之心故持戒，趨吉避凶是人之心態，因避凶故持戒，此為較被動消極之面；除避凶之外，趨吉顯然是大多數人另一重要之願求，且在相信善有善報之心態下，於布施作福之事情上則較顯得主動而積極。當深知持戒將得善報善果，而布施作福表面上雖是一種捨行，[19]但如是布施作福之捨，將帶來於己、於他兩皆各護之大利益福報，[20]此於引導眾生願信守持戒，亦是具有初步之功。

　　上之兩者因於畏懼怖苦與求福自利而持戒，顯然是一種基於個己之立場而產生對戒之態度，此為世法之心態。然不論是因畏懼心或求福心而持戒，此為願守持戒之入門方法不同，但釋尊於戒之施設與論說上，其最終目的只有一個：即

　　攝受波羅提木叉，律儀、行處具足，於細微罪生大怖畏，受持學戒。離殺斷殺，不樂殺生。乃至一切業跡如前說，衣鉢隨身，如鳥兩翼。如是學戒成就。」（大正 2・176 中）。

[19] 《雜阿含經》卷 37〈第 1040 經〉：「佛告婆羅門：云何婆羅門捨法？婆羅門白佛言：瞿曇！如是十五日，洗頭受持法齋，著新淨長鬘白氈，手執生草，隨力所能布施作福。瞿曇！是名婆羅門修行捨行。」（大正 2・272 上）。

[20] 《雜阿含經》卷 24〈第 619 經〉：「爾時，世尊告諸比丘：己自護時即是護他，他自護時亦是護己。心自親近修習隨護作證，是名自護護他。」（大正 2・173 中）。

為引導學人能由戒而落實成具體持戒之行為則為一致。顯然，對於戒之持守上，除對佛法所產生之信念外，其他相應於世法中之種種心態，亦能顯明持戒於個人是有其必要性。

於出世法之慈悲心：更有大心之眾生，實然是憫於群生之苦而興發慈悲心，以是而學戒、持戒。因起於慈悲心而持戒，如《雜阿含經》所云：

> 爾時，世尊告婆羅門長者：我當為說自通之法。諦聽！善思！何等自通之法？謂聖弟子作如是學：我作是念—若有欲殺我者，我所不喜；我若所不喜，他亦如是，云何殺彼？作是覺已，受不殺生，不樂殺生。[21]

所謂「自通之法」，即是一種將心比心之態度，於己不喜、不願之事，又何忍加諸於他人？此於儒家而言，即是「恕心」之表現，落實在具體行為上則是：「己所不欲，勿施於人」與「推己及人」之態度。慈悲心、恕心皆是一種立足於「自覺」之行為表現，此即如孔子所言：「吾欲仁，斯仁至矣！」此中之「吾」與釋尊之「自」，一皆以自己之自覺為基點，並再推至每一個人亦皆有一自覺之自己，此自、此覺，放之於人人一皆然如是；而「通」正是促使將自與他互為相連，亦正因能「通」，故慈悲心、恕心則於焉產生。慈悲心是因於「自覺」而有，自覺即是一種智慧之表現：因佛法強調眾

---

21 《雜阿含經》卷 37〈第 1044 經〉，大正 2‧273 中。

生平等，唯所謂眾生平等其內涵深義又爲何？依「平等」之義，則理應無有差別，此於一切眾生而言，習性氣質之紛繁實難盡數，但一切眾生於基本之感官覺性上理應無有太大差異，如於色、聲、香、味、觸，於喜、怒、哀、樂之感觸流露，亦應有其共同性，故眾生平等，實然是立於在眾生之覺性上而言。佛教立基在覺性平等上而觀之於一切群生，以是施戒之首是離殺、斷殺，而此正是慈悲心之本。

於出世法之菩提心：菩提心是一種自覺覺他之心，更是一種無漏智慧之表現，持戒與菩提心興發之關係，如《長阿含經》所云：

> 戒即智慧，智慧即戒，有戒有智，然後所言誠實無有虛妄，我說名婆羅門。
> 有戒則有慧，有慧則有戒，戒能淨慧，慧能淨戒。如人洗手，左右相須，左能淨右，右能淨左。戒、慧具者，我說名比丘。[22]

依廣義而論戒，則一切之善行皆可在戒之範圍內，唯善行之範圍甚廣，若求人天福報則爲有漏，如前之因畏懼心或求福心而持戒，然釋尊施戒之目的不僅是爲行善行而已，實乃是爲解脫自在，此則攸關於慧。由「有戒則有慧，有慧則有戒」

---

[22]《長阿含經》卷15〈種德經〉，大正1‧96中。

至「戒能淨慧，慧能淨戒」，此中之關鍵在「淨」，[23]「淨」
才能使戒與慧彼此產生增上之作用，興發菩提心之慧是促使
自我去除無明之執迷而生於慧明之淨戒。

依於慈悲心與菩提心而持戒，亦可謂是一種立於利他之
心態而持戒，顯然，如是之態度是於戒之持守上較具積極、
正面之意義；而如是之持戒亦是奠定戒學能趣向解脫道之重
要關鍵，此即是出世心態之持戒，而所謂無漏戒學，則當意
指如是之心態。

一個人之德業成就，實與戒有密切之關係，同理，於團
體而言，戒之施設與內容，則代表此團體之方向與目標。釋
尊除面對自己外，在統領大眾時，於戒之施設原則與精神，
則可顯明佛教所給予世人之教示意義。依戒之持守，此是個
人之意願，唯觀釋尊生命之歷程，其是由悟道、初轉法輪以
至領眾建立僧團，而悟道與轉法輪是側重於法義之開演，此
時是以信仰正法為核心；當信仰學人眾多時，僧團之成立則
為必然之勢，而僧團之管理，除法義之演暢外，如何促使僧

---

[23] 覺音著，葉均譯《清淨道論》〈說戒品〉：「什麼是戒的淨化？不毀壞
等性為淨化。包攝於 1.不毀壞一切學處 2.對於已破而可以懺悔的戒則
懺悔之 3.不與七種淫相應的 4.忿、恨、覆、惱、嫉、慳、諂、誑、強
情、激情、慢、過慢、驕、放逸（《解脫道論》：忿、惱、覆、熱、嫉、
慳、幻、諂、恨、竟、慢、增上慢、傲慢、放逸）等惡法的不生 5.
少欲知足減損煩惱等德的生起，而且不為利養等因而破戒，或因放逸
而破者已得懺悔，或者不為七種淫相應及忿恨等惡法所害者，都名不
毀壞、不切斷、不斑點、不雜色。」（高雄：正覺學會，2002 年）。頁
50-52。

團能和諧、和睦運作，顯然又是另一門學問。僧團是代表集聚相同信仰者之地方，其對佛法義之推廣宣揚，必有其特殊之效力。唯若就個人於法義領悟之深淺，此為個己之事，其重在「悟」；然以僧團而言，此中所涉及之問題是多元且複雜，能使複雜之人事而運作無礙，則「和」是重要之條件。釋尊為使僧團和諧，特以「十事功德」而論「禁戒」：

> 爾時，世尊告諸比丘：有十事功德，如來與諸比丘說禁戒。云何為十？所謂承事聖眾，和合將順，安隱聖眾，降伏惡人，使諸慚愧比丘不令有惱，不信之人使立信根，已有信者倍令增益，於現法中得盡有漏，亦令後世諸漏之病皆悉除盡，復令正法得久住世。常念思惟當何方便正法久存。是謂，比丘十法功德，如來與諸比丘而說禁戒。是故，比丘當求方便，成就禁戒，勿令有失。如是，比丘當作是學。[24]

---

[24] 《增壹阿含經》卷 42〈結禁品〉，大正 2・775 下。
對於有關釋尊施戒之起始與時間之推測，可參見勞政武《佛律與國法》之所述：「釋迦牟尼自三十歲成道，即展開了長達半個世紀的轉法輪（宏法傳教）活動。隨著傳教活動的持久與擴大，門人逐漸增多，組成了僧團（即僧伽）。據傳，佛經中常說的『千二百五十人俱，皆是大羅漢』，如此之大教團，在傳到四年間便形成了。由是，分子不免龐雜起來，固定的團體內部規範就有日益迫切的需要了。所以，戒律不是預先訂定的，而是『隨犯隨制』－有人犯了一件什麼事，才制定一條戒條（學處）。據傳，第一次制戒，是佛傳到十二年後，因一位門徒須提那與其在家妻（故二）行婬事而起。此事載餘各部《廣律》及多種經中。」（台北：老古文化公司，1999 年），頁 44。

顯然，依釋尊所論禁戒之十事功德，施設戒並非是一種命令，而是一種勸告，是為正法能久存之設想而制戒；唯正法是否能長住世久存，則代表法義傳承者之僧眾將具舉足輕重之地位，僧雖是獨立之個體，但僧之智慧、慈悲、德行等，皆象徵僧團之養成教育，而能承事聖眾則代表對法義敬崇之具體表現，此為釋尊最在意之事，而釋尊施戒之主要對象則必然在出家僧眾上。

為使僧團能和合，釋尊之施戒，是以行為（業）指點善惡之標準；換言之，釋尊是因業而施戒，故云：「我但施設業，令不行惡業、不作惡業。」[25]顯然，釋尊之施戒目的是為防護弟子造惡業而並非是在懲罰上；而惡業之造作，釋尊總開有身、口、意三業，唯此三業，可謂皆是造惡之源，同理，亦是行善之本，然三業是否有層次之不同？於此，釋尊特強調：「我施設意業為最重」，[26]如是之言，是重「意」，大於口與身，顯然，持戒是一種需經過「思」後之具體行為，而思即是意，亦是常言所謂之「用心」，此亦說明唯正見、正智，才有正行。

---

[25] 《中阿含經》卷32〈優婆離經〉：「長苦行尼揵問曰：沙門瞿曇施設幾罰，令不行惡業、不作惡業？爾時，世尊答曰：苦行！我不施設罰，令不行惡業、不作惡業；我但施設業，令不行惡業、不作惡業。」（大正1‧628中）。

[26] 《中阿含經》卷32〈優婆離經〉：「世尊答曰：我施設三業，令不行惡業、不作惡業。云何為三？身業、口業及意業也。長苦行尼揵問曰：瞿曇！此三業如是相似，施設何業為最重？世尊又復答曰：苦行！此三業如是相似，我施設意業為最重，令不行惡業、不作惡業。身業、口業則不然也。」（大正1‧628中）。

　　「意」爲六根之一，於六根要求律儀具足誠屬不易，因六根中之意根，是指心念之轉動，其雖尙未見具體之行爲，然一切行爲實皆由意念發動而成，故其雖是無形，卻是影響最大。於戒而言，理應具有二義：一爲止持，即指一切惡業不可作；一爲作持，即指善業應一直持續下去。[27]而戒所具有之功能，顯然一方面可藉由戒而消惡業，亦可依戒而成就善業，然此中之關鍵亦需靠「意」以成之，而意除是正思惟外，亦是意念之持續。釋尊以施設意業爲最重，實亦說明一切之善、惡業，皆起於最細微根源之處，而戒即由此而施設。

3. 立戒之趣向── 由「向於善趣」至「轉向苦邊」

　　釋尊由悟道而轉正法輪，此中所傾重是慧之深植，而智慧觀照之目的，是爲解決當前、當下之煩惱、憂感，此爲佛法之特色，亦是釋尊轉法輪之目的；及至僧團之成立，施設

---

[27] 覺音著，葉均譯《清淨道論》〈說戒品〉：「戒有幾種？關於二種分類的：此事應作，這樣制定給與照行的學處，便是『作持』。此事不應作，那樣禁止不作的便是『止持』。其語義如下：具戒者行於此中，爲圓滿戒而動作是作持；以此（止持戒）而遵守於禁止的是止持。又作持由信而起的精進所成就，止持由信所成就。」（高雄：正覺學會，2002 年），頁 12。

聖嚴《戒律學綱要》：「持戒稱爲止持，因其不作惡；持律稱作作持，因其能成善。僧團的事應由僧團的大眾共同解決、共同推展、共同助成，所以必須和合了大眾的意見，綜合了大眾的意見來行事作法，這就是持律的精神，這就叫作作持。……戒是比丘生活的防腐劑，律又是戒的防腐劑。在個人的生活中，以戒爲主；在僧團的生活中，以律爲主。」（台北：法鼓文化公司，2000 年），頁 262-263。

戒之目的，亦是以斷除當前有漏之煩惱為主。觀釋尊演法有
一特色，即隨緣而度眾，於戒之施設上，先曉示喜好「法」
是有其得利處，以引眾生契入，待學人生喜好心時，再為之
施戒斷除之；[28]顯然，如是之過程，於釋尊而言，只是一種
引眾之善巧方法，其真正目的是為使眾生能斷除有漏煩惱，
且依佛法之因果觀：今生斷、來生斷，則生生斷，顯然，宜
先處理當前事物才最重要，如是除能說明釋尊施戒之目的是
為斷除煩惱外，亦能見阿含經義強調今世、此土、當前之特
色。

　　釋尊演法之目的在引眾證得解脫，此非僅是理論而已，
而是需行持以證得，此是佛法之特色，亦彰顯佛法需以證悟
解脫為究竟，如是亦意謂：佛法需契合人性，是在人情之下
而能落實行之才是佛法之真義。以是之故，釋尊之施戒，亦
必須以人性、人情為出發點。施戒是以斷除煩惱為主要之目
的，以是在此原則之下，有關戒之施設與持守，則必然要以
能符合離除煩惱為其考量之重點；換言之，於戒之態度與持
守上若過於偏執之持守，則不符釋尊施戒之原則。因此，施
戒之方向，必朝向「善」，凡不合乎人性、人情，或用心不
良皆不可言是善戒。

---

[28] 《中阿含經》卷 51〈跋陀和利經〉：「世尊答曰：若比丘眾不得利者，
眾便無喜好法；若眾得利者，眾便生喜好法。生喜好法已，世尊欲斷
此喜好法故，便為弟子施設於戒。……跋陀和利！不以斷現世漏故，
為弟子施設戒；我以斷後世漏故，為弟子施設戒。跋陀和利！是故我
為弟子斷漏故施設戒，至受我教。」（大正 1‧749 上）。

　　於戒而言，有善戒與不善戒之別，而善與不善之界分，則以身、口、意之善行則爲善戒，反之，則爲不善戒。[29]顯然，於戒界分爲善與不善戒，亦充分凸顯釋尊施戒之原意，是以戒爲止息一切之惡行，而非以戒爲一種折磨身心之手段，因此，凡採以肉身極苦之方式而欲證得解脫，如以牛、羊、犬或種種畜生道之生活而自我依循之，此亦爲釋尊斥爲不善戒。

　　於戒而論，不論是止持戒（止持戒靠信三寶即可），或是作持戒（作持戒需由信－感情與精進－意志而完成）。又或是區分爲善戒、不善戒，於戒之分類，實乃立於不同觀點而然，惟不論戒之分類如何不同，但釋尊施戒其最主要目的在使戒能形成一種行爲；換言之，「戒行」之流露才是釋尊施戒之真正目的。顯然，釋尊是欲藉由施戒而形成一種行爲，由行爲而成爲習慣，習慣則成性格，以至成爲一種天性；此中由行爲至習慣、性格、天性，是需一長久之歷程，以是如何確知其人是否有戒行，釋尊特提出：「當親近觀其戒行，當用智慧；經諸苦難，堪能自辯」[30]之謹慎態度，此乃因戒

---

[29]《中阿含經》卷47〈五支物主經〉：「云何不善戒耶？不善身行，不善口、意行，是謂不善戒。云何善戒耶？善身業，善口、意業，是謂善戒。」（大正1・721上）。有關不善戒可參見《長阿含經》卷19〈世記經・龍鳥品〉：「佛告比丘：若有眾生奉持龍戒、金翅鳥戒、狗戒、牛戒、鹿戒……，持此功德欲以生天，此是邪見。此邪見人必趣二處，若生地獄，有墮四生。」（大正1・128上）。

[30]《雜阿含經》卷42〈第1148經〉：「佛告波斯匿王：汝今且止，汝亦不知是阿羅漢，非阿羅漢，不得他心智故。且當親近觀其戒行，久而

為趣向解脫道之首，而戒行更直接攸關貪瞋癡之無明斷絕，以至進而開啟修證成佛之道。[31]

有關戒之分類，《阿含經》尚有學戒與無學戒之分，論學戒，此乃立於一切戒行皆當要學，如是所得之結果是：「受持學戒具足已，離欲、惡不善法。乃至第四禪具足住。得般涅槃阿那含，不復還生此世。」[32]所謂無學戒，此是立於一切戒行皆已學已，故其所得之結果是：「盡諸有漏。自知作證：我生已盡，梵行已立，所作已作，自知不受後有。」[33]

可知，勿速自決！審諦觀察，勿但絡慕！當用智慧，不以不智。經諸苦難，堪能自辯；交契計挍，真偽則分。見說知明，久而則知，非可卒識，當須思惟，智慧觀察！」（大正 2・306 上）。

[31] 德田明本著，印海譯《律宗概論》〈教起因緣〉：「（通解）毘尼大藏是蘊藏一切萬法而無邊涯。止惡尸羅之廣大戒行，含攝修學無量法門而難測度。理、事無明之妄惑，由戒行而頓盡。見、修二惑，貪瞋癡等之頑迷惟由波羅提木叉而永斷絕。此是渡者見大河之珍貴寶筏，飛越忿怒違逆山之神車。此是入覺都之最親切之因緣，到達佛地之正直之大道也。況且，此律藏是住持佛法僧之根幹，是五乘法門運載之德用，各各由其道而開展。經論之弘傳於世，定慧之斷諸疑惑，非戒行之基礎而莫辦。戒行實是護法、攝僧之綱領，啟開修行佛道之任務，為濟物利生之模範。此是至菩提涅槃之正道，由此而證得三身、四智，唯此戒法，窮盡精美。」（台北：嚴寬祜文教基金會，2004 年），頁 39。

[32] 《雜阿含經》卷 33〈第 934 經〉：「尊者阿難語摩訶男：此聖弟子住於戒、波羅提木叉、律儀、威儀、行處，受持學戒；受持學戒具足已，離欲、惡不善法，乃至第四禪具足住；如是三昧具足已，此苦聖諦如實知，此苦集如實知，此苦滅如實知，此苦滅道跡如實知；如是知、如是見已，五下分結已斷已知，謂身見、戒取、疑、貪欲、瞋恚，此五下分結斷，於彼受生，得般涅槃阿那含，不復還生此世。彼當爾時，成就學戒、學三昧、學慧、學解脫。」（大正 2・239 上）。

[33] 《雜阿含經》卷 33〈第 934 經〉：「復於餘時，盡諸有漏，無漏解脫、

依《阿含經》所論，學人是證成四果中前三果：須陀洹果、
斯陀含果與阿那含果；而無學人則是證得阿羅漢果，此中之
共同點則是：不論是學人或無學人皆是有戒、有三昧、有慧、
有解脫，唯所具有之內涵則有淺深高下之別。

　　依《阿含經》於戒之分類，[34]雖能分別因持戒之心態與
過程不同，將產生結果之差異；然以另一方面而言，此亦是
一種將戒由粗淺而導入精微之一修證歷程，此亦是佛之威
儀、細行之次第完成。惟不論《阿含經》於戒如何分類，顯
可得見：釋尊之演法與施戒，皆有一共同特色，即以處理解
決當前、今世之煩惱問題為主，如是之特色，亦展現在對持
戒時限之描述上，如採特定時日之說明：如八、十四、十五
日等，[35]此為時限之戒；另有對終身戒之描述，如：「盡形
壽」、「盡其壽命」。[36]於持戒上雖有時現與即或是終身戒之
分，[37]然一皆只限於此生而已，如是皆能顯出《阿含經》論

　慧解脫，自知作證：我生已盡，梵行已立，所作已作，自知不受後有。
　彼當爾時成就無學戒、無學三昧、無學慧、無學解脫。」（大正2．
　239上）。

[34] 有關戒之分類，另可參見覺音著，葉均譯《清淨道論》〈說戒品〉之
　「戒有幾種？」（高雄：正覺學會，2002年），頁11-31。

[35] 《長阿含經》卷20〈世記經・忉利天品〉：「常以八日，十四、十五日，
　受化修齋戒，其人與我同。」（大正1．135上）。

[36] 《中阿含經》卷55〈持齋經〉：「盡形壽離殺、斷殺。」（大正1．770
　中）。另亦可參見《尸迦羅越六方禮經》：「帝釋天主聞法見法而能了
　知，住法堅固，斷諸疑惑，如是證已；而白佛言：世尊！我得解脫！
　我得解脫！從於今日，盡其壽命，歸佛、法、僧，持優婆塞戒。」（大
　正1．250上）。

[37] 覺音著，葉均譯《清淨道論》〈說戒品〉：「限定一段時間受持的為『時

戒是以當下實際為重之立場與特色。

　　釋尊施戒是以斷除煩惱為主，此乃因眾生流轉生死之主因是煩惱，而煩惱則源於無明與愛，且由中所產生之貪、瞋、癡則為一切不善法之根本。[38]且又以當下實際為重，唯釋尊之施戒對象主要在僧團上，此中最攸關之問題即是生活教育之層面，故釋尊施戒之範圍當包含日常生活細節，如：此中則涉及於日常用品之問題，用與不用，或如何使用才曰得宜，於此，釋尊提出：「有漏從用斷」，[39]其義在：於享受福報（日常用品）中而消業（除煩惱），此並非鼓勵用度，而是以不生煩惱憂慼而決定是否得用？換言之，是使用之態度與目的才是關鍵，而非壓抑受苦而不使用，此為釋尊於人

　　限戒』，盡其生命受持的為『終身戒』。有利養、名譽、親戚、肢體、生命的條件限制的，名為有『限制戒』，相反的為『無限制戒』。」（高雄：正覺學會，2002 年），頁 13。

[38] 《雜阿含經》卷 33〈第 937 經〉：「眾生無始生死，無明所蓋，愛繫其頸，長夜生死輪轉，不知苦之本際。」（大正 2・240 中）。
另可參見印順《我之宗教觀》〈人心惟危的辨析〉：「不善的心所，名為煩惱。微細意中的煩惱，佛法類別為四大類：自我的愛染，自我的執著，自我的高慢，自我的愚癡（迷惑）。概略的說：迷惑自己，不能如實的理解自己，是我癡。從自我的迷惑中，展為我愛－生命的愛染。我見－自我（神、靈）的執見。我慢－優越感，權力意欲。在微細意中，原是極微細的，一般人所不能明察的。但在佛教聖者，深修定慧，反觀自心而體會出來。扼要的說，『人心』是以自我為中心的。」（新竹：正聞出版社，2003 年），頁 156-157。

[39] 《中阿含經》卷 2〈漏盡經〉：「云何有漏從斷斷耶？比丘若用衣服、若用飲食、若用居止、若用湯藥，非為利故，非以憍高故，非為肥悅故；但為除病惱故，攝御命根故，安隱無病故。若不用者則生煩惱憂慼，用則不生煩惱憂慼；是謂有漏從用斷也。」（大正 1・432 中-下）。

性角度之思考，亦見佛法之中道義。[40]唯日常生活之細節是包羅萬象，以是施戒之內容漸成有四眾之戒條，[41]乃至對具足戒之讚嘆。[42]

　　爲離除煩惱而施戒，此是釋尊施戒之基本原則，然可再深思：釋尊初轉法輪是四聖諦，四聖諦除代表佛法義之核心外，實亦可謂：釋尊施戒即是立基於四聖諦。依四聖諦所論述之內容：苦、集、滅、道，此究竟目標在深悟一切終是無我，因無我則一切煩惱之苦亦不存在，顯然，四聖諦是一排除煩惱之方法，亦是一通達出世間法之途徑。釋尊之施戒正是爲弟子息惡以免除煩惱而設，然息惡只是初階，唯有再進至精勤修道，才是釋尊之真正目的。釋尊爲彰顯持戒所將帶來之好處，更爲分別於世間持戒與行出世間戒之不同，則特別強調：行世間戒則是「向於善趣」，行出世間戒則是「轉

---

[40] 印順《我之宗教觀》〈佛法的允執其中〉：「人心，人間，是當前的現實。無論是寄心大道，天國，或者現證涅槃，依舊在人間；佛與阿羅漢們，也還是穿衣、吃飯，生活於人間。經上說：『如來見於三界，不如三界所見』。不如所見，是超越一般的；但並非不見，不是取消了世間。」（新竹：正聞出版社，2003 年），頁 173。

[41]《佛般泥洹經》：「四阿含佛之道樹也。因相約束，受比丘僧，二百五十清淨明戒，比丘尼戒五百事，優婆塞戒有五，優婆夷戒有十。」（大正 1・175 下）。

[42] 覺音著，葉均譯《清淨道論》〈說戒品〉論述有關「具戒的功德」有云：「淨戒無垢者，彼爲人信樂，受持衣與鉢，出家而有果。淨戒比丘心，如暗不侵日，自責等怖畏，無從而潛入。奉侍具戒者，作少而果大。具戒於今世，不爲諸漏害。具戒者有願，實非難得事。諸戒成就者，彼心常追逐，無上涅槃德，究竟寂靜樂。」（高雄：正覺學會，2002 年），頁 55-56。

向苦邊」，[43]此二者之不同在：若是向於善趣，則仍在善趣中而輪迴不已，故是「有漏、有取」；若是「轉向苦邊」，此則正符合釋尊演說四聖諦之目的，是爲排除煩惱漏，故以此法爲「聖、出世間」。當釋尊對於以世間爲有漏，以出世間爲無漏時，則顯然是以無漏出世間爲殊勝，而此轉向苦邊之無漏聖法，即是修習苦、集、滅、道四聖諦，故釋尊曰：

> 聖弟子苦苦思惟，集、滅、道道思惟；無漏思惟相應心法，分別、自決、意解、計數、立意，是名正志：是聖、出世間、無漏、不取，正盡苦，轉向苦邊。[44]

釋尊是以住世而成就聖道，此即說明世與出世是相融爲一，但釋尊又特以四聖諦爲聖、出世間法，是離苦之關鍵，顯然，以持戒而言，唯有由「向於善趣」而至「轉向苦邊」，才是持戒之終究，而釋尊分別世間、出世間戒，只是引眾之方便權設，而依持戒可通至究竟道，此才是佛之正說、本懷。

三、修戒之方法、作用與功德

釋尊之施戒目的在成就德行圓滿，唯於學人而言，戒條是一種明確之規約，且遵行於規約之範圍內，於修學持戒者

---

[43] 《雜阿含經》卷28〈第785經〉：「正志有二種。有正志：世、俗、有漏、有取，向於善趣；有正志是：聖、出世間、無漏、不取，正盡苦，轉向苦邊。」（大正2‧203中-下）。

[44] 參見《雜阿含經》卷28〈第785經〉，大正2‧203中。

而言，實則就是一種保護自己與他人之最佳方式。戒之施設後，最重要處即是將如何修持之，以是，論戒之內涵意義外，更要思考修戒之方法，正確之修戒方法，將可使學人於戒之持守上能堅固並達效果。

1. 修戒方法立基於自護護他

依世間法而言，所謂戒即是法律，於法律之前人人皆平等，因此，法律是立足於維護人人皆平等而施設；換言之，若有侵犯他人之自由與權力等情事發生時，此即是法律所要保障之所在，顯然，法律是為維護全體之利益，此乃立根於因個人之基本保障是不容被侵擾破壞的，此即法律存在之必要性，亦見法律之崇高性。以世間法而言，法律所維護之範圍是以人為主，並隨環保意識之抬頭，亦逐漸制定動物保護法等，顯然，所謂人類只是萬物萬類之一而已，人在文明與知識漸次提昇時，人已深刻意識到整個生命體是互為依存之關係，故綜觀全世界之各種法律與規約，其所涉及之範圍細項，可謂不勝枚舉，但不變之原則是：一切之法律或規約之制訂，皆為自護亦護他而存在。亦可總言之：戒之存在性，是一種保護自己與他人之方法。

釋尊所施設之戒，一如世法之法律般，無法一次即周備完全，世法之法律要隨時空演進而修法，而佛門之施戒亦然如是。釋尊為求僧團之和合而制戒，亦隨弟子們所犯或受在家人之批評等，此皆是釋尊於施設戒時所考量之處。依佛教

之戒而言，五戒為最基本，而五戒又以「戒殺」為第一位，而殺戒所涉及之範圍是遍及人以至昆蟲等，此為佛門大慈悲心之展現，[45]顯然，戒是以「護生」為最高境界。釋尊之弟子是以出家眾為最核心，故釋尊對出家弟子是採最高之標準，而「離殺、斷殺，不樂殺生」是最基本之戒律，且亦要求出家弟子於「細微罪生大怖畏」，[46]此皆見釋尊對出家弟子所要求之戒律持守範圍，已非世法之法律規範而已，而是在德行之養成上要精益求精、要細微再細微，此即所謂三千威儀、八萬四千細行之論說，如是皆在說明佛門所欲養成之弟子，必須注重日常之小細節。

凡人之習氣皆是漸進而成，釋尊力求僧團弟子要能和敬生活，而團體「和」之維持，則需將個己之不良習氣漸次去捨；換言之，和合之僧團是以眾人為主之一種生活，故僧團之生活，於另一方面而言，亦可謂是一種將自我自私之一面降至最低，唯能全體共遵最大戒律，如是才能達至和合之地步，如此，亦能凸顯所謂戒，在某一方面即是一種去捨，而佛門之戒殺實是一種最基本之「捨行」，而捨行亦即是佛門之「賢聖法」。[47]

---

[45] 《中阿含經》卷49〈說智經〉：「諸賢！我離殺、斷殺，棄捨刀杖，有慚有愧，有慈悲心，饒益一切乃至昆蟲；我於殺生淨除其心。」（大正1‧733上-中）。

[46] 《雜阿含經》卷24〈第637經〉：「出家已，住於靜處；攝受波羅提木叉律儀，行處具足，於細微罪生大怖畏，受持學戒；離殺、斷殺，不樂殺生，乃至一切業跡如前說。」（大正2‧176中）。

[47] 《雜阿含經》卷37〈第1040經〉：「婆羅門白佛：瞿曇！云何為賢聖

　　釋尊施戒是為培養人格完美者，且由人格以達佛格之圓滿，而捨行即是將自我不良習氣去除以達賢聖或菩薩、佛境界之最佳方法，如是亦能說明：捨行其實就是自護（保護自己減少犯錯）之一種施捨，且由自護以達護他（不違害他人以至能慈悲待他），顯然，釋尊重戒、重捨，於僧團與於僧團中之個人而言，自護護他正是促使僧團能和合生活之重要因素，而釋尊所言之自護護他之修行方法即是「四念處」。[48]

　　釋尊以四念處（觀身不淨、觀受是苦、觀心無常、觀法無我）[49]為自護護他者所應修持之方法，此四念處總曰是為對治貪、瞋、癡三毒，此三毒於個人之修行，可謂是一種慢性中毒，且隨中毒日深則終傷慧命，因此，於修行者所謂之自護而言，實則是一種「護命」（護衛慧命），而於護他而言，亦是護衛他人之慧命。[50]釋尊以四念處為自護護他之修持方法，然戒之持守需由日常最基本之食、衣入手才漸有可能達

法、律所行捨行？佛告婆羅門：謂離殺生，不樂殺生，如前清淨分廣說。依於不殺，捨離殺生。」（大正 2・272 上）。

[48]《雜阿含經》卷 24〈第 619 經〉：「己自護時即是護他，他自護時亦是護己；心自親近，修習隨護作證，是名自護護他。云何護他自護？不恐怖他、不違他、不害他，慈心哀彼，是名護他自護。自護者修四念處，護他者亦修四念處。」（大正 2・173 中）。

[49]《雜阿含經》卷 24〈第 628 經〉：「尊者阿難與優陀夷：為修四念處故。何等為四？謂身身觀念住，受、心、法法觀念住。」（大正 2・175 中）。又《雜阿含經》卷 24〈第 637 經〉：「學戒成就修四念處。」（大正 2・176 中）。

[50]《雜阿含經》卷 46〈第 1226 經〉：「善求自護者，自護如護命；以平等護命，而等護於命。」（大正 2・335 上）。

至四念處所要求之境地，在人以食爲天之下，即或是欲清修梵行者，亦必先對食有所節制，而釋尊曾以自己因「日一食」之故，以致而得：「**身體輕便，氣力康強，安隱快樂**」之經驗，而爲大眾施設「日一食戒」。[51]以食爲施戒之方向之一，足見釋尊之施戒原則，是爲使學人能降低欲求，以至「無爲無求」；所謂「無爲無求」顯然是對修行清淨之一種境界說明，而釋尊之施戒即是爲令學人能清淨修道，而四念處亦可謂是修習梵行之方法。所謂梵行實意指身、口、意三業皆清淨，如是之境地，一皆必由持戒之清淨而成；換言之，修四念處雖是釋尊所提出之清淨修道之方法，然一切之修行方法皆需以淨戒爲先，且輔以正見而行修於身、口、意之上。[52]

釋尊將持戒落實於日常生活中，此除展現對一切舉止之維持外，亦在說明：若戒律能真正持守，即是將自身置於安

---

[51] 《中阿含經》卷 51〈阿濕貝經〉：「佛告諸比丘：我日一食；日一食已，無爲無求，無有病痛，身體輕便，氣力康強，安隱快樂。汝等亦應日一食；日一食已，無爲無求，無有病痛，身體輕便，氣力康強，安隱快樂。爾時，世尊爲比丘眾施設日一食戒；諸比丘眾皆奉學戒及世尊境界諸微妙法。」（大正 1・749 下）。

[52] 《雜阿含經》卷 24〈第 624 經〉：「世尊告鬱低迦：汝當先淨其初業，然後修習梵行。鬱低迦白佛：我今云何淨其初業，修習梵行？佛告鬱低迦；汝當先淨其戒，直其見，具足三業，然後修四念處。」（大正 2・175 上）。

道善《佛教史與戒律學》：「佛有三教誡－身、口、意三業。身教是佛在日常生活中所表現出來的行爲教示；言教是佛對世間的道德、真理所作的言語教育；意教是佛對內省的、內觀的功夫所做的教導。三藏發揮經、律、論，以表達身、口、意的精神。」（台北：大乘精舍，2003 年），頁 108。

全之範圍，形成防護與保障；爲使自身能置於防護範圍內，以免因違犯戒律而退轉道心，釋尊曾提出：要「**自處父母境界，爲四念處**」，而遠離「**他處他境界，謂五欲境界。**」[53] 以四念處爲父母境界，是象徵持戒如同親近父母，將受極力保護，而四念處之修持，是對五欲染著具有止息之作用。釋尊曾以鷹、鳥爲例說明：一旦遠離自身所熟悉之地，自恃己能而任蹈他方，終遭災難。如是之譬意：在彰顯持守戒律需時時自我惕警，一旦鬆懈則將汩沒於五欲中而難以自拔。顯然，釋尊是在深誡弟子們要善於守護行處，而戒即是最佳之守護者；施戒能避免行於五欲境界（他處他境界），此乃是對行處（安全之生活範圍）做一整體說明。

以戒而言，首重在於不爲惡事，亦即是諸惡莫作、不犯非法之事。[54] 然持戒除可止惡防非之外，更具有積極精勤之意，此亦說明當戒之持守嚴謹，由戒中可產生心念清淨、心意堅固，故持戒若僅止於不爲惡事，如是之持戒只是完成戒之單面而已，以是釋尊特強調由戒之持守中能精勤專念不

---

[53] 《雜阿含經》卷 24〈第 617 經〉：「如是，比丘！如彼鷹鳥，愚癡自捨所親父母境界，遊於他處，致斯災意。汝等比丘亦應如是，於自境界所行之處，應善守持；離他境界，應當學！比丘！他處他境界者，謂五欲境界，眼見可意、愛、念妙色，欲心染著；耳識聲、鼻識香、舌識味、身識觸，可意、愛、念妙觸，欲心染著，是名比丘他處他境界。比丘！自處父母境界者，謂四念處。云何爲四？謂身身觀念處，受、心、法法觀念處。是故，比丘！於自處父母境界而自遊行，遠離他處他境界，應當學！」（大正 2・172 下-173 上）。

[54] 《增壹阿含經》卷 7〈火滅品〉：「梵志問曰：云何名之爲戒？阿那律曰：不作眾惡，不犯非法。」（大正 2・581 上）。

忘，且能樂於獨閑居以得四禪之定，如是始可名爲「具戒」。
[55]顯然，持戒是更具有積極面，是於善法要積極防護且要止
漏，如是之持戒始可成就威儀，此亦說明於戒律之持守，則
決定威儀之成就；而威儀之具足，當要在細微罪中能生怖
畏，如是之受持學戒，是謂「正戒」。[56]持戒是否精勤專念，
是否能成就威儀具足，此中之關鍵皆在於戒之持守上。而日
常生活中，常人最易接觸之部分即是由六根相應於六塵所產
生之執著，故向來修戒大抵以六根爲重要關鍵，而俗云：「六
根門頭好修行」，更明示六根是成就律儀之決定因素，而六
根之持守方法，要曰有二：一爲止惡（不隨六根之所趣向），
一爲防護（於六根能善調伏、守護）。[57]

　　四念處之修持，主要在將專注力與念頭，完全安住對身
（身體）、受（覺受、情緒）、心（心念）與法（觀念）上，
能如實覺察其細微之變化，故曰「觀身如身」、「觀受如受」、

---

[55]《長阿含經》卷 15〈種德經〉：「種德婆羅門白佛言：云何爲戒？佛言：
　　具足戒律，捨殺不殺，乃至心法四禪現得歡樂。所以者何？斯由精勤，
　　專念不忘，樂獨閑居之所得也。婆羅門！是爲具戒。」（大正 1・96
　　中-下）。

[56]《雜阿含經》卷 33〈第 925 經〉：「賢士夫住於正戒，波羅提木叉律儀，
　　威儀行處具足；見微細罪，能生怖畏，受持學戒；是名丈夫於正法、
　　律第一之德。」（大正 2・235 下）。

[57]《雜阿含經》卷 11〈第 279 經〉：「多聞聖弟子眼見色，不取色相，不
　　取隨形好，任其眼根之所趣向，常住律儀，世間貪、愛、惡不善法不
　　漏其心，能生律儀，善護眼根；耳、鼻、舌、身、意根，亦復如是。
　　如是六根善調伏、善關閉、善守護、善執持、善修習，於未來世必受
　　樂報。」（大正 2・76 中）。

「觀心如心」與「觀法如法」；四念處所採取之修持方法，其實是一種積極之自我守護之方法，當在綿密不間斷之觀照下，任何一極為細微之變化皆能當下覺照而抑制之，如是之修持方法，實然是立基於由自護而達亦護他之過程。於六根之守護亦然如是，當自我防護時，於他人而言亦同時築起一道防護之牆，以是釋尊對六入處之觀照有深刻之剖析與闡述，[58]而又極力稱揚四念處之功德，[59]顯然由六入處而能轉為律儀，並安住於四念處，如是必能逐步進入正戒與法行，此可謂是《阿含經》論修戒方法之理論建構。

依釋尊之本懷，施戒是積極之行善道勝於消極之止惡業，換言之，是以行持正行而為施戒之目標，而所謂正行即是法行（依法而行），亦即是依八正道：正見、正思惟、正語、正業、正命、正精進、正念、正定等而行；一旦能依正行、法行而持戒，則一切果報與神通，皆將是：「**持戒離欲**，

---

[58] 《佛光大藏經·阿含藏·雜阿含經》〈雜阿含經題解〉，於「六入處誦」之述：「六內外入處就是一切、一切有、一切法，就是世間，而世間危脆敗壞，世間空，一切無常、苦、空、非我、生法、老法、病法……一切燒。於六六處不如實知見，故生染著、相應、愚闇、顧念、結縛其心，長養五受陰及當來有愛貪喜悉皆增長、是魔所自在處、為無明。」（高雄：佛光出版社，1995 年），頁 16。

[59] 《佛光大藏經·阿含藏·雜阿含經》〈雜阿含經題解〉，於「念處相應」之述：「佛於般涅槃前不久，指示諸弟子要自依、法依、不異依，自依、法依即是身、受、心、法四念住，是佛所說一切法。四念住為一乘道，淨諸眾生，令越憂悲、滅苦惱，得如實法、甘露法，善法聚，大丈夫盡諸有漏，得四果，得不退轉，令眾生得清淨，令眾生得渡彼岸，得阿耨多羅三藐三菩提。四念處是自境界，應善守持，修四念處是自護護他。」（高雄：佛光出版社，1995 年），頁 25-26。

所願必得。」[60]顯然，正行是遵循釋尊之法義而行，釋尊之
法義是以實踐為目標，以是正行、法行必與持戒緊密結合，
因此，如何使一切之行皆不違犯戒規，則為正行之重要原
則，簡言之，行不犯戒才能真正符合正行、法行之義。[61]

　　釋尊施戒不僅是為僧團而施設，實然釋尊本人就是真正
具體實踐者，對於有關釋尊在日常生活行止間之儀態，有一
詳細之描述：

> 我見沙門瞿曇著衣、已著衣，被衣、已被衣，出房、
> 已出房，出園、已出園，行道至村間，入村、已入村，
> 在巷，入家、已入家，正床、已正床，坐、已坐，澡
> 手、已澡手，受飲食、已受飲食，食、已食，澡手咒
> 願，從坐起，出家、已出家，在巷，出村、已出村，
> 入園、已入園，入房、已入房。（師）尊！沙門瞿曇
> 著衣整齊，不高不下，衣不近體，風不能令衣遠離
> 身。……沙門瞿曇隨眾說法，聲不出眾外，唯在於眾；
> 為彼說法，勸發渴仰，成就歡喜。無量方便為彼說法，

---

[60] 《雜阿含經》卷 37〈第 1042 經〉：「佛告婆羅門長者：謂離殺生乃至
正見，十善業跡因緣故，身壞命終，得生天上。……以法行、正行故，
持戒清淨，心離愛欲，所願必得。欲求斷三結，得須陀洹、斯陀含、
阿那含果，無量神通，天耳、他心智、宿命智、生死智、漏盡智皆悉
得。所以者何？以法行、正行故，持戒離欲，所願必得。」（大正 2·
273 上）。

[61] 《增壹阿含經》卷 17〈四諦品〉：「或有人往來行步，不行卒暴，眼目
視瞻恆隨法教，著衣持缽亦復隨法，行步視地不左右顧望；然復犯戒，
不隨正行，實非沙門而似沙門。」（大正 2·634 上）。

勸發渴仰，成就歡喜已，即從坐起，還歸本所。（師）
尊！沙門瞿曇其像如是，但有殊勝復過於是。[62]

如是鉅細靡遺就釋尊之食、衣、住、行、坐、臥以至說法等
之敷敘，此中所展現之主要行誼特色即是穩重、安詳：一切
日常行止皆如是不徐不急。[63]且依內文之陳述，是將釋尊一
天主要之行誼做完整之呈現，除說法外，大部分是對日常進
退間之描繪，此亦說明：釋尊一切之所行，實亦是常人之寫
照，然釋尊之穩重、安詳，則是常人所不能及；常人多因事
多心煩，故流露於日常之行止，則或急、或緩。惟將釋尊之
行止做如是敷陳，實看似平常卻又非常，此亦在彰顯釋尊之
行皆是正行，而正行即是將持戒生活化於日常間，而如是能
將持戒與生活緊密結合，則唯釋尊能之。顯然，以演說法義
而啓悟眾生是能吸引眾生，但真正能令人心悅誠服，則是能
將法義落實在日常生活之一切行止上，亦唯有真正依法奉行
實踐，才能真正感化、攝受眾生。釋尊重戒，並自我行之而
成身教之典範，並依之要求出家弟子於有漏功德與一切過惡
皆要避離，唯有「修正行」，才堪爲佛之弟子。[64]

---

[62] 《中阿含經》卷41〈梵摩經〉，大正1・686下-687下。

[63] 在後起之大乘經典中，於經文之啓首，即常對釋尊之行誼先有一番論
述，如《金剛經》所云：「爾時世尊！食時、著衣、持缽、入舍衛大
城乞食，於其城中，次第乞已，還至本處，飯食訖，收衣缽、洗足已、
敷座而坐。」須菩提長老即合掌恭敬而讚佛：「希有！世尊！」（大正
8・748下）。「希有！」是予釋尊所展現之行誼風範於世爲罕見之讚
嘆，於另一方面亦是彰顯釋尊戒行於日常行進間之自然細微流露。

[64] 《雜阿含經》卷4〈第197經〉：「爾時，世尊說偈答曰：所謂比丘者，

2. 戒具有總攝諸法之作用

於持戒者而言，依持戒所能產生之戒德，且在戒德之下，將可達成某種利益與效果，此爲初學戒者之所必然關心處。惟依釋尊之意，持戒實然是一種利己利他與護己護他之方法，且在以圓具一切德行之觀照下，戒是一切善法之源，而戒所能產生之作用與功德亦必爲釋尊所開演。

釋尊演法是爲度眾，然肉體生命終有盡，故如何使法義能永續下去，才能使度眾本懷不致中斷，而法義之傳承方法，除將法義結集爲經典以供流通外，另一重要者在人本身典範。惟釋尊要弟子奉持嚴格戒律，特以出家僧眾才堪受具足戒，此中義涵說明：唯出家僧眾才是法義之代表者，故僧所象徵之意義，則已非如世俗一般人而已，其將身負法義傳承之責任。在法義代代相承中，如何才能將釋尊之身教與言教流傳下去，此則攸關法義是否能長存，於此，釋尊提出能令正法久存之七種方法：

> 佛在世間為比丘作師，比丘敬佛所說戒敕，持受戒法，不慢念師恩。持師戒法，法可久。不得下道，當隨佛法約束，法可久。敬比丘僧，受其教戒，得當承用無厭，法可久。當重持戒，能忍辱者，法可久。隨經戒心，無所貪愛，常念人命非常，法可久。晝日不

非但以乞食；受持在家法，是何名比丘？於功德過惡，俱離修正行；其心無所畏，是則名比丘。」（大正 2・27 上）。

得貪飯食，夜臥不得貪好床，法可久。自整頓思惟世
間，擾擾所念莫懈，莫隨惡心，莫隨邪心，邪心來至，
自戒莫隨，當端心。世間人，為心所欺，比丘莫隨天
下愚人心，持是七法，法可久。[65]

觀此七法，所重皆在戒，其中有關於日常食、住之戒；亦有
自我之端心、戒心；更有敬師、敬法、敬僧之戒，顯然，正
法可傳之久遠，關鍵在持受戒法，並依佛（師）、依僧之教
戒而奉行之。釋尊如是以戒為重、為首，實乃立足於因一切
之善行，以至解脫境之達成，必須由戒而始；[66]因持戒深重，
才能不悔，由不悔以至歡悅、清安而得定，因定才能獲得如
實知見，顯然，法與法之間是具有相益相因之關係，而戒是
一切善法之源，故釋尊以「戒趣為第一」。[67]

　　釋尊於戒之施設，以意為最重，此亦代表能防止有漏行
為，則正念之提振至為重要，而所謂正念之提振與持續，相

---

[65] 《佛般泥洹經》卷上，大正 1・161 上-中。

[66] A.Christina Albers 著，印海譯《佛教徒信仰的是什麼》〈戒律〉：「遵
守戒條，不但能培養道德根基，也可為眾生做最高服務。戒條的目的
是在消除內心中所溢出的熱情，粗雜的語言和行為。戒律也是為了希
望培育內心一種不可或缺的基礎。沒有戒律，禪定的功用便成為錯
誤、自私的濫用。遵守戒條如同築起一排籬笆，以防盜賊進屋作惡。」
（台北：嚴寬祜文教基金會，2004 年），頁 130。

[67] 《中阿含經》卷 10〈何義經〉：「因持戒便得不悔，因不悔便得歡悅，
因歡悅便得喜，因喜便得止，因止便得樂，因樂便得定。……是為法
法相益，法法相因，如是此戒趣至第一，謂度此岸，得至彼岸。」（大
正 1・485 中）。

應於行為上，即是一種忍之律儀。因當精勤於斷惡修善過程
中，於人之身或感疲累、於心或起懈怠，此為常人之一般生
理或心理反應，以致，如何面對身、心所引發之煩惱與憂慼，
則為一重要修行工夫，此亦決定一切修證行為如何能真正由
有漏而通至無漏，於此，釋尊於持戒之修證上，有云：「有
漏從忍斷」。[68]以「忍」為斷除煩惱、憂慼之方法，此中之
忍，其實即是一種意志；換言之，是以意志之堅定堪忍而成
就忍律儀；凡能於身、心極苦中皆能堪忍，亦正因堪忍，才
能不捨精進，而一切諸有漏行為即在堪忍中而突破，故釋尊
讚稱忍之律儀，而忍律儀之本源即來自於意。以意志而言
忍，如是能凸顯釋尊重意業之修證，然於另一方面而言，忍
畢竟是一種當面對與自我身、心相抗時所產生之意志力；但
於修證之過程中，自我亦要處理因日久所生之懈怠感，故釋
尊強調精進、強調勤。若言忍能斷除有漏，而勤則更具防護
作用，能令未起之惡不起，已生之善持續，故忍是一種律儀，
實則勤亦是一種戒、一種律儀，此兩者一皆不離意志。[69]

---

[68] 《中阿含經》卷2〈漏盡經〉：「云何有漏從忍斷耶？比丘！精進斷惡
不善，修善法故，常有起想，專心精勤。比丘！身遇諸病，極為苦痛，
至命欲絕，諸不可樂，皆能堪忍。若不忍者，則生煩惱、憂慼；忍則
不生煩惱、憂慼，是為有漏從忍斷也。」（大正1‧432下）。

[69] 《雜阿含經》卷31〈第877經〉：「云何律儀斷（勤）？未起惡不善
法不起，生欲、方便、精勤、攝受，是名律儀斷（勤）。」（大正2‧
221上）。此引文中有關律儀斷之後括號（勤），是參見楊郁文《阿
含要略－阿含學與阿含道》之「勤律儀」，（台北：法鼓文化公司，1997
年），頁170。
　　《佛光大藏經‧阿含藏‧雜阿含經》〈雜阿含經題解〉，有關「正勤相
應」有云：「《雜阿含經》將『正勤』譯為『正斷』，『正斷』為『正勤』

　　戒是一種律儀，亦可謂是一具體行為之展現，而行為之產生，又往往需憑藉背後理論之支持，有理論或曰有理想為根據，則將更能促使戒之持守深重。釋尊之施戒主要是為止漏與防護，[70]而防護作用顯然更是使戒具有積極義，唯戒之防護作用，需以理智為基礎，而理智即是「慧」；換言之，智慧對戒是具有止漏之作用，如云：「世間諸流漏，是漏念能止；我說能防護，由慧故能偃。」[71]持戒是一條長遠之路，而持戒之本身無法單以一時之感性而堅守之，其因是：若因感性而持戒，亦將因感性而放棄之，以是，當於有漏之心念起時，提起正念是可止漏，而正念即是依慧而言，亦唯有以智慧為觀照基礎，才能使持戒堅續下去，故慧於持戒而言，則恍若築起一道土牆般。

　　顯然，以戒之立場而論慧，智慧亦是一種律儀，因智慧能防止有漏之念產生，其是具有防護之作用，以如是而論，則慧所具有之防護作用與戒是等同的。惟三無漏學是依戒終

之誤譯，『斷』之巴利語為 pahāna 非常近似『勤』padhāna，而且第一勤為『斷勤』，故古德把『四正斷』當作『四正勤』。《雜阿含經》在很早的時候已失落二卷，失落的部分就是『正勤相應』、『如意足相應』和部分『根相應』、『念處相應』，以及『記說』之天相應等。」（高雄：佛光出版社，1995 年），頁 26。

[70] A.Christina Albers 著，印海譯《佛教徒信仰的是什麼》〈保護你自己〉：「自我保護不是自私的，它是自我控制，倫理和精神的自我開展。道德的自我保護將安全保護他人、個人和社會，免於我們自己不受抑制的激情和自私衝動所害。」（台北：嚴寬祜文教基金會，2004 年），頁 254-257。

[71] 《瑜伽師地論》卷 19，大正 30‧386 中。

至慧，如是亦可看出佛法以戒爲入門之鑰其義甚明顯；然佛
法之修證在導致自身之心清淨以得解脫自在，而清淨之臻至
則是另一較高層次之修養。若以執著世間法而論，則執著越
重，則距清淨之境越遙，故釋尊依緣起法而論諸行無常、諸
法無我，以明執著爲不必要，因一切終將成空而無所得，如
是之觀照，即能展顯智慧所具有之防護作用，使有漏執著之
心念能轉趨止息以歸清淨，而心一旦清淨，亦必有助持戒之
清淨與堅固，故佛門雖以戒爲首，但法義之核心是：觀照之
慧。

　　慧是佛之究竟說，然智慧之開發與開發深淺之程度，其
間戒之持守是具有重要之關鍵性。依戒而言：戒本具有不違
犯之義，當違犯之事少，人之憂慮、煩惱亦必將降低，在如
是之情形下，才有可能再進一步產生般若智慧，而般若智慧
正是能使有漏心轉爲無漏心之推手，顯然，持戒之最終目的
是爲得解脫。以戒而言，必由最根本入手，而人之行爲造作
來源有三：即身、口、意，此三者又曰三業；換言之，依身、
口、意而有身業、口業、意業之產生，而業正代表行爲之好
壞，唯如何使身、口、意能產生正面之行爲，則戒佔有重要
之地位。人生因無明（惑）而造作惡業，且依惡業而嘗苦果，
如是之惑、業、苦輪迴不已，以是釋尊之制戒，其目的一方
面可防止惡業滋生，然惡業之產生又多起自無明，故制戒之
另一方面之目的，亦可謂是能轉無明爲智慧；換言之，戒與
慧是互爲關係的：依持戒之清淨，則智慧必將光明；同理，
智慧光明，亦將有助於戒律之持守，故《長阿含經》有如是

之論：「有戒則有慧，有慧則有戒；戒能淨慧，慧能淨戒。」
[72]此中特以「淨」說明戒與慧所具有之功能，依戒所言之
「淨」，則不但能終止諸惡業之三毒，更能為未來昇起淨信，
而戒即是引人能入於正法之最佳途徑；因此，不論是為自我
解脫，或為憐憫眾生入於淨信正法，持戒清淨者將特受禮
敬，而戒為各宗之所重，足見其於佛門中之地位。

對於戒能增上諸法之作用，釋尊有一段論說：

> 極行增上戒者，則共愛敬、尊重、供養、宗奉、禮事
> 於彼比丘。有十法：意所惟觀，明見深達。極多聞者。
> 極善知識者。極樂住遠離者。極樂燕坐者。極知足者。
> 極有正念者。極精勤者。極行慧者。諸漏盡者。[73]

顯然，戒是守護學人於安全防護之範圍，但釋尊又更確然提
出戒是具有增上之作用，且期勉出家弟子若能持增上戒之十
法，則將受到尊重、禮敬等。且觀此「增上戒十法」之內容，
則多與修定（如：極樂住遠離者、極樂燕坐者、極知足者、

---

[72] 《長阿含經》卷15〈究羅檀頭經〉：「佛言：善哉！善哉！如汝所說：
有戒則有慧，有慧則有戒；戒能淨慧，慧能淨戒。種德！如人洗手，
左右相須，左能淨右，右能淨左。此亦如是，有慧則有戒，有戒則有
慧，戒能淨慧，慧能淨戒。婆羅門！戒慧具者，我說明比丘。」（大
正1‧96中）。

[73] 參見《中阿含經》卷36〈瞿默目揵連經〉：「如來、無所著、等正覺
說有十法而可尊敬。比丘修習禁戒，守護從解脫，又復善攝威儀禮節；
見纖芥罪，常懷畏怖，受持學戒。」（大正1‧654下）。

極正念者、極精勤者），或習慧（如：意所惟觀，明見深達、極多聞者、極善知識者、極行慧者、諸漏盡者）有關，此亦說明：戒律之修持能引導出定力與智慧；而釋尊特要出家弟子極行增上戒之十法，而此十法又多是定與慧之修持工夫；換言之，一切之定、慧之修學，亦必立基於戒上，唯以戒為根基之定與慧，才能成就真正之無漏。

若謂戒具有增上諸法之作用，戒能總攝一切法，然又為何於戒之外，尚需再立定、慧以成三無漏學，於此，引一論說如下：

問：若戒學能攝盡一切，但以甚麼為定學、慧學？

答：大乘三學，義門互攝，若舉其一，全收其他，無不窮盡。總攝萬行，同為戒學。集積萬行，名為定學。含聚萬善，成為慧學。一一法門，皆通三學，三學相等，互謂萬行，以修行學習之門不同，分為三學。戒若作為止惡之意解脫者，其中具有作善之門，是定、慧之意。定，慧之中亦有止惡之門，是戒學之意。如此，則事相互融而不相離。禪定之行，住於正念，惟為眾生利益之事，遠離欲惡不善之法。慧學之聖道是安住於正見，饒益一切有情，修正直方便利生之事，成就圓滿定慧，所以饒益有求名為定慧之學。

正見、正思之大智，即為成滿利生大業。正念、正定之大定，各皆含有不害之義，不捨大悲，成就化他之事業。此內體外用不動、不捨，互通、互攝，無礙自

在。[74]

此論說之重點在：戒重在止惡、不害，定、慧是作善，能作
善即是具有不害之義，此則為戒所含攝之，故以止惡與作善
即可總括為一切修行法門，而戒又可全收一切之善法。

　　釋尊施戒之範圍是隨僧團之發展而更趨細微，此乃因釋
尊之施戒是隨事犯而施設，此實亦透顯：不論戒規明訂有多
詳細，實無法全面圓滿適用。惟釋尊於施戒上，顯然是有一
大方向：除要弟子們置於安全之防護範圍，但更鼓勵能依向
增上之行處；如是之施戒精神，是以自律（增上）為主，他
律（戒規）為輔。以如是之施戒精神，再來論於學戒之意義，
則所謂學戒，並非只是瞭解戒規之內容條文而已，而是憑戒
使六根產生防護作用，並進而使六根能達善行之結果。若以
「行處」之義而言，則是除防護行處外，更要趨近依持於能
增上之行處，因唯有能依戒，且成就定與慧，如是之戒學，
才可曰增上戒學，而此即是釋尊施戒之本懷。

3. 由戒轉願之功德

　　釋尊施設戒，其目的在息惡，以至行善，終達成佛，顯
然，於釋尊之立場，其施戒之目標是崇高神聖的。然於持戒

---

[74] 德田明本著，印海法師譯《律宗概論》〈教起因緣〉，（台北：嚴寬祜
　　文教基金會，2004年），頁 52-53。

之人而言，如何才能將持戒由息惡以達成佛之過程，此中則必涉及至願力之問題，唯有視戒爲個人之誓願，是心甘情願而力行之，則因持戒所產生法法相因之效果，才能真正臻至。換言之，成佛雖由持戒入手，但願力則是使持戒通往成道之催促劑，而能由戒轉入爲願，則必是於戒能生正見、正智之故，此亦可謂：戒是正見、正智所開展而出之願，以是釋尊有言：「吾今成佛由其持戒，五戒、十善，無願不獲。」[75]由持戒以至行善，終可達至無願不獲，此是爲說明依戒所產生之功德，將可使所願達成；若言持戒是因，則願獲即是果，此亦可謂是以佛法因果之定律而論之於持戒。

由持戒而可無願不獲之外，釋尊又更進一步而提出：「諸道品法，皆由戒成」，[76]顯然，釋尊施戒於常人而言，可能是一種嚴格之約束、規範，但於釋尊而言，成道必由此入門，若以此而言，則施戒與持戒皆理應是一令人歡喜之事，因一切之道品、果報皆由持戒而然，故釋尊曾以戒如纓絡、如吉祥瓶，譬喻戒能令人更加美善而所願皆現。將戒與諸道品結合，此乃意謂：其實一切之道品，皆依戒開發、如法造作而成，故能具正見、正智而持戒，則於一切道品亦能成就之；而釋尊一再強調欲成道者，必須學戒，其義在說明：持守禁

---

[75] 《增壹阿含經》卷16〈高幢品〉：「吾今成佛由其持戒，五戒、十善，無願不獲。諸比丘！若欲成其道者，當作是學。」（大正2‧626上）。

[76] 《增壹阿含經》卷2〈廣演品〉：「所謂戒者，息諸惡故，戒能成道，令人歡喜，戒纓絡身，現眾好故。夫禁戒者，猶吉祥瓶，所願便剋；諸道品法，皆由戒成。如是，比丘！行禁戒者，成大果報，諸善普至，得甘露味，至無爲處。」（大正2‧555上）。

戒之理與行諸善、道品之理是爲一致，必由有所作爲以至無爲而成，能至無爲處之境，其源仍立之於持戒上。

於持戒之歷程，釋尊是肯定依持戒能所願皆獲以至成就諸道品，然此皆尚在有爲有相上，依釋尊之施戒目標，是欲引導學人由知曉戒之重要性，以至再進一步持戒，並由始之勉力爲之以終達至無爲處之究竟。若言持戒有其歷程，則由有爲有成以至無爲之處，此即是持戒之向上提昇，顯然，持戒若能臻至誓願持戒以達無爲處，才能符合釋尊施戒之真正用意。

觀之釋尊行遊教化之示現，是以自己之身教、言教而指導弟子、勸度眾生，如是之示現，即充分展顯佛教是具有注重實際日常生活之傾向，而如是之特色，則表現在戒之施設上。釋尊爲力求戒之持守，能令大多數人認同而誓願持守之，除依學人不同之修行而有不同之持守規範外；對於戒，於常人而言，可能是一種束縛，然在戒之規範下，其實亦是一種自由，而如是之理念，如何才能使眾生有深刻體悟，顯然，持戒所將帶來之好處是必須被開演的，而凡夫在趨吉避凶之心理下，將持戒融入日常生活中，則將較具可能性。釋尊特對一般大眾開演持戒將具有五種功德：「一、諸有所求，輒得如願。二、所有財產，增益無損。三、所往之處，眾人敬愛。四、好名善譽，周聞天下。五、身壞命終，必生天上。」

[77]此持戒五功德，顯然是針對凡夫處世法中之願求，於生則富貴名利能順遂，於死則祈求上昇天界，此由生至死之願求，雖代表一段落之人生，但亦是最真實人生之願求，而此凡人因持戒而得之五功德，正爲人一生之欲求下一最佳說明。

惟釋尊除爲凡夫大眾演說持戒之功德外，其目標更置於出家僧眾上，而出家弟子所要持守之戒律本細微於一般學人，故出家僧人以持戒所得之功德，將益形殊勝，如：「天龍鬼神，所共恭敬。美聲流布，聞徹世間。處大眾中，威德明勝。諸善鬼神，常隨守護。臨命終時，正念分明，死即生於清淨之處。」[78]此中所涵蓋之持戒功德，已非僅止於世法名利所得順遂之事，而是能得天龍諸善鬼神恭敬與守護，此亦隱含僧眾所持之戒與其所將得受之功德結果，已非爲人間之最勝而已，實然亦是天界中之典範，而「天人師」之尊號，是對佛之讚稱，實亦代表持戒之功德。至於對色身將壞時之論說，則僧眾之臨終是正念分明，而死亦即往生於清淨之處；此中雖無後起往生特殊淨土之論說，但此處所強調生於清淨之處，顯然是對持戒清淨者所給予之最高肯定。

有關因持戒所產生之功德，依《解脫道論》之論述是：

---

[77] 以上所引之持戒五功德，是參見《長阿含經》卷2〈遊行經〉：「凡人持戒有五功德。何謂爲五？」之內容。（大正1・12中）。

[78] 以上所引是參見於《大般涅槃經》卷上：「比丘持戒之人……」（大正1・195上）。

何戒功德者？不悔是戒功德。如世尊告阿難：不悔戒
善是功德義。復次名戒者，是無過樂是眾生上，是財
為富貴，是處為佛地，是浴無水，是香普薰，是影隨
形。是緻覆可覆，是聖種，是學無上，是善趣道，若
人有戒，為有戒是故。成就無畏，榮顯親友，聖所憐
愍，是親友依，是善莊嚴，是領諸行，是功德處，是
供養處，是可貴同學處，於諸善法不畏不退，成就一
切意願清淨，雖死不忘，成伏解脫樂方便，如是無邊
戒功德。[79]

依持戒所產生之種種功德，其基源乃建立於不悔上，[80]不悔
則起於慚愧，能知所慚愧，則能尊重自己並尊重他人；換言
之，慚愧為產生及存續戒最直接之因，[81]能慚愧並行懺悔，
此即是戒行。因不悔所產生之戒功德，於譬喻上有：以戒為
住處（永不離開），以戒為水（能淨塵垢、使熱惱清涼），以
戒為薰香（成就一切善趣道）等，以是可總論戒為諸德之本，

---

[79] 《解脫道論》卷 1〈分別戒品〉，大正 32‧401 上。

[80] 覺音著，葉均譯《清淨道論》〈說戒品〉論述有關「什麼是戒的功德」
有云：「什麼是戒的功德？如獲得無後悔等的種種功德。又如『諸比
丘！若有比丘，願為諸同梵行者所喜愛、歡悅、尊重、禮敬，彼當圓
滿一切戒。』這都是說始於喜愛歡悅等而終於漏盡的諸戒的功德，這
便是無後悔等種種戒的功德。」（高雄：正覺學會，2002 年），頁 10。

[81] 覺音著，葉均譯《清淨道論》〈說戒品〉「什麼是戒的足處」有云：「智
者曾說：慚與愧為戒的足處，足處是近因的意思，因為有慚愧才能產
生及存續戒律。」（高雄：正覺學會，2002 年），頁 9。

是罪惡之破壞者。[82]

釋尊強調由持戒所產生之種種功德，此乃予戒視以正面
積極之作用，反之，破戒所造成之過患，理應亦被演暢。於
《阿含經》所論持戒與破戒之得失是：

> 持戒比丘：根本具足，心得信樂，歡喜息樂，寂靜三
> 昧，如實知見，厭離離欲解脫，疾得無餘涅槃。
> 破戒比丘：功德退減，心不樂住，失喜息樂，寂靜三
> 昧。如實知見，厭離離欲解脫，失解脫已，永不得無
> 餘涅槃。[83]

僧團是群體之生活，持戒與破戒除可自證知外，顯露於外在
之行為，則亦可涉及至由他人「舉罪」之問題；換言之，破
戒之行為是可被舉發而告出，然在破戒者與舉罪者之雙方面
上，釋尊則要求皆要：「俱依正思惟，自省察剋責」為本，
亦可言：唯有雙方皆依正法而深察反省中，則結恨與諍訟才

---

[82] 覺音著，葉均譯《清淨道論》〈說戒品〉「什麼是戒的功德」有云：「佛
教給與善男子的住處，除了戒，更無別的了。唯有戒水能淨有情的塵
垢，唯有善護聖戒能使熱惱究竟的清涼。戒香不但順風送，也得逆風
薰，為升天的階梯，入涅槃的城門。國王雖然盛飾摩尼珠，不如行者
以戒莊嚴的光輝。戒能摧毀自責等的怖畏，具戒常生名望和笑顏。戒
為諸德的根本，一切罪惡的破壞者。」（高雄：正覺學會，2002 年），
頁 10-11。

[83] 參見《雜阿含經》卷 18〈第 495 經〉，大正 2・129 上。

能真正止息，以促成僧團之和諧。[84]於僧團中，一旦有舉罪與被舉罪之情事發生，兩方當以何種態度而自處之以令心安住，於此，釋尊各舉五法以明之，於舉罪比丘之令心安住五法是：「實非不實，時不非時，義饒益非非義饒益、柔軟不麤澀、慈心不瞋恚。」於被舉罪比丘之令心安住五法是：「為實莫令不實，令時莫令非時，令是義饒益莫令非義饒益、柔軟莫令麤澀、慈心莫令瞋恚。」[85]依釋尊所論之破戒、舉罪與自安之法上，顯然，戒之持守是由自護、自安以至護他、令安他之過程完成。

另於《解脫道論》中陳述有關因犯戒所產生之種種憂悴與不安，是名為「稱量犯戒過患」，[86]此「稱量犯戒過患」

---

[84] 《雜阿含經》卷18〈第496經〉：「比丘！應如是思惟，我不是不類，不應作罪，令彼見我，若我不為此罪，彼則不見，以彼見我罪，不喜嫌責，故舉之耳。舉罪比丘應如是念：彼長老比丘，作不類罪，令我見之，若彼不作此不類罪者，我則不見，我見其罪，不喜故舉。」（大正2‧129中。）

[85] 參見《雜阿含經》卷18〈第497經〉，大正2‧129下。

[86] 《解脫道論》〈分別戒品〉：「何等稱量過患？若人犯戒，成非功德，成諸惡處，畏於四眾，疑難智人，有戒棄避。不可教禪，天人鄙穢，眾所憎薄。思所犯戒，見人讚歎持戒功德，心悔不信。於四眾中，每生忿諍。於其親友，多起嫌怨。背有戒人，成惡朋黨，不復堪得殊勝定法。雖假嚴飾而故醜陋，猶如屎尿，人所憎惡。若已作罪，追生慚悔，心不安隱。如盜在獄，心不樂聖。如旃陀羅，無欲王位。其有聞慧，樂說功德，人不貴敬。猶如糞火，生不如處，死時惛忘，神行惡道，如此等過是可稱量。」（大正32‧404上-中）。
有關破戒之過患，於覺音著，葉均譯《清淨道論》〈說戒品〉中亦有論述，（高雄：正覺學會，2002年），頁52-55。

與「稱量戒功德」[87]總名爲「二戒住」。[88]以戒之功德與過患
爲可稱量，此乃在明示：不論是持戒或犯戒，皆有返轉之可
能性；換言之，一朝之持戒，不能永保以後仍續爲之，同理，
犯戒者亦有再行守護持戒之可能性。論持戒清淨是予持戒最
高之期許，論犯戒之過患是予持戒者之一種警惕，以是戒之
淨化與戒之雜染，或具戒之功德與破戒之過患，此二法之同
時開演，實於釋尊之本懷而言，如何成就清淨、具足之戒才
是論戒之真正目的。

為顯因持戒而得功德之殊勝，釋尊特舉例並指明凡有所
欲求，如日常之衣食、臥具以至醫藥，乃至欲求四禪、四神
足、八解脫門與得諸神通等，如是之欲求願得滿足如意者，
則一皆需仰賴「戒德具足」始可成之。[89]換言之，釋尊對所

---

[87] 《解脫道論》〈分別戒品〉：「若變此惡成戒功德，亦可稱量。如是稱量，
其犯戒者，心意粗屈，情志退散，其有戒者，唯深精進，倍生信敬，
成精進人，成信敬人，一心護戒。如蟻守卵，如犛牛愛尾，如護一子，
如護一眼，如巫師護身，如貧人護寶，如海師護舶。此諸護中，我所
修戒，最應敬護，如是受持，心被擁衛，安住禪定，戒得守護。」（大
正32‧404中）。

[88] 《解脫道論》〈分別戒品〉：「所有身口業，可作現作。當觀彼彼，作善
除惡。當觀朝夕，住清淨戒。若如是者，令戒清淨。何戒清淨相者，
成相應及諸煩惱不起退悔，得定成滿，謂清淨相。幾行住者，以二
戒住。一稱量犯戒過患，二稱量戒功德。」（大正32‧404上）。

[89] 《增壹阿含經》卷29〈六重品〉：「若復比丘意欲求衣被、飲食、床敷
臥具、病瘦醫藥者，亦當戒德成就。若復比丘欲求知足者，當念威德
具足。意欲求四禪，……意欲求四神足，……意欲求八解脫門，……
意欲求天耳，……意欲求知他人心中所念，……意欲求天眼，……意
欲求盡有漏，成無漏心解脫、智慧解脫，生死已盡，梵行已立，所作

謂「戒德具足」，其所涵蓋之內容是廣面的，舉凡於修證歷程中，由人至成佛之種種次第裡，所需之一切事物以至慈悲與智慧之流露，如是之一切，皆是由戒德具足而得成，乃至為證得生死之解脫，亦必是因持戒而能如是；由對僧眾要求之戒德具足內容中，亦在在彰顯釋尊對僧眾之期許深厚、對戒德持守嚴格之要求，而戒為佛門三無漏學之首亦確然得立。

　　釋尊於戒之要求，可謂是全面性於日常生活之細節，此誠然是一種以實際為重之規範。以實際生活而言：若於日常之食、衣、住、行能少欲知足，將使生活較不依附他人，如是將使出家僧團具有更多獨立自主之時、空間；而如是較閑靜之生活，正是釋尊所讚許之出家生活。顯然，能將釋尊之法義演說，做最具體落實之呈現，則是出家僧團之生活行誼。因此，若言釋尊之法義是否能住世，則將視出家僧團生活戒律之展現實亦不為過，以是釋尊曾讚許：「若迦葉！此頭陀行在世者，我法亦當久在於世。設法在世，增益天道，三惡道便減；亦成須陀洹、斯陀含、阿那含三乘之道，皆存於世。」[90]於戒行上，頭陀[91]行是《阿含經》論戒之一大特

已辦，更不復受胎，如實知之，彼當念戒德具足。」（大正 2・712 上-中）。

[90] 以上引文參見於《增壹阿含經》卷 5〈一入道品〉，大正 2・570 中。

[91] 隋・慧遠《大乘義章》卷 15：「頭陀，胡語。此方正翻名為抖擻。此離著行，從喻名之。如衣抖擻能去塵垢，修習此行能捨貪著。」（大正 44・764 中）。

色，[92]由釋尊對頭陀行之看法，可知是予頭陀行持肯定之態度，頭陀行可泛言為一種苦行，若以持戒之精進程度而論，顯然能持頭陀行者，是於戒行上更能臻至清淨，亦是成就聖戒之行。[93]

頭陀行是一種於生活堅持苦行之精進者所自我要求之修戒方法，此中雖看似重在個人之修持上，然由一人之修持自護，實亦是在護他，故雖看似自持實然亦是一種慈悲之展現。[94]以是釋尊曾告曉比丘弟子言：「其有歎譽阿練若者，則為歎譽我已。其有誹謗阿練若者，則為誹謗我已。我今教諸比丘，當如大迦葉所行，無有漏失者；所以然者，迦葉比

---

[92] 有關頭陀行之行持內容整理，可參見楊郁文《阿含要略－阿含學與阿含道》，（台北：法鼓文化公司，1997 年），頁 194。

[93] 覺音著，葉均譯《清淨道論》〈說頭陀支品〉：「今以少欲知足等德而淨化如前所說的戒，為了成就那些功德，故持戒的瑜伽行者（修行者）亦宜受持頭陀支。如是則他的少欲、知足、減損（煩惱）、遠離、還滅、勤精進、善育等的功德水，洗除戒的垢穢而極清淨，以及其務（頭陀法）亦得成就。這樣無害於戒及務（頭陀）之德而遍淨一切正行者，則得住立於古人的三聖種（ariyavaṃsattaya 衣知足、食知足、住所知足）以及得證第四修習樂的聖種。」（高雄：正覺學會，2002 年），頁 57。

[94] 《中阿含經》卷 35〈傷歌邏經〉：「彼沙門瞿曇弟子，隨族剃除鬚髮，著袈裟衣，至信捨家，無家學道，行無量福跡，不行一福跡，因學道故。」（大正 1・651 上）。此意在說明：沙門出家學道後，會向他人宣說道跡，使他人亦能如是修行，以此輾轉無量，故出家學道，將使無量之人得福。
另可參見趙淑華《《阿含經》的慈悲思想》，（國立台灣大學哲學研究所碩士論文，1997 年），頁 87-89。

丘有此諸行。是故，諸比丘！所學常當如大迦葉。」[95]釋尊
以迦葉之持戒行為，即等同於釋尊本人，此顯然是以頭陀行
即是其足戒，是能成就聖戒、佛道；換言之，若於個人修戒
上不能清淨自持，於貪、瞋、癡等諸欲無法捨棄，終將因諸
煩惱而起破戒業。釋尊之施戒原則是重在引領弟子於戒要能
精純、無雜染，而頭陀行之修戒方法，其內涵真義即在使一
切生活簡樸再簡樸，將更多精神置於閑居修定以至通達智
慧，此即釋尊所言之成就：「賢聖三法—賢聖戒、賢聖三昧、
賢聖智慧」，[96]戒為成就賢聖之首，其重要性已甚明白清楚。

四、阿含戒與大乘戒之相應關係

　　若依據阿含經義所呈顯之戒學特色，此理應最具代表釋
尊施戒之本懷，是以排除煩惱、憂感為主。其後隨大乘佛法
之發展，許多戒律之施設，是由後之大德因時、因地而設，
此並非是後人有違釋尊之本懷，而是需以是否立足於施戒之
精神上而論。戒之持守是為使自己不違犯，因不違犯故能得
真正之自由自在；換言之，戒是為使自己更能自在而設，此
為釋尊施戒之真正本懷，因此，若立基於此立場上，則阿含
戒學與大乘戒，此兩者於戒之精神理應是一致的。

---

[95] 參見《增壹阿含經》卷5〈一入道品〉，大正2・569下-570上。

[96] 《增壹阿含經》卷13〈地主品〉：「若有比丘不著利養，便獲三法。云
何為三？所謂賢聖戒、賢聖三昧、賢聖智慧。若欲成此三法，當發善
心，不著利養。」（大正2・614中）。

1. 阿含戒有「克己以利他」之精神

隨佛法之發展,由強調自護而護他之修戒立場,至後起之大乘佛法,是以菩提心之興發爲重點,如是之發展趨向,或可言是一種佛教內部之自省。然由阿含戒之自護護他,至大乘強調度己度他之本懷,此兩者於根本立場上實無有不同。若要論於兩者之差異:則阿含戒強調自持、自護之立場較深刻,而大乘佛法則著重在自覺菩提心之興發上而行利他之實證。然觀之阿含戒與大乘戒,於戒之所重層面則有不同:強調此世、當下之實際層面,是阿含戒所展現之特色;而強調慈悲、盡未來際、發願、迴向等,此是以理想爲主,則爲大乘戒之特色。於戒之持守上:阿含戒重實際,大乘戒重理想,此是兩者不同之傾向,然於戒則皆要求持守實證則是不容置疑,此是佛法之基調。

佛法之基調,是以「知苦」入手,「苦」之內涵或有不同,於苦之感受亦因人而異,然如何能由知苦而解苦,此爲釋尊演法、施戒目的之一。苦之內涵、感受或有差異,但苦之根源可總曰是起至無明煩惱,而戒之淨持,即是爲清淨自心,以轉無明爲明,在此立點上而論戒,則理應無有大、小乘戒之差異;[97]換言之,無法籠統以《阿含經》爲小乘,而

---

[97] 印順《佛法概論》〈自序〉:「佛法的如實相,無所謂大小,大乘與小乘,只能從行願中去分別。緣起中道,是佛法究竟的唯一正見,所以《阿含經》是三乘共依的聖典。當然,阿含經義,是不能照著偏執者－否認大乘的小乘者,離開小乘的大乘者的見地來解說的。」(新竹:

相較以後起為大乘。若言大、小乘僅能以行願而論之，行願則是個人於世間眾生關懷所涉及之範圍，此中則確有大、小之界分，然於重戒、持戒之心態上，實無法分別大與小。然在修證方法上，則有五乘共法、三乘共法與大乘不共法，其中五乘共法與三乘共法之大要內容如下：

> 五乘共法：克己以利他，堅忍持淨戒。以己度他情，莫殺莫行杖，勿盜勿邪淫，勿作虛誑語，飲酒敗眾德，佛子應受持。五戒盡形壽。眾福之所歸。加行日夜戒，隨順出離者。依人向佛道，戒行為宗要。[98]

> 三乘共法：極重罪有四，淫行不與取，殺人大妄語，破失沙門性。餘戒輕或重，犯者勿覆藏，出罪還清淨，不悔待安樂。能持於淨戒，三業咸清淨，密護於根門，飲食知節量，勤修寤瑜伽，依正知而住。[99]

顯然，就五乘共法與三乘共法，其共同特色皆強調戒，此中之重在：若於戒能淨持，不但能促成身、口、意三業清淨，更是習定向於出世道之必備資糧，唯一切由戒而定，一皆需以正知為本。於五乘共法與三乘共法上，雖仍立於利他、度

正聞出版社，2003年），頁1。

[98] 參見印順《成佛之道》〈五乘共法章〉：「戒是本於慈悲的自通法，不殺、不盜、不邪淫等，都是護生的分別說明。」（新竹：正聞出版社，2005年），頁105-112。

[99] 參見印順《成佛之道》〈三乘共法章〉，（新竹：正聞出版社，2005年），頁191-196。

他，此乃因於釋尊之施戒是因事而制，故戒條是漸次增多，但基本之五戒則是一切戒之本，亦可謂是持戒之共法。惟五戒之持守是立於「以己度他情」之上；換言之，持戒之因並非僅止於仰慕戒德而然，實然是自願克私己之情欲，並以己而推度至他人，而此即《阿含經》所論之「自通之法」，[100]顯然，在「以己度他情」之前提下，則阿含戒學除重當下、實際之特色外，實亦具有「度他」之精神。於《阿含經》中雖論述因持戒將帶來功德，然因於功德而持戒，此於戒之持守上雖有其作用與意義，但此並非是持戒之最佳心態，受持戒行需立於由度己以達利他之願，才是佛施戒之本意。

相應於佛教後起之發展，於戒之持守傾重與心態上，則因行願不同而有差異，此即如後世所論有大、小乘戒之內容不同：

大乘戒與小乘戒不同處：
（1）關於自利與利他：小乘戒是為自己之證果而作為目標，嚴格自己之修道規制。大乘戒之領域廣為社會大眾，特別在歸著到利他精神。
（2）關於持戒以前心理之準備：小乘戒是對僧伽而立誓以一期生命中為限。大乘戒立誓以過去、現在、未來三世為期限的。
（3）關於受戒之對象：小乘戒是「從他受」，受戒儀

---

[100] 有關「自通之法」之論述，可參見注 21。

式要具有和上、教授師、羯磨師及證戒師七人。大
乘戒為「自誓受」，於三世十佛及大地諸菩薩前，請
求作證授戒。

（4）關於他律與自律：小乘戒是向人告白（他律）。
大乘戒是若捨無上菩提願，起增上煩惱犯即失去菩
薩之意義（自律）。

（5）關於外戒與內戒：小乘戒是戒外，注重犯行，
為形式之有相戒。大乘戒是戒內不戒外，注重犯意，
為精神之無相戒。

（6）關於修戒與性戒：小乘戒是隨犯隨戒，偏重在
身、口之過非，意業要讓給定慧之對治。大乘戒是
本性戒、佛性戒，是三學之一體化，身、口以意業
為重點。[101]

觀依以上之所論，與其說是在比較大、小乘戒之差異，不如
視其是在論述由小乘戒至大乘戒之聯結過程。小乘戒是最根
本、實際、當下可行之戒行，亦唯有先立基在此根本之戒與
可行戒之上，才有可能再進而延伸至以意、以精神為主之戒
行上。即以持戒之時限而論，由盡形壽至盡未來際恆無盡，
此乃是將時間做無限延伸，如是之願心，可謂是一種理性與
感性相結合而成。因以佛法之因緣觀而論：因果之間是相互

---

[101] 參見於土橋秀高〈大乘戒與小乘戒〉，收入於佐藤密雄等著，印海譯
《四分律與大乘戒之研究》，（台北：嚴寬祜文教基金會，2004年），
頁 542-552。此處之小乘戒是持戒之基礎，如前所論，大、小乘之分
別在行願上，而並非是以阿含為小乘，此為本書論述所持之立場。

相成，故今生能持戒，則來世亦能持之，生生世世皆然如是；而大乘佛法在深心悲願上，將當世盡形壽之一切努力所成之戒律與道品（此爲理性之層面），再行之於不可窮盡之未來際劫（此爲具有感性之層面），此中顯然在展現由有量通向無量，而無量亦可謂即是一種意志力之表現。阿含之論戒，重實際；而大乘戒則有重理想之傾向，此兩者或有側重之不同，但一皆需立於理性爲基礎則是一致。

於戒之論述上，持戒爲防非止惡，此爲持戒之基本面，於此是無阿含戒與大乘戒之界分，除此，阿含更論述依正面積極之持戒以達聖賢戒之完成，此即是阿含戒之特色。於戒之分類上，最能代表阿含戒之特色，即是：別解脫律儀、活命遍淨、根律儀與資具依止，如下將分別述之：

（1）別解脫律儀（戒）：依正信而成就。

> 具諸戒行，不害眾生；捨於刀杖，懷慙愧心，慈念一切，是爲不殺。但修聖戒，無染著心，內懷喜樂。[102]

別解脫律儀，是依正信而得成就，所謂別解脫，是以解脫及離惡趣等苦爲要求，此是依戒條自我之防護所產生之律儀；於學戒者而言，必先立足於有輪迴之怖畏與苦之認知，以至能依信因果業深爲前提下，持戒、依止於戒之規範而終生善

---

[102] 《長阿含經》卷 13〈阿摩晝經〉，大正 1．83 下-84 下。

成就之。[103]

（2） 活命遍淨（戒）：依精進而成就。

> 摩納！如餘沙門、婆羅門食他信施，無數方便，但作
> 邪命，諂諛美辭，現相毀訾，以利求利；入我法者，
> 無如此事。……但修聖戒，無染著心，內懷喜樂。[104]

活命遍淨戒是依精進而成就，所謂精進乃意指於斷惡修善上
之努力不懈，故於一切不善、不適合之邪命、惡法皆離棄斷
除，以使為活命而得受用之一切資具皆能達遍淨之要求。[105]
（3） 根律儀（戒）：依正念而成就。

> 目雖見色而不取相，眼不為色所拘繫，……彼有如是

---

[103] 覺音著，葉均譯《清淨道論》〈說戒品〉：「比丘以別解脫律儀防護而
住，正行與行處具足，對於微細的罪過亦見其怖畏，受持學習諸學
處，這樣說的戒為別解脫律儀戒。」又：「別解脫律儀須依於信而成
就，因為制定學處是超越於聲聞之權限的，所以全部佛制的學處必
須由信而受持，甚至不顧其生命而善成就之。」（高雄：正覺學會，
2002 年），頁 17、36。

[104] 《長阿含經》卷 13〈阿摩晝經〉，大正 1・84 上-84 下。

[105] 覺音著，葉均譯《清淨道論》〈說戒品〉：「如是由於違犯為活命之因
而制定的六學處（的生活）及以詭詐、虛談、現相、瞋罵示相、以
利求利等諸惡法所維持的生活為邪命，若能離此諸種邪命，即名活
命遍淨戒。」又云：「活命遍淨戒當依精進而成就，因為善於勵力精
進者，能捨邪命故。所以精進於行乞等的正求，得以斷除不適合的
邪求，受用於遍淨的資具，得以違避不遍淨。」（高雄：正覺學會，
2002 年），頁 31、40-41。

聖戒，得聖諸根。¹⁰⁶

根律儀是依正念而得成就，此乃立於以意念堅定爲防護牆，使諸根於外塵能不染而無所侵；顯然，根律儀是使六根在正念、正知之防護下而成就律儀。此根律儀爲持戒之防護大門，此若不得成，則前之別解脫律儀亦終將因煩惱侵擾而無法堅守持戒。¹⁰⁷

（4） 資具依止（戒）：依正見而成就。

> 食知止足，亦不貪味，趣以養身，令無苦患而不憍高；調和其身，令故苦滅，新苦不生，有力無事，令身安樂，猶如有人以藥塗瘡，趣使瘡差，不求飾好，不以自高。比丘如是，食足支身，不懷慢恣，欲為行道。比丘如是成就聖戒，得聖諸根，食知止足。¹⁰⁸

資具依止戒是依智慧而得成就，有正見之知自能依如法而善

---

¹⁰⁶ 《長阿含經》卷 13〈阿摩晝經〉，大正 1・84 下。

¹⁰⁷ 覺音著，葉均譯《清淨道論》〈說戒品〉：「彼人眼見色已，不取於相不取細相。因爲他的眼根若不防護，便爲貪等法所侵入所繫縛，彼防護而行道，保護眼根，作眼根律儀。」又云：「根律儀依於念而成就，因爲由於念的堅定，則諸根不爲貪欲等所侵襲。根律儀戒若不如是成就，則別解脫律儀戒亦不能長時存在，猶如沒有留意築以柵圍的穀田一樣，隨時可爲盜賊所襲。」（高雄：正覺學會，2002 年），頁 21-22、37。

¹⁰⁸ 《長阿含經》卷 13〈阿摩晝經〉，大正 1・84 下。

觀察資具之過失與功德，以是捨離於資具之貪求，以依正當
方法而獲得資具。[109]

　　依上之阿含戒之四法，[110]表面看似是一種較傾向自我持
戒之要求，由著重依持戒以使六根能成防護律儀，以至在活
命、資具要求上能達遍淨與依止，如是之阿含戒之特色，顯
然是立於自護、度己之立場，然一如自護亦護他之原則，若
最基礎、根本之自護尚無法臻至，則護他、利他亦終無有得
成之望；或亦可言：阿含戒之特色，即是一種以克己為本，
以終至達成利他之圓成。

　　阿含強調戒之淨持，釋尊更讚嘆頭陀行之殊勝，戒是否
受重視，則攸關佛法之發展傾向。以戒為首，則彰顯佛法是
以實證為要，是一重德、重生命，強調實踐、反省之意趣。
論及戒之持守，則主要對象當由己開始，以是「克己」是必
然之要求，如是之精神，實與儒學是互為相應的，孔子強調：
「克己復禮」，此是先立於己之立場以要求，然由己則必能
再進至對他人產生一定程度之影響，故孔子亦有：「己所不

---

[109] 覺音著，葉均譯《清淨道論》〈說戒品〉：「如理抉擇，為防寒冷受用
　　衣服，僅為防護生病惱受，而至究竟無苦而已。」又云：「資具依止
　　戒當依智慧而成就，因為有慧者能見資具的過失與功德。是故捨離
　　資具的貪求，依正當的方法而獲得的資具，唯有以慧如法觀察而受
　　用，方得成就此戒。」（高雄：正覺學會，2002 年），頁 31、43。

[110] 楊郁文《阿含要略－阿含學與阿含道》，將此四法分別注明為：「別
　　解脫律儀戒-正信（情），活命遍淨戒-正勤（意），根律儀戒-正念、
　　正知（知、情、意），資具依止戒-正見（知）。」（台北：法鼓文化
　　公司，1997 年），頁 179-180。

欲，勿施於人」與「己欲立而立人，己欲達而達人」之擴充
思惟與實證。《阿含經》是最契近於釋尊之法義精神，由頭
陀行極度克己之表現，實然亦是一種最內在之自我要求，當
自己所能克欲之範圍漸次清淨與增廣時，則對於自己所面對
之人、事、物，則必然有利他之事實浮現，故若單以克己爲
自我淨持而已以觀之，則將無法體悟釋尊讚嘆頭陀行之深
義，亦無法瞭解阿含戒所具有「克己以利他」之精神，與戒
爲三無漏學之首之真實用意

2. 大乘戒以「菩提心興發」爲志向

戒爲三學之本，亦是一切德行之源；依佛教之根本立
意，除止惡、行善、淨心外，更要由自作而教他作。持戒亦
是由他律（不可作），以至自律（不應作），如是戒之精神，
是釋尊施戒之本懷，而由《阿含經》至大乘經，一皆是此種
精神之實踐。唯於《阿含經》中，特強調五蘊無常、苦、無
我，論五蘊無常，[111]其目的是爲去執有以遠離無明，因凡夫
以五蘊爲實有且執之，此即爲無明煩惱之源，而十二緣起之
首即是無明，《阿含經》之重點即以斷無明爲其首務，持戒
之目的亦以斷今與未來世之有漏煩惱爲主；換言之，論五蘊
無常，其終究目的是爲呈顯智慧之明。於大乘經中之《般若
經》則是以般若爲空慧，依觀照一切法無所得故不可執之，

---

[111] 《佛光大藏經・阿含藏・雜阿含經》〈雜阿含經題解〉：「依日本『國
譯一切經』計數，《雜阿含經》共有 13444 經，而五陰誦就有 11578
經，佔全經百分之八十六。」（高雄：佛光出版社，1995 年），頁 13。

亦以無所得而超越無明與明之二分法。[112]顯然，如何使無明
煩惱轉為智慧之明，亦可言：如何使煩惱、苦悶之人生，返
轉成智慧、怡然之生活，此為《阿含經》與《般若經》之共
同立論，在欲以解脫無明以達明之目的，實難強分大乘與小
乘。[113]

　　阿含戒是強調於微細罪生大怖畏，此雖是重於戒行之謹
慎上，然於另一方面而言，能於微細罪生大怖畏者，此是自
覺返照力之最具體表現。所謂自覺返照力之表現，除於個己
之起心動念能在第一時間做出理性抉擇外，於另一方面上，
亦由於能再深觀返照由己至他之影響性，此乃意謂：個人之
起心動念與任何之行為，終將對他人產生巨大之影響變化。
[114]以是，於阿含戒而言，能積極深觀返照於微細罪生大怖

---

[112] 佐藤達玄著，釋見憨、鍾修三、歐先足、林正昭譯《戒律在中國佛
　　教的發展》：「《大品般若經》是以『六波羅蜜』為菩薩應當修行的大
　　乘道。在『戒』波羅蜜的解釋中，說明應從無所得空的立場實踐十
　　善道。在《般若經》所舉的善法之中，聲聞乘的波羅提木叉，也就
　　是二百五十戒，並不包括在內。又已達不退轉階位的菩薩功德相貌
　　中，與戒有關的僅十善道而已，並未觸及五戒、八齋戒及波羅提木
　　叉，因此可知菩薩的戒是十善道。」（嘉義：香光書鄉出版社，1997
　　年），頁431。

[113] 釋大寂《菩薩修行次第》〈菩提道的主要修行內容‧何謂菩提道？〉：
　　「佛弟子若欲實踐大乘成佛之道的修行路線，首先必須從認識『菩
　　提道』的內容開始學習起。凡是能幫助我們走向覺悟佛道、解脫之
　　道、自度、利人的所有世間、出世間法的行持力量，都稱之為菩提
　　道。除了佛道，聲聞道及辟支佛道，皆可稱之為菩提道。」（台北：
　　大乘精舍印經會，1996年），頁11。

[114] 《華嚴經》有「一即一切」之理論，此乃論述法界網中，一切皆是生

畏，除是個己之自持戒外，更是對他人不違犯、不侵擾之一
種行為表現。

　　《阿含經》以觀五蘊無常、苦、無我為基調，並強調以
持戒而止惡之重要性，除此，於《阿含經》中，亦多論述要
以布施、持戒、忍辱、精進與禪定為積聚福德與智慧之資糧，
[115]而如是之一切善行，其目的是為薰習出大悲心與菩提之種
子。[116]待福德積聚資糧日臻成熟，則再積極修「空三昧」、[117]

---

[115] 《長阿含經》卷4〈遊行經〉：「爾時，佛告阿難：時王自念，我本積
　　何功德？修何善本？今獲果報巍巍如是。復自思念：以三因緣，致
　　此福報。何謂三？一曰布施，二曰持戒，三曰禪思，以是因緣，今
　　獲大報。王復自念：我今已受人間福報，當復進修天福之業。」（大
　　正1‧23下）。
　　《中阿含經》卷11〈牛糞喻經〉：「比丘！我復作此念：是三業果，為
　　三業報，令我今日有大如意足，有大威德，有大福佑，有大威神。
　　一者布施，二者調御，三者守護。」（大正1‧496下）。
　　《中阿含經》卷39〈須達哆經〉：「若有能觀一切諸法無常、苦、空及
　　非神者，此於彼施為最勝也。我於爾時，為自饒益，亦饒益他，饒
　　益多人，愍傷世間，為天為人，求義及饒益，求安隱快樂。」（大正
　　1‧678上）。
　　《雜阿含經》卷10〈第264經〉：「比丘！此是何等業報？得如是威德
　　自在耶！此是三種業報，云何為三？一者布施，二者調伏，三者修
　　道。」（大正2‧68上）。
[116] 林崇安《原始佛典中的菩薩道》：「於《阿含經》中，是以聲聞道為
　　主，兼及菩薩道。每當釋尊提及自己『往昔如何如何修行』時，便
　　是在教導菩薩行，其內容不外是布施、淨戒、安忍、精進、靜慮和
　　般若等六度。前五度之重要是在於薰習出秉性仁慈的大悲心或佛
　　種。」（桃園：內觀教育基金會，2004年），頁92。
[117] 《增壹阿含經》卷41〈馬王品〉：「已得空三昧，便成阿耨多羅三藐
　　三菩提。當我爾時，以得空三昧，七日七夜觀道樹，目未曾眴。以

「多行空」,[118]並觀察「內空、外空、內外空」,[119]如是皆為培養般若之空慧,而般若之重要性,則在於為速證阿耨多羅三藐三菩提。[120]

　　於大乘經中,特以菩薩摩訶薩為對象,而對菩薩摩訶薩之定義是:「勤求無上正等菩提,利樂有情,故名菩薩,具如實覺能遍了知一切法相,而無所執故,復名摩訶薩。」[121]此中所論菩薩摩訶薩之義,是以「利樂有情」為主要行願,

---

此方便,知空三昧者,於諸三昧,最為第一三昧者,空三昧是也。是故,舍利弗!當求方便辦空三昧。」(大正2‧773下)。

[118] 《中阿含經》卷49〈小空經〉:「比丘若欲多行空者。彼比丘莫念無量識處想,莫念無所有處想,當數念一無想心定。若有疲勞,因無量識處想故,我無是也。若彼中無者,以此故彼見是空,是謂行真實空不顛倒也。」(大正1‧737下)。

[119] 《中阿含經》卷49〈大空經〉:「比丘持內心住止令一定已,當念內空,彼念內空已,其心移動,不趣向近,不得清澄,不住不解於內空也。比丘當念外空,彼念外空已,其心移動,不趣向近,不得清澄,不住不解於外空也。比丘當念內外空,彼念內外空已,其心移動,不趣向近,不得清澄,不住不解於內外空也。」(大正1‧738下)。

[120] 林崇安《原始佛典中的菩薩道》:「佛滅所結集的《阿含經》所顯示的菩薩道,有前後二階段,前階段以三福業事或布施、淨戒、安忍、精進、靜慮等五度的『廣大行』為核心,用以累積福德資糧,培養大悲心,播下佛種,這五度是菩薩道所必須,但尚不足以成佛,後階段以般若度的『甚深見』為核心,用以積聚智慧資糧,最後圓滿福慧二資糧而究竟成佛。」(桃園:內觀教育基金會,2004年),頁105。

[121] 參見於《大般若經》卷423〈第二會遠離品〉,大正7‧126中-下。又:《大般若經》卷574〈第七會曼殊室利分〉:「世尊!我(曼殊室利)今來至此處,親近禮敬觀如來者,專為利樂一切有情,非為證得佛菩提故,非為樂觀如來身故。」(大正7‧964中)。

既以利樂有情爲主，惟有情眾生其數無盡，故無法遍度圓盡，以是代表大乘行願之「普賢十大行願」，其中有云：「乃至虛空世界盡，眾生及業煩惱盡，如是一切無盡時，我願究竟恆無盡。」[122]在度生之願力上不立求取證佛菩提，但以度生爲先之態度與行願，可謂是大乘戒之特色。換言之，於菩薩而言，戒之特色已非僅是戒條自持而已，在眾生即我之觀照下，唯有圓成一切眾生之時，即是自我證得菩提之期。

於菩薩而言，戒即是「大乘不共法」，如云：「發心名菩薩，眾生之上首。世出世功德，悉由菩薩有。菩薩之所乘，菩提心相應，慈悲為上首，空慧是方便。依此三要門，善修一切行。菩薩之學處，十善行為行，攝為三聚戒，七眾所通行。退失菩提心，嫉慳與瞋慢，障於利他行，違失大乘戒。」[123]菩薩之修持有三大要項：一以菩提心爲志願，二以慈悲爲實踐之動力，三以空慧爲行事善巧方便；唯所謂與「菩提心相應」，此乃說明：菩薩之發心與歸依不僅止於盡形壽，而是從今日至證菩提；換言之，菩提心爲菩薩之根本戒，若於利眾度生產生厭倦，即違犯菩薩之淨戒。[124]

---

[122] 四十《華嚴經》（又名《入不思義解脫境界普賢行願品》），大正 10・848 上。

[123] 引自印順《成佛之道》〈大乘不共法章〉，（新竹：正聞出版社，2005年），頁270-279。
又龍樹《大智度論》卷53：「何等是菩薩？爲阿耨多羅三藐三菩提，是人發大心，以是故名爲菩薩。」（大正25・435 下）。

[124] 印順《初期大乘佛教之起源與開展》：「由於菩薩思想的演變，所以爲菩薩所下的定義，也有不同的解說。菩提譯義爲『覺』，但應該是

　　向以「菩薩」爲大乘之特色，然於《阿含經》中，有「我
（佛）昔未成佛道坐樹王下時」（於此並無「菩薩」之名號），
亦有：「菩薩坐樹王下時」、「菩薩出家學道」、「菩薩降神出
母胎」、「菩薩從兜率天降神來下，在母胎中」、「供養一生補
處菩薩」、「彌勒菩薩經三十劫，應當作佛」與「未發菩薩意，
使發菩薩心」等有關對菩薩之論述，以是於菩薩可總論曰：
「始稱呼坐在菩提樹下即將成佛者爲『菩薩』，終於稱呼發
心成佛者亦名『菩薩』。」[125]唯此中是涉及至各部派傳誦本
之特點，[126]但可肯定的是：「菩薩」之名號是不僅爲大乘經

　　『無上菩提』。如常說的『發菩提心』，就是『發阿耨多羅三藐三菩
　　提心』。菩提是佛菩提、無上菩提的簡稱，否則泛言覺悟，與聲聞菩
　　提就沒有分別了。依古代『本生』與『譬喻』所傳的菩薩，也只是
　　求無上菩提的有情。然求菩提的薩埵（譯義爲『有情』），薩埵內含
　　的意義，恰好表示了有情對於（無上）菩提的態度。……菩薩只是
　　將有情固有的那種堅定、愛著的情意特性，用於無上菩提，因而菩
　　薩在生死流轉中，爲了無上菩提，是那樣的堅強，那樣的愛好，那
　　樣的精進。」（台北：正聞出版社，1981年），頁130-131。
[125] 參見《佛光大藏經・阿含藏・增壹阿含經》〈增壹阿含經題解〉，（高
　　雄：佛光出版社，1995年），頁15。
[126] 印順《初期大乘佛教之起源與開展》：「在過去，菩薩是聲聞三藏所
　　有的名詞，所以想定是釋尊所說。然經近代的研究，『菩薩』這個名
　　詞，顯然是後起的。……《阿含》原文，本來是沒有『菩薩』的。……
　　在西元前二世紀，對於成佛以前的釋尊，沒有稱之爲菩薩，正與《雜
　　阿含經》等所說相合。」（台北：正聞出版社，1981年），頁126。
　　又《佛光大藏經・阿含藏・增壹阿含經》〈增壹阿含經題解〉：「大眾
　　部末派所傳誦本有其特點：（甲）明確的容忍大乘。（乙）西元前二
　　世紀，『菩薩道形成』，在《增壹阿含經》裏，記錄種種菩薩意義之
　　演化。（丙）佛法後期適應世間，佛陀觀有神化、梵化之傾向，爲匡
　　正而再次強調『佛世尊皆出人間，非由天而得也』，『我（佛）今亦
　　是人數』。（丁）空義的發揚，須菩提尊者的稱譽。（戊）他方恆河沙

典所專屬。

　　《阿含經》向有重實際、現世之傾向，故於佛陀之論述是：佛由人間而成，此乃肯定由人證佛之歷程是必在人間而完成，而由人至佛，此中則涉及當人有趣向佛道時，其願力與發心是決定之關鍵。因此，所謂菩提心，是依眾生之覺性平等，在人溺己溺、人飢己飢之觀照下，必再進至一步至自度度他之精神發用，如是之心即是菩提心；依阿含所論述有關戒之持守與精神，實然就是一種菩提心之興發，因當戒之持守是由己身而觀照至他人時，則戒之持守所能成就之功德，已非僅止於個己之解脫而已。當依阿含之精神，能於身業（殺、盜、淫）、口業（綺語、兩舌、惡口、妄言）、意業（貪、瞋、癡）之持守完具，則戒所表現於行為上，實則與大乘所論述之成就一切勝妙功德，於內涵上是無有差異的。如云：

　　　　爾時文殊師利菩薩，說無濁亂清淨行，大功德已。欲
　　　　顯示菩提心功德故。以偈問賢首菩薩曰：
　　　　我今已為諸菩薩，說佛往修清淨行；仁亦當於此會
　　　　中，演暢修行勝功德。
　　　　爾時賢首菩薩，以偈答曰：
　　　　若有菩薩初發心，誓求當證佛菩提。
　　　　菩薩發意求菩提，非是無因無有緣；於佛法僧生淨

佛土思想的出現。（己）書寫、供養經典的提倡。」（高雄：佛光出版社，1995 年），頁 13-14。

信，以是而生廣大心。

不求五欲及王位，富饒自樂大名稱；但為永滅眾生
苦，利益世間而發心。

常欲利樂諸眾生，莊嚴國土供養佛；受持正法修諸
智，證菩提故而發心。

深心信解常清淨，恭敬尊重一切佛；於法及僧亦如
是，至誠供養而發心。

深信於佛及佛法，亦信佛子所行道；及信無上大菩
提，菩薩以是初發心。[127]

當演暢清淨戒行能獲勝妙功德時，此中是在強調清淨戒行是
產生圓滿功德之源頭，至此，是肯定清淨戒行於修證中之重
要性。唯至此，則當再向前追問：能持清淨戒行之背後推動
力又為何？簡言之，如何才能真正促使於持清淨戒行之人生
歷程中，能不厭、不倦，且心生信心並持續之活水源頭是什
麼？此即是菩提心，唯菩提心又該如何開發？此則又當返歸
至佛法之最根本處，即是由「信」入手，唯能信佛、法、僧、
戒，才能促成菩提心之開發，而以三無漏學為論，則戒即是
開發菩提心之本，故學戒、持戒總歸為三無漏之首。如云：

信為道源功德母，長養一切諸善法。

若常信奉於諸佛，則能持戒修學處；若常持戒修學
處，則能具足諸功德。

八十《華嚴經》卷14〈賢首品〉，大正10‧72上-中。

> 戒能開發菩提本，學是勤修功德地；於戒及學常順
> 行，一切如來所稱美。[128]

依佛教之根本義是：「諸惡莫作，眾善奉行，自淨其心」觀
之，止惡即是戒，唯止惡僅著重在不殺、盜、淫、妄等，此
是以戒為消極止惡說；行善與淨心則富含積極之意義。唯積
極之行善與淨心，需建構在止惡上才能無缺憾；換言之，所
謂戒實然是指廣義之一切正行，亦可言是一種與樂拔苦之慈
悲精神實踐，而自我之持戒即是本於不忍損傷一切眾生所流
露之行為，此顯然即是以己通他之自通之法，當己與他能平
等觀照之，則菩提心即能興發且呈顯在日常之戒行上。

3. 阿含戒與大乘戒之銜接內涵
　─以《華嚴經》〈淨行品〉為說明

戒是佛法之根本，於修學次第中，戒能成就一切賢聖之
法，釋尊之日常正行，即是持戒之最佳典範；即或在佛教之
發展中，後起之大乘教義，於法義上有再發展，但不變的是：
戒行清淨是極力被讚許的。以下試以《華嚴經》〈淨行品〉
為論述說明，以彰明注重日常生活細節之阿含戒精神，是被
後起大乘佛教所肯定、繼承與闡揚。

〈淨行品〉之起首，是由智首菩薩向文殊師利菩薩提問

---

[128] 八十《華嚴經》卷14〈賢首品〉，大正10‧72中-下。

一連串問題，其總括之項目約可分類條列如下：

(1) 於「身、語、意」方面：如何才能得無過失、不害、不可毀、不可壞、不退轉、不可動、殊勝、清淨、無染與以智為先導之身、語、意？

(2) 於「具足」方面：如何才能得生處、種族、家、色、相、念、慧、行、無畏與覺悟具足？

(3) 於「慧」方面：如何才能得勝、第一、最上、最勝、無量、無數、不思議、無與等、不可量與不可說慧？

(4) 於「力」之方面：如何才能得因、欲、方便、緣力所緣、根、觀察、奢摩他、毘缽舍那與思惟力？

(5) 於「善巧」方面：如何才能得蘊、界、處、緣起、欲界、色界、無色界、過去、未來與現在善巧？

(6) 於「七覺分」方面：如何才能善修習念、擇法、精進、喜、猗、定、捨覺分與以至空無相無願？

(7) 於「波羅蜜」方面：如何才能圓滿檀、尸羅、羼提、毘梨耶、禪那與般若波羅蜜？

(8) 於「四無量心」方面：如何才能圓滿慈、悲、喜與捨？

(9) 於「智力」方面：如何才能得處非處、過未現在業報、根勝劣、種種界、種種解、一切至處道、禪解脫三昧染淨、宿住念、無障礙天眼與斷諸習智力？

(10) 於「諸天王」方面：如何才能常得天王、龍王、夜叉王、乾闥婆王、阿脩羅王、迦樓羅王、緊

　　　　　　邪羅王、摩睺羅伽王、人王與梵王之守護、恭
　　　　　　敬、供養？
　　（11）於「引導眾生」方面：如何才得與一切眾生為
　　　　　　依為救、為歸為趣、為炬為明、為照為導、為
　　　　　　勝導與為普導？
　　（12）於「為眾中尊」方面：如何才能於一切眾生中
　　　　　　為第一、大、勝、最勝、妙、極妙、上、無上、
　　　　　　無等與無等等？[129]

依以上由智首菩薩所提列之問題項目，可總曰是：如何才能
擁有圓滿具足之威儀與勝妙功德？如是之提問，是立足在修
習佛德圓滿所以可能之立場上，顯然，當由人間如來而漸次
建構成圓滿且無所不能之佛陀時，[130]於學人而言，所最關心
之問題是：此是依於如何之修習方法而得成就之？此中，最
重要之關鍵點即是修證之具體方法。惟對智首菩薩之提問，
文殊師利菩薩之答是：

---

[129] 原文請參見八十《華嚴經》卷 14〈淨行品〉，大正 10・69 中-下。

[130] 廖明活《中國佛教思想述要》：「在原始佛教時代，信徒心目中的佛
陀為人間的如來；這點從《阿含經》中出現的佛陀，跟世間人一樣
有種種局限，例如求道要歷經艱苦、講學有特殊時間地點、入滅前
受到病患煎熬等，處處可以見出來。不過《阿含經》宣稱佛陀在身
體方面有三十二種好相、在精神方面有十八種不共法，並且提到從
前的六個佛，和未來的彌勒佛，已經孕育著超人間的如來意念。在
大乘佛經裡出現的佛陀，往往是不受時空限制，沒有一切苦惱，而
且是全知和全能。又大乘佛教以為宇宙不但在不同時有眾多的佛，
在同時的每一三千大千世界，亦各有它們的佛。」（台北：臺灣商務
印書館，2006 年），頁 26-27。

善哉！佛子。汝今為欲多所饒益，多所安隱；哀哉世
間，利樂天人，問如是義。佛子！若諸菩薩，善用其
心，則獲一切勝妙功德。於諸佛法，心無所礙，住去
來今。諸佛之道，隨眾生住，恆不捨離。如諸法相，
悉能通達。斷一切惡，具足眾善。當如普賢，色像第
一。一切行願，皆得具足。於一切法，無不自在，而
為眾生，第二導師。佛子！云何用心，能獲一切勝妙
功德。[131]

一切勝妙功德之獲致，是源於「善用其心」，顯然，「心」之
發用（或曰用心）是促成一切勝妙功德之可能依據，此處所
論述之「善用其心」，是指於心意之發用上，不能是隨逐外
物，亦不能是無所謂，更不能是漫不經心，此處之「善用其
心」，則當指於「菩提心」之發用上。釋尊之示現人間，是
在五濁惡世而證成佛，此人間之釋尊，是依修證戒行清淨上
而然；換言之，釋尊之示現由人證成佛之過程，是以戒為修
證之入門。於後之大乘佛法發展中，佛陀之出現是一圓滿具
足之象徵，如是圓滿佛陀之出現是對佛陀、佛德之仰慕、渴
望而塑造成之。然若以圓滿為人生最究極之追求，則圓滿具
足一切之佛陀出現，正是凡夫有欲求超越世間之嚮往與追
求。唯對圓滿、圓融之描繪與論述，則以《華嚴經》為最具
代表性；《華嚴經》是以佛始成正覺之境界為立場，在佛正

---

[131] 八十《華嚴經》卷 14〈淨行品〉，大正 10・69 下-70 上。

覺境界之下，[132]其所觀照之法界，亦是層層無量無邊之佛境界，此爲《華嚴經》之一大論說。然佛之正覺境界之所以可能之依據，實是立足在「由人證佛」之部分，此即《華嚴經》〈入法界品〉所論述「善財童子五十三參」之歷程；[133]換言之，即或《華嚴經》以甚大篇幅論述華藏莊嚴世界海層層無盡之佛境界，但如是所建構之佛境界，若不能由人可得證入，則華嚴所建構之境界將僅是一種玄想或是虛幻而已。以是如何修證才能使佛境界落實而成爲可能，則〈淨行品〉所展現於具體之日常行爲，正爲表顯唯有於日常諸事中用心以達淨行，才能促使佛境界之落實成爲具體可行，而〈淨行品〉對於具體行爲之論述，則攸關由人證佛之實證方法。

　　據〈淨行品〉之內容，以下僅先依次列舉有關日常食、衣、住、行、坐、臥等之敘述如下：

　　　　若得美食，當願眾生，滿足其願，心無羨欲。
　　　　得不美食，當願眾生，莫不獲得，諸三昧味。

---

[132] 八十《華嚴經》卷 1〈世主妙嚴品〉：「一時，佛在摩竭提國，阿蘭若法菩提場中，始成正覺。」（大正 10・1 中）。

[133] 釋繼夢《華嚴宗哲學概要》：「在文殊處得不動智佛之根本智後，必須再修後得智，而後得智乃約『歷事練心』而得，故一切善友及百餘城乃表一生中行住坐臥所遇之事及人而言，非指特定之事物或人物。換言之，《華嚴》之宗教精神在透過日常生活去體驗，並不斷的提昇境界。既是『歷事練心』，則是藉事之外緣而起內省、觀照之功夫。」（台北：圓明出版社，1993 年），頁 248。

若著上衣，當願眾生，獲勝善根，至法彼岸。
著下裙時，當願眾生，服諸善根，具足慚愧。

下足住時，當願眾生，心得解脫，安住不動。

若舉於足，當願眾生，出生死海，具眾善法。
發趾向道，當願眾生，趣佛所行，入無依處。

若敷床座，當願眾生，開敷善法，見真實相。
正身端坐，當願眾生，坐菩提座，心無所著。

以時寢息，當願眾生，身得安隱，心無動亂。
睡眠始寤，當願眾生，一切智覺，周顧十方。[134]

顯然，依〈淨行品〉所列之諸行事項中，其「淨行」之義首在「觀照」，亦可總曰：所謂「淨行」，實然是一向內（心）自我觀照而非向外求法，故面對不同之狀況，乃至互為相反之事情，一皆當要以「善」之角度而觀照之，此即其所謂之「善用其心」。於食、衣、住、行、坐、臥是如此，於面對「人」亦然如是，依〈淨行品〉之所述，不論所見之人是「端正」或「醜陋」，是「無病」或「疾病」，是「報恩」或「背恩」，是「能捨」或「不捨」，是「慚恥」或「無慚」等，[135]

---

[134] 八十《華嚴經》卷 14〈淨行品〉，大正 10・70 上-72 上。
[135] 八十《華嚴經》卷 14〈淨行品〉：「見端正人，當願眾生，於佛菩薩，常生淨信。見醜陋人，當願眾生，於不善事，不生樂著。見無病人，

如能於「善用其心」之當下，將使心無有染執，而不因對方表現之不同而心生歡喜或厭惡。而真正之淨行產生，實然是依於「善用心」而有；換言之，若不能依「善用心」而觀照一切以至而行，則所謂「淨行」之義即不存在。

釋尊演法、施戒之目的，最終在引領學人能由世法而走向出世法，故如何在世法中而有出世之觀照，才能再進而行出世行，故於〈淨行品〉所論列之淨行項目，起首即是面對「在家」之觀照，如云：

> 菩薩在家，當願眾生，知家性空，免其逼迫。
> 孝事父母，當願眾生，善事於佛，護養一切。
> 妻子集會，當願眾生，怨親平等，永離貪著。
> 若得五欲，當願眾生，拔除欲箭，究竟安隱。
> 伎樂聚會，當願眾生，以法自娛，了伎非實。[136]

於自處在家之時，若能以「善用其心」而觀照，則所得之智慧已然是一出世行，此正是阿含之精神，能於世而不為世所

當願眾生，入真實慧，永無病惱。見疾病人，當願眾生，知身空寂，離乖諍法。見報恩人，當願眾生，於佛菩薩，能知恩德。見背恩人，當願眾生，於有惡人，不加其報。見能捨人，當願眾生，永得捨離，三惡道苦。見不捨人，當願眾生，常不捨離，勝功德法。見慚恥人，當願眾生，具慚恥行，藏護諸根。見無慚恥，當願眾生，捨離無慚，住大慈道。」（大正 10．71 上-下）。

[136] 八十《華嚴經》卷 14〈淨行品〉，大正 10．70 上。

著，亦是釋尊所言：「我雖生世間，不為世間著」[137]之義。
依〈淨行品〉所論述之對在家之觀照，此顯然有欲以世法而
表彰出世之智慧；換言之，真正重要不在所處之環境或狀
況，重要處在善用其心之觀照智慧。雖言〈淨行品〉之淨行
是由對在家之觀照入手，但佛法仍以出世法為聖、無漏法，
[138]於此，〈淨行品〉亦多有對於出世行之描述，如求請出家、
自歸依三寶與三無漏學等：

> 捨居家時，當願眾生，出家無礙，心得解脫。
> 求請出家，當願眾生，得不退法，心無障礙。
> 正出家時，當願眾生，同佛出家，救護一切。
>
> 自歸依佛，當願眾生，紹隆佛種，發無上意。
> 自歸依法，當願眾生，深入經藏，智慧如海。
> 自歸依僧，當願眾生，統理大眾，一切無礙。
>
> 受學戒時，當願眾生，善學於戒，不作眾惡。
> 修行於定，當願眾生，以定伏心，究竟無餘。

---

[137] 《雜阿含經》卷4〈第101經〉：「我雖生世間，不為世間著，歷劫常選擇，純苦無暫樂，一切有為行，悉皆生滅故，離垢不傾動，已拔諸劍刺，究竟生死際，故名為佛陀。」（大正2‧28中）。

[138] 《雜阿含經》卷8〈第229經〉：「爾時世尊告諸比丘：世俗者，是名有漏法。出世間者，是名無漏法。」（大正2‧56上）。
《雜阿含經》卷28〈第785經〉：「爾時世尊告諸比丘，有正見是：聖、出世間、無漏、無取、正盡苦、轉向苦邊。」（大正2‧203上）。

若修於觀，當願眾生，見如實理，永無乖諍。[139]

若以對世法與出世行之論述觀之，則《阿含經》與〈淨行品〉實有共通銜接之智慧處：一皆以戒爲行世法與出世法之重要依據。顯然，於阿含經義所論述之戒，是能於日常之微細罪生大怖畏，戒之作用實然是爲由不違犯以至行善證果，此爲阿含論戒之重點。而〈淨行品〉所展現之日常之行必要善用其心、時時觀照，此於小方面而言，亦是爲能止惡以達行善；於大方面而言，是以清淨之戒行而成爲典範，並引領一切眾生皆然如是，此則爲〈淨行品〉所傾重之部分。惟對戒行清淨之要求、能於日常生活細節中多所用心等，此則爲阿含戒與〈淨行品〉所同然肯定。

依一切法皆爲度生而論，則「法」實無法界分大或小，法僅能論其適宜否？此乃基於時、地、人、事等之因緣不同所致。同理，若以戒而論，戒是爲止惡行善，於個人而言是爲不犯戒以達清淨自持；於團體而言，則戒是爲「令和敬生活」、「令清淨修道」，[140] 以是，依戒而論亦難定別大或小。唯就佛教之發展過程中，由追求個己之成就，以至亦令一切眾生皆同成正覺，且以度生爲先之前提，此則爲後起之大乘經典所極力論述之部分。強調：眾生與我一如、一切眾生皆具如來智慧德相、一切眾生本願即是佛，於初發心即成正覺

---

[139] 八十《華嚴經》卷 14〈淨行品〉，大正 10・70 上-中。

[140] 參見楊郁文《阿含要略－阿含學與阿含道》，（台北：法鼓文化公司，1997 年），頁 173。

等，此爲大乘佛教之基調與特色。[141]將如是特色，觀之於〈淨
行品〉，則〈淨行品〉所論述之每一所思、所見、所行，一
皆以「當願眾生」爲其本心、本願，此「當願眾生」亦可言
是整篇〈淨行品〉最重要之關鍵處，此「當願眾生」之心，
即是菩提心，亦是「善用其心」之義。若將一切日常生活之
點點滴滴皆依於此當願眾生之心，則結果即如〈淨行品〉之
文末所云：「佛子！若諸菩薩，如是用心，則獲一切勝妙功
德，一切世間，諸天魔梵、沙門、婆羅門、乾闥婆、阿脩羅
等，及以一切聲聞、緣覺，所不能動。」[142]當個己一切之思、
見、行之當下，皆有「當願眾生」之心，則已將我與眾生連
成一體而不可分割，至此，個己之所思、所見與所行，則已
非僅是個人之事，而是攸關至全體眾生一皆如是，如是當下
之本心、本願，即是菩提心之興發。依一切之淨行能成就無
量之功德，而菩提心即是促成一切淨行之源，故依菩提心所
產生之功德，將無法盡數。對於菩提心所產生之功德，是一
功德將再成就一功德，如是依次輾轉以至成就一切之佛果圓
滿；換言之，一切功德成就之本，皆源自於菩提心，故淨行
之得成在菩提心，而一切戒行之持守亦必立之於菩提心才有

---

[141] 釋繼夢《華嚴宗哲學概要》：「中國大乘佛教的特色：一、眾生與我
　　　一如，眾生與我同體的概念，是中國大乘佛教目的論的特色（正報
　　　言成佛，依報即淨土）。二、以度生先成佛爲前提，故大乘的菩薩精
　　　神號召即是：『地獄不空誓不成佛，眾生度盡方證菩提』。這是大乘
　　　佛教方法論的特色。三、欲令一切眾生皆成佛，則一切眾生本具如
　　　來智慧德性，則成爲大乘佛教的基本前提。」（台北：圓明出版社，
　　　1993 年），頁 32。
[142] 八十《華嚴經》卷 14〈淨行品〉，大正 10・72 上。

成就之可能。[143]

五、結語

觀之天台宗智者大師有「定慧雙修」之論點,其目的是
爲平衡當是時北方重定、南方重慧之傾向;於之後,禪宗惠
能大師有「定慧不二」之理論,不論於定、慧之關係闡述爲
何,顯然此兩種理論皆未論及戒,然此並非疏略戒之重要
性,而是佛法是以實踐爲首,持戒爲必然之要求,故重戒之
立場爲佛教之基本前提。《阿含經》代表早期之聖典,由觀
五蘊之緣起終歸無常、苦、無我入手,此爲於現實世間所觀
照而得之智慧,依此智明返轉於己身,則觀照自己亦終將一
無所有,執之則成無明。戒之持守即是對現象執有之一種破
除,因於個己而言,持戒即是遠離煩惱之最佳良方;且因於
以己度他之自通之法、恕心,則釋尊個人之持戒與施戒,顯
然是根源於感眾生苦迫所產生之行爲與制規。惟論戒所能產
生之功德,此並非釋尊之究極心懷,但戒具有增上一切道德
之源則受肯定。論戒、施戒與持戒,其最終目的在使日常之
細行皆能清淨正行,使一切喜、惡之人、事、物、境等皆歸
平等,如是之心態已然亦是一種定與慧之呈現,然其源則來
自於戒,故戒爲三無漏學之首則爲確立。就整體佛法而言,

---

[143] 八十《華嚴經》卷 14〈賢首品〉:「若能發起菩提心,則能勤修佛功
德。若能勤修佛功德,則得生在如來家。若得生在如來家,則善修
行巧方便。……則得信樂心清淨,則得增上最勝心,則常修習波羅
蜜……」(大正 10‧72 下-73 中)。

理應只是一味，對於發展過程中有大、小異解之觀點，以阿
含戒之立論，相較於菩薩行之慈悲與利他之積極性，其間是
有其發展之銜接處，而以行願而論大、小，此乃立於度生之
心懷上，於戒行之清淨、於細微罪生大怖畏、將戒落實在日
常生活上等之要求，此為戒之根本立論，於此，則自釋尊迄
今之佛門各宗派則有一致性。

第二章 《阿含經》增上定學之內涵意境

一、前言

　　佛法以信爲主導，然信之根基在知見上，換言之，佛法
即是一種經知見思惟後所產生之信仰。惟釋尊一再以其身教
（戒）而示現其法義，而對法義之思惟，則具體表現在修定
之工夫上。修定是一種有關意念持守之問題，而意念之細微
起伏，理應自身最清楚，依常理，一般人通常較無法僅以外
相而知他人之意念起伏，顯然，意念是一種較深沉且幾近不
著痕跡之表現。觀釋尊於定之修持上，是有理論與修證歷程
之演說，並讚美定境之持守是攸關證悟、成佛之關鍵，足見
其對習定之看重。釋尊將戒落實在日常生活中，亦將定展現
在其行止上，且對修定有甚明確詳細之要求，凡時、地等因
緣不具足時，皆不宜修定；簡言之，修定工夫之養成是需仰
賴某些條件才易達其效果。由於釋尊對定力之修持，是有嚴
格之要求，因此，學人首先要學習修持定之規定與入定之方
法等，待於修定之規定與方法能通曉且逐漸運用熟悉時，則
定境才可能出現。當定境工夫逐漸持續且穩固時，有關定境
之不同層次，則有詳細之描繪，並對定境是否圓滿有所說
明，如是等等，皆可看出：釋尊是具體修定之實踐者，其演
說皆是其自身之經驗。

二、定之相關義涵、範圍與淵源

定學是佛法中一特殊修行方式，於定之態度與領悟，甚至是對於入定所抱持之心態，終將影響是否真能契入釋尊所論依定發慧、依慧得解脫之目的。

1. 定之相關義涵

定是依對治散亂而論，定之養成是指遠離紛擾後所持之心境，以定境之功，其目的亦終不離待人處世之實際生活。對定之義涵的把握與瞭解，將能凸顯《阿含經》論定之本義在集中意念、產生智慧與減少因無明而誤判等，此與僅專注入於深沉定境之修持是截然不同的。

據《阿含經》之論，戒、定、慧三無漏學之「定」，又謂是「意」，如云：「若比丘，離諸惡、不善法，有覺有觀，離生喜樂，初禪具足住，乃至第四禪具足住，是名增上意學。」[1]如是之論說約可表明之義有：

（1）定境之獲致，當由遠離惡法入手，戒之作用即是止惡以至行善；換言之，定必由戒以生，而戒之持守深固，實然是一種依於心（意）為背後之推動力而成。

---

[1]《雜阿含經》卷 30〈第 832 經〉，大正 2‧213 下。

（2）定境之保持，實然是一種意念之集中，而促成心意集中當建立於覺、觀之上，亦可言：知覺、知觀（有覺有觀）所彰顯之定境，是為說明所謂定並非是空思靜坐，此於禪宗六祖惠能大師有甚明確之論說。[2]依覺、觀所論述之定，是一種主動於意念之維持，且對於起伏不定之雜念能主動予之排除以使定境持續。

（3）所謂「定」除有持續之義，更有不動如山之境，尤對於外境之緣起當下，皆能還緣起前之本來狀態，故其結果即是「離生喜樂」；既然定境之產生，是一種心念未起前之空靈性境，此於《六祖壇經》中有「不思善、不思惡之本來面目」之論。[3]

（4）依定境之由淺至深，有四禪之別，此乃是為說明於意念之集中、定持，與定境之維持、深固上，是有高下之判分；而對定境之層次論說，正可彰顯修養實踐是有其歷程與階次的。

定與意之密切關係，亦可言：定之內涵即是一種意之表現，意是意念，實則更是一種心之意志之表徵，以是亦有以

---

[2] 元・宗寶《六祖壇經》〈般若品〉：「善知識！莫聞吾說空，便即著空。第一莫著空，若空心靜坐，即著無記空。」（大正 48・350 上）。

[3] 元・宗寶《六祖壇經》〈行由品〉惠能大師對陳惠明將軍所言：「可屏息諸緣，勿生一念，吾為汝說。明良久。惠能云：不思善、不思惡，正與麼時，那箇是明上座本來面目。」（大正 48・349 中）。

「定學」爲「心學」，如云：

> 阿含「佛學」乃人類「活學（生活之學問）」，透過阿
> 含「道性」之認識，有助於「人性」之充實；「人性」
> 不外乎「知（理智）」、「情（感情）」、「意（意志）」。
> 「增上心學」在於培養定根、定力：擇法覺支－理智，
> 精進、定覺支－意念，喜、輕安、捨覺支－情感。[4]

以定爲心，此乃以定是於現境之當下能遠離喜、惡，使心集
中一境，唯觀於世間法中，修定之必要性爲何？此乃源於釋
尊觀現實人生之兩大苦難：一爲耽於欲樂，一爲散亂不定，
而修定即爲對治此人生之苦難。唯修定若要有成，首先即是
要遠離五欲，而行於淨戒即是修定之必備工夫，顯然，於清
淨之身、口、意三業之基礎上，使正行之德行流露，以「心
安」理得而獲致定境，如是之定實是依於正解與正行而產生
之「正定」。[5]

　　以心論定，其義在使心能攝於明淨之狀態，以如是立論
觀之修定，則因修定所引發身、心之超常經驗，以至有神秘
之迷信與神通等，此皆非是釋尊論定之原始本懷。[6]以是所

---

[4] 楊郁文《阿含要略－阿含學與阿含道》〈序文〉，（台北：法鼓文化公司，1997 年），頁 4。

[5] 《雜阿含經》卷 28〈第 784 經〉：「何等爲正定？謂住心不亂，堅固攝持，寂止、三昧、一心。」（大正 2・203 上）。

[6] 印順《以佛法研究佛法》：「禪定爲攝持身心，以達於內心澄靜的直觀，爲證悟的重要方法。釋尊把他（禪定）安放在正確的見解，純潔的行爲上。」（新竹：正聞出版社，2003 年），頁 89。

謂「正定」，顯然是一種雜染去除後之單純境界，故對定之描述有：「善心得一者，是謂定。」[7]又如：「心不染、不著住故，專精勝進，身心止息，心安極，住不忘，常定一心。」[8]「定」可謂是心提昇觀察之內容，如是已然將定與心（意）做緊密之結合，故亦可謂：定是由心（意）操作身、口之行為，以至對定境可描繪為「身、心止息」，[9]因此，若謂定學之學習，是以意根增上為主要範圍，實是恰合阿含經義。

　　以心（意）為定之主要內涵，並以心之攝持為修定之重要工夫，如是皆有傾向「心」是一重要關鍵，印順法師於《學佛三要》中有〈心為一切法的主導者〉之論述，其內容之主要標目有：「心為一切法的要因，心能影響報體，心為行為善惡之決定者，從禪定說明心對根身之主宰力，心對身外事物的影響。」[10]心所具有之主導作用，乃建構於世間一切法之成立，皆需依心力以達成，而心力之作用深淺亦決定一切法之結果。以心論定，則心之淨化將影響行之清淨，若將心趣向於善、於德行之涵養上，則人將主宰一切之物質，反之，則人亦流於受役於物欲；換言之，以定之修持，實為對身與

---

[7]　《中阿含經》卷 58〈法樂比丘尼經〉，大正 1・788 下。

[8]　《雜阿含經》卷 8〈第 212 經〉，大正 2・53 下。

[9]　《雜阿含經》卷 27〈第 723 經〉：「年少比丘供養、奉事長老比丘者，時時得聞深妙之法。聞深法已，二正事成就：身正即心正。」（大正 2・195 上）。又《雜阿含經》卷 29〈第 802 經〉：「爾時，世尊告諸比丘：若比丘修習安那般那念，多修習者，得身止息及心止息，有覺、有觀，寂滅、純一，明分想修習滿足。」（大正 2・206 上）。

[10]　參見印順《學佛三要》，（新竹：正聞出版社，2003 年），頁 43-64。

心做一改進，故身定（禪定）之獲致，實亦是心定之達成。

有關定之義涵，其相關之名目各有不同，或列分爲四類：

一、禪（jhāna），譯義爲靜慮，舊義作思惟修。

二、解脫（vimokkha），舊譯爲背捨。

三、三摩地－三昧（samādhi）譯義爲等持，定。

四、三摩鉢底（samāpatti）譯義爲等至、正受。[11]

上之四種名目雖各有不同，但皆深涵「靜、定、安」之義，顯可得見：定可謂是一種身、心安住所達之境地。除此，亦有就定相關名目爲群組而列分：

一、以自我在身心需加調御的地方爲著眼點。

五停心觀－不淨觀（調御貪欲之心）、慈心觀（調御瞋恚之心）、緣起觀（調御愚癡之心）、界分別觀（調御我執之心）、入出息念(ānāpāna-sati 安那般那念/數息觀－調御散亂之心)。

二、以調御所講究的重點從事增上心的專注練習。

止相（samādhi-nimitta），唯求止息、

舉相（paggāha-nimitta），精勤相，力道很猛、

捨相（upekhā-nimitta），在意平衡或穩定。

---

11 呂勝強編，印順著《妙雲華雨的禪思－印順導師止觀開示集錄》〈定的名義〉：「（以上）這四種名義不同，都含有多種層次或不同類的定法。此外，如三摩四多（samahita）譯義爲等引；心一境性（cittassa-ekaggata）；心（citta）；住（vihara），也都是定的一名（都沒有組成一類一類的）。」（台北：佛教青年基金會，1998 年），頁 37-38。

三、以調御的階段式成果為著眼點。

九次第定－色界的四禪（dhyāna/jhāna 靜慮）、

無色界的四等至（samāpatti 正受/定）、

滅盡定（saññā-vedayita-nirodha-samāpatti 滅受想定/
想受滅正受/滅正受）。

四、以心念所牽連的對象為著眼點。

四念處－身念處（安住在隨順觀察身）、受念處、心
念處、法念處。

六隨念－念佛、念法、念僧、念戒、念施、念天。

十隨念－包括六念，再加上：

念休息（upasamânussati）、念安那般那、

念身（kāyagatā-satigp 身至念）、念死。[12]

依以上所列之各種名目群組所涵蓋之豐富內容觀之：顯然釋
尊於身、心調御上之指導是多元且細膩深刻；如是於另一方
面亦在說明：有關身、心之定持依於不同人或於時、地等因
緣條件不同時，將有各種迥異之情況產生，而對治所要採取
之方法亦將有所差異，如是皆能顯現定持工夫於佛法是一重
要實修之具體項目，無法僅以哲理角度面對而處理之。

　　釋尊依於指導習定之過程衍生種種與定相關之名目出
現，然不論與定相關之名目或群組各有不同，但定最重要之

---

[12] 參見蔡耀明《佛學建構的出路－佛教的定慧之學與如來藏的理路》
〈《阿含經》的禪修在解脫道的多重功能〉，（台北：法鼓文化公司，
2006 年），頁 15-18。

義涵理應是如何使心能定於一境，於此，《清淨道論》僅以
「善心一境性爲定」來界說定義，[13]儘管定之分類有甚多
種，[14]但其特相只有一種，即是：不散亂，亦因此所謂定之
雜染與淨化，則完全取決於定之持續上是否會有障礙發生，
[15]以是，若言戒是於起心動念上皆能合誼，則定是在使自己
能作主；換言之，定之修持是在使自己能成爲自己心之主

---

[13] 覺音著，葉均譯《清淨道論》〈說取業處品〉：「一、什麼是定？定有
多種。如果一開頭便作詳細的解答，不但不能達到其說明的目的，反
使更陷於混亂。爲了這種關係，我僅說：善心一境性爲定。二、什麼
是定的語義？以等持之義爲定。即對一所緣而平等的平正的保持與安
置其心與心所；是故以邪法的威力而使心及心所平等平正不散亂不雜
亂的住於一所緣中，便是等持。三、什麼是定的相、味、現起、足處？
定是以不散亂爲（特）相，以消滅散亂爲味（作用），以不散亂爲現
起（現狀），依照『樂者之心而善等持』的語句，故知樂爲定的足處
（近因）。」（高雄：正覺學會，2002 年），頁 85-86。
另可參見楊郁文《阿含要略－阿含學與阿含道》於〈增上定學〉「依
何義爲定？」有云：「依等持義爲定。云何名此等持？心、心所於一
境；又平等地、正確地在轉成不雜亂、不散亂之狀態而維持住，當知，
此是等持云云。」（台北：法鼓文化公司，1997 年），頁 197-198。

[14] 有關之分類，可參見覺音著，葉均譯《清淨道論》〈說取業處品〉，
（高雄：正覺學會，2002 年），頁 86-91。
另可參見楊郁文《阿含要略－阿含學與阿含道》〈增上定學〉「定之分
類」之整理，（台北：法鼓文化公司，1997 年），頁 198-201。

[15] 覺音著，葉均譯《清淨道論》〈說取業處品〉：「雜染是退分法，淨化
是勝進分法。此中：『得初禪者與欲俱的想及作意的現行，爲退分之
慧』，當知這是顯示退分法的。又『與無尋俱的想及作意的現行，爲
勝進分之慧』，當知這是表是勝進分法的。」（高雄：正覺學會，2002
年），頁 91。
另可參見楊郁文《阿含要略－阿含學與阿含道》〈增上定學〉「定之雜
染與淨化」，（台北：法鼓文化公司，1997 年），頁 201-202。

人，故於戒一旦能淨持，則其進一步工夫則在心之修定。[16]

由《阿含經》於定之名目多元且義涵豐富之呈現下，或者可提供一些思惟：

（1）於釋尊所處之時代背景，習定是一種普遍之風氣，在持淨戒甚至是頭陀行之行者，已將個人於外在之物質欲望降至最低要求，在如是之情況下，則返向內在心靈探究之層次將更能提昇其深微與細膩；換言之，由戒之淨持，所提供促成定之義涵豐富是一可理解之事。

（2）定之修持，是需與人、事、時、地等因緣條件相配合，以至，定之內涵無法是一人或一朝形成，且所謂予定之論述，皆只能視爲大多普遍之適用性，並非是一套既成之標準模式；顯然，定之義涵將隨著個人之修持而有無限地開展與提昇之可能性。[17]

---

[16] 覺音著，葉均譯《清淨道論》〈說取業處品〉：「既以遵守此等頭陀支成就少欲知足等之德而住立於此等清淨戒中的人，當自『住戒有慧人，修習心與慧』的語句中依於『心』的要目而修習三摩地（定）。」（高雄：正覺學會，2002 年），頁 85。

[17] 蔡耀明《佛學建構的出路－佛教的定慧之學與如來藏的理路》〈《阿含經》的禪修在解脫道的多重功能〉：「《阿含經》的禪修，很精彩的一個地方就是想辦法看出禪修與周遭的環節如何活活潑潑地搭配，以形成極其豐富且可越推越高明的禪修世界。這些周遭的環節所構成的相關課題既非現成，亦非既定，而是需要透過修學上的很多方面的講究來逐一拓展。簡言之，禪修可開展的課題相當多元，並且有賴修學者清楚地認識自己從事禪修在身、心、靈各方面的需要，進而確定志向，努力以赴。」（台北：法鼓文化公司，2006 年），頁 44。

（3）定之名目與義涵雖多元，此乃因個人身、心之細微處各有不同所致，雖習定之方法與過程或有多元，但定之最終目的是有其一致性，即是爲使調御之身、心，於面對外境之當下能有最恰當之應對；換言之，習定不在只求定持之當下而已，故定是一修行過程，此意甚明。

依釋尊論三無漏學，是以戒爲首，以慧爲終，顯然，定是一重要之轉折關鍵，對於「定」之立場亦可言是：「**斷證有賴於禪定，而佛法不以禪定始，亦不以禪定為尚，取其攝心明淨而已。否則，離戒、慧以入禪，未有不落魔外蹊徑也。**」[18] 此乃明示：習定無法孤立以成，三無漏學是有次第小有彼此相關聯性。

2. 定所涉及之範圍

《阿含經》論定之義涵名目是多元的，且由定所涉及之相關修證內容亦甚豐富，然此中有兩大關鍵：即是對身與心之調御，於身之調御上，靜坐是一重要日課，且在敷座而坐中再進一步覺察觀照意念之起動，顯然，身與心之調御是具有互成之影響，然如實之觀照其目的在離苦，此爲釋尊論定之本意。

人生之苦難來自於心之動亂最具關鍵，釋尊之法義即以

---

[18] 印順《以佛法研究佛法》，（新竹：正聞出版社，2003年），頁135。

「苦」為入手，論苦並非是消極，而是能由知苦以達解苦，當深究苦之源並力求扭轉，此即釋尊演法之目的。是以四聖諦雖以苦為首，但其歷程是集（知苦之因）、滅（解苦之法）以至道（終達離苦得樂之境地），顯然，以四聖諦之歷程，其中最具轉變之因素即是「滅苦」之方法；換言之，依修證而言，採取之方法內容為何？則攸關修證之最後成果。三無漏學之「定」，即是為使耽於欲樂與混亂不安之苦難人生有轉向之可能。

唯依戒而定，故有「以戒淨故得心（定）淨，以心淨故得見淨」[19]之論，此乃說明心（定）淨必從淨戒入手，而淨戒之本則是離欲，唯對於離「欲」之論說是：「非世間眾事，是則之為欲。心法馳覺想，是名士夫欲。」[20]所謂欲並非是要遠離世間一切眾事，而是明指「心法馳覺想」即是另一種深沉之欲，顯然，離欲修定是重於調伏內心之無明煩惱與一切之雜思妄想。由離欲（馳想）、淨戒與定之關係觀之，則自心之淨化才是於世而不著之關鍵，亦才能不為一切之外境所縛。

定之修習重在內心之淨化，但於心之淨化上，修定之靜坐、調息等，是於身止息之一種方法，而身、心本互有關聯，心志往往能攸關身體之強弱，同理，身體健康與否亦通常影

---

[19]《中阿含經》卷2〈七車經〉，大正1‧430下。
[20]《雜阿含經》卷48〈第1286經〉，大正2‧354中。

響著心志之趣向。就修定而論，身與心皆不可偏廢，皆是修定之內容與方法，[21]以下將依身、心之定所涉及之範圍論述之：

（1）於身止息之靜坐與安那般那念（數息觀）

靜坐是最基本之修定方法，是一種於身止息之修持，以靜坐而論即是身靜坐著，此時於身而言是靜之狀態，當身體之運動轉於趨緩時，則所剩下的就是氣息之出入與雜想紛飛。為使心能止息，則於身止息之修持，可採用安那般那念（數息觀）之修定方法，此乃是藉由專注於氣息之出入，使散亂之心得以調御，此是「以一制一」之方法，因專注於某事而達遠離某事為目的，小可簡言即是一種轉移目標之方式，但當身止息則心亦止息，而心止息則身亦必達至輕安。此經由呼吸之調御成習慣，將可養成於細微之事物能敏銳觀照，顯然，數息法是一種由身以至心之止息修定方法。

依佛法從定發慧，並非是以定力之深厚為發慧之主要關鍵，慧之重點在離煩惱而得解脫，而非是以陶醉於深定中為樂。[22]經由數息之修定，是為使心力、精神養成集中而產生

---

[21] 蔡耀明《佛學建構的出路—佛教的定慧之學與如來藏的理路》〈《阿含經》的禪修在解脫道的多重功能〉：「禪修所看重的，可分成二個部分：第一個部分是生命體的念頭、思惟、觀想，以達到『正定』為目標；第二個部分則是生命體的呼吸、身體的安適、穩健、喜悅、安樂、平衡的覺受。禪修基本上是在進行調御的工作，並且在身心這二方面的任務是雙重的。」（台北：法鼓文化公司，2006 年），頁 14。

[22] 印順《佛法概論》〈戒定慧的考察〉：「佛法修定而不重定，是毫無疑問的。偏於禪定的，必厭離塵境而陶醉於內心。久而久之，生活必流

智慧，其目的是為於處世之當下，能以更純粹、明確、精準之角度而判斷、執行事項。釋尊引眾是過團體之生活，人之互往越多，則所要面對處理之事物越紛雜，修定之指導與所獲得之輕安等現象感覺，皆只能視為修習之一種過程，其所具有之作用當不可被抹殺，然並非僅是以定為修持之重點而已，而是當要面對現實人生、解決現實之問題，此才是修定之目的。

依靜坐之數息法，其目的在使精神力量能提昇，將念根之起動能剎那消滅，唯如是之修習成果無法一蹴可幾，需仰賴先行修習之方法，依《雜阿含經》所論，能促成安那般那念之修習，是有五法能多饒益修習安那般那念：「一、住於淨戒波羅提木叉律儀，威儀、行處具足，於微細罪能生怖畏，受持學戒。二、少欲、少事、少務。三、飲食知量，多少得中，不為飲食起求欲想，精勤思惟。四、初夜、後夜不著睡眠，精勤思惟。五、空閑林中，離諸憒鬧。」[23]觀此五法，顯然即是戒與精勤之成就，以少欲、少務為前提，即是說明安那般那念需專心修持、發奮始能有成，因意之起動是極細微的，此恍若人之出入息般，日常無時不在運作，但卻不易覺之，唯有專心致之才能感於氣之出入息，藉由專注於氣之

於忽略世間的現實生活，思想必落於神我型的唯心論。佛法是緣起論，從現實經驗的有情著手。立足於心色依存的緣起論，有自他和樂的僧制，這不是傾向獨善，唯心者的境界。」（新竹：正聞出版社，2003 年），頁 237。

[23]《雜阿含經》卷 29〈第 801 經〉，大正 2‧205 下-206 上。

出入息，以使意念之微細起動間即能當下覺之、止之，此即
是修習安那般那念之目的。

　　正因修安那般那念是一種於氣之出入息之覺察，故釋尊
要學人於日常生活中有一定之行止，如云：

> 是比丘，若依聚落、城邑止住，晨朝著衣持缽，入林
> 乞食，善護其身，守諸根門，善繫心住。乞食已，還
> 住處，舉衣缽，洗足已，或入林中、閑房、樹下，或
> 空露地，端身正坐，繫念面前；斷世貪愛，離欲清淨，
> 瞋恚、睡眠、掉悔、疑斷，於諸善法心得決定。[24]

其中「端身正坐」是於身之一種修習，將身正坐可使整個身
體平等緊張；而「守諸根門，善繫心住」與「繫念面前」是：
「於過去諸行，不顧念；未來諸行，不生欣樂；於現在諸行，
不生染著；於內、外，對礙想，善正除滅，如是修安那般那
念。」[25]此乃說明修習安那般那念當要如是進行，由正身而
繫念，是將心念注意於某一點上，此可謂是於「心」之操作
方法，亦可謂是一種止與觀結合之運用。

　　靜坐、數息之學習，是為能覺知並掌握身之出入息以達
念之維繫，而身止息是一種可達全身表面不動之狀態，此為
止行中之初步，但必再進至心止息，顯然，修定絕非僅專行

---

[24] 《雜阿含經》卷29〈第803經〉，大正2‧206上。
[25] 《雜阿含經》卷29〈第805經〉，大正2‧206下。

於靜坐之工夫而已。此於後之禪宗對「住心觀靜，長坐不臥」
之評論是：「住心觀靜，是病非禪，長坐拘身，於理何益！」
並有：「生來坐不臥，死去臥不坐，一具臭骨頭，何為立功
課。」[26]禪宗宗旨在「直指人心，見性成佛」，[27]其理論核心
在強調自心、自性、自本心、自本性，在心為主導之下，其
對禪坐之釋義是：「外於一切善惡境界，心念不起名為坐，
內見自性不動名為禪。」、「外離相為禪，內不亂為空。」[28]
如是之論述顯然並非是以「身止息」為入手工夫，而是以「心
止息」為主，並以心止息凌駕於靜坐工夫之修習。就三增上
學，是有次第性，依戒起定，依定發慧，依慧而解脫，慧是
解脫之關鍵；禪宗於定、慧之關係論述是：「定慧一體不是
二，定是慧體，慧是定用。即慧之時定在慧，即定之時慧在
定。」[29]《壇經》之義在勿別定、慧為二分，但定、慧互為
增上影響則持肯定。阿含與《壇經》於修定之內涵上有傾向
之不同，但修定當需具有正知、正見、正行才是正定之根本
立論，而慧是成就解脫之依據，則為佛法之一致精神。

---

[26] 元・宗寶《六祖壇經》〈頓漸品〉，大正 48・358 中。

[27] 元・宗寶《六祖壇經》〈行由品〉：「善知識！菩提自性，本來清淨，
但用此心，直了成佛。」（大正 48・347 下）。

[28] 元・宗寶《六祖壇經》〈坐禪品〉，大正 48・353 中。

[29] 元・宗寶《六祖壇經》〈定慧品〉，大正 48・352 下。
又高柏園《禪學與中國佛學》：「般若乃是心之無執，是以能無顛倒而
得實相之大定，此即由慧生定，而之所以有此慧，亦是由心之定而不
執始成，是以定慧乃為一體，而同為修養的主要內容。」（台北：里
仁書局，2001 年），頁 66。

（2）於心止息之不淨觀

身止息是修定之初步，由身止息以致使心專注，此是修定於身、心兩方面所產生之效果。於修定中亦有觀慧，如「不淨觀」，不淨觀之重點在針對淨相而否定，「淨」實然亦是一種欲相，而欲相即象徵具有某種程度之吸引力，例如：人世之往來，大多喜歡「有情」，而愛好有情亦是一種欲相。釋尊要學人修習觀身壞、空之相，其目的欲爲使學人能盡除一切心中之欲，如云：

> 爾時，世尊告諸比丘：年少比丘始成就戒，當以數數詣息止道。觀相：骨相、青相、腐相、食相、骨鏁相。彼善受善持此相已，還至住處，澡洗手足，敷尼師檀，在於床上結跏趺坐，即念此相：骨相、青相、食相、骨鏁相。所以者何？若比丘修習此相，速除心中欲、恚之病。[30]
>
> 比丘觀身如身：比丘者，觀彼死屍，或一、二日至六、七日，烏鵄所啄，豺狼所食，火燒埋地，悉腐爛壞；見已自比：今我此身亦復如是，具有此法，終不得離。如是，比丘觀內身如身，觀外身如身，立念在身，有知有見，有明有達，是為比丘觀身如身。[31]

修定所獲得身、心之止息，依據《阿含經》之論述，此中所

---

[30] 《中阿含經》卷 34〈息止道經〉，大正 1・646 下。
[31] 《中阿含經》卷 24〈念處經〉，大正 1・583 中。

涉及之範圍與牽連之對象甚廣，[32]雖言與定相關之義涵及其
所含括之內容甚為多元，但最基本「定」之義，是以離五欲、
惡不善法為其前提，並與解脫煩惱為相應，在如是之前提
下，再依於各種修習方法以達至身、心之清安與定靜。唯在
所運用之各種習定之方法中，大抵不離以「觀想」[33]為要，
此乃在說明：於定之各種義涵裡，其最深具之義是對心起動
之覺察與觀想，簡要言之，於任何一微細之起心動念皆能在
各種觀想中盡除以達寂靜，此為定最根本之義涵。以是，即
使習定之法門有甚多元之面向，此於一方面正可說明心念之
調御將因人而異，且彼此間無法完全一致，但多元性之修定

---

[32] 蔡耀明《佛學建構的出路－佛教的定慧之學與如來藏的理路》〈《阿
含經》的禪修在解脫道的多重功能〉：「《阿含經》有關這些（禪修）
法門的述說，內容之豐富以及牽涉層面之深廣，遠遠超出一般所認識
的範圍。例如，入出息念不僅用以調御散亂之心，以臻於心念止息的
境地，而且因為由呼吸的調御入手，在助成身體的止息、輕安，乃至
獲得解脫道上的果位，皆能立下非比尋常之功勞。」（台北：法鼓文
化公司，2006年），頁15。

[33] 呂勝強編，印順著《妙雲華雨的禪思－印順導師止觀開示集錄》〈定
的名義〉：「佛教所說的種種定法，多數是依觀想成就而得名的。其中，
最原始最根本的定法，應該是四種禪，理由是：佛是依第四禪而成正
覺的，也是從第四禪出而後入涅槃的；在家時出外觀耕，也有在樹下
入禪的傳說。二、依經文的解說，在所有各種道品中，正定是四禪；
定覺支是四禪；定根是四禪；定力也是四禪。三、四禪是心的安定，
與身－生理的呼吸等密切相關。在禪的修習中，以心力達成身心的安
定，也以身息來助成內心的安定、寂靜。次第進修，達到最融和最寂
靜的境地。從修行的過程來說，初禪語言滅而輕安（passaddhi），二
禪尋伺滅而輕安，三禪喜滅而輕安，四禪（樂滅）入出息滅而輕安，
達到世間法中，身心輕安，最寂靜的境地。」（台北：佛教青年基金
會，1998年），頁38。

調御方法，其目的皆是爲遠離欲，故定之相關義涵，雖所涉之範圍甚廣，但絕非僅以修精鍊氣爲目的，此爲佛法論定之根本義涵；換言之，貪著定境亦是一種貪欲，以是唯有由定發慧，才能以臻解脫之境。[34]

3. 正定源於正觀思惟

若以戒爲於日常實際生活之規約，則定顯然是一種於身、心止息上之用功方法，而當身、心能止息時，其所欲達至之目的爲何？則是關係著修定之目的與意義。於定之修持，是一種清明之心之保持狀態，而清明之心之持續，則攸關著智慧之呈顯；換言之，修定與觀照智慧，理應有一密切之關係存在。

釋尊施設戒之目的，是爲使學人能遠離五欲之雜染，以獲致精神之安定；顯然，所謂定已然是一種意念向上提昇所達之境地，且如是之境地亦必然是較純一、專注而得保持。惟依三無漏學之由戒而定，但戒之持守亦必依對法義之觀照而成，而釋尊之演法核心即是無常、苦、無我、空；換言之，

---

[34] 印順《佛法概論》〈戒定慧的考察〉：「一般的禪定，也有觀慧，如厭此欣彼的『六行觀』；又如四無色的『唯心觀』；『不淨觀』與『九想觀』等，都可從定中去修習，也可修此來得定，但這不一定能解脫。佛法說依定發慧，所依的定不必極深的，多少能集中精神就可以了。所以不得『根本定』的，或但得『未到定』的，但是一念相應『電光喻定』的，都可以引發勝義慧，離煩惱而得解脫。如『慧解脫阿羅漢』，不得禪定，但對於生死的解脫，已確實做到。」（新竹：正聞出版社，2003 年），頁 236。

能觀五蘊一皆是無常、苦、無我、空,則爲釋尊所言之「正
觀」,而正觀則能對五蘊產生厭離心,而厭離心正是能離諸
散亂而獲得定境之源,如是之論說實爲強調:定境必由正觀
而生。[35]

惟對所謂定學之學習,依阿含經義有:「正定世、俗、
有漏、有取、轉向善趣」與「正定是聖、出世間、無漏、不
取、正盡、轉向苦邊」之差異;皆同爲「正定」,又如何之
正定是有漏,又如何之正定是無漏,此中之重要差別即在所
謂「定」之養成,是否有依法義而諦觀思惟:

> 若心住不亂、不動、攝受、寂止、三昧、一心,是名
> 正定世、俗、有漏、有取、轉向善趣。
> 苦、苦思惟,集、滅、道、道思惟,無漏思惟,相應
> 心法,住不亂、不散、攝受、寂止、三昧、一心,是
> 名正定是聖、出世間、無漏、不取、轉向苦邊。[36]

若置心於不亂、不動,如是之定是一種因止息而獲得之境,
在如是之境下,六根於外塵將不產生攀緣作用,此時之六根
是爲律儀之所規範,如是之定確能不爲惡業而漸「轉向善
趣」。然依佛之本懷,施設戒律、引領習定,其最終目的是
爲獲得智慧而斷除煩惱漏,因此,如能相應於佛法義而正思

---

[35]《雜阿含經》卷1〈第1經〉:「當觀色、受、想、行、識無常、苦、
空、非我。如是觀者,則爲正觀。正觀者,則生厭離;厭離者,喜貪
盡;喜貪盡者,說心解脫。」(大正2‧1上)。
[36]《雜阿含經》卷28〈第785經〉,大正2‧204上。

惟,使習定能不僅止於空心寂止,而是能以無漏思惟置心於
三昧中,則如是之定是住於無漏慧之定;換言之,唯能依定
心工夫而成就無漏智慧,才能真正臻至離苦之目的。

　　觀釋尊所演暢之法義與戒律之施設,其目的只有一:離
苦,顯然,就定而言,是否能依無漏智慧而正思惟,則是判
別習定爲有漏或無漏之關鍵。惟依正觀思惟而習定,是釋尊
所讚許爲「轉向苦邊」之方法,然無漏之正定工夫,是需仰
賴各種道品以成之;能由止惡而趣善只是初步,若能再修習
七支(正見、正志、正語、正業、正命、正方便、正念),
以協助並具足各種道品,使心能真正置於一境,能如是則亦
謂正定。依釋尊之意,真正之「正定」絕非只是心寂止即可
得至。[37]

　　於修定之內容、著力不同,則所得之結果將迥然不同,
「轉向善趣」與「轉向苦邊」之結果,即是源於「心」之所
思、所住不同。依「轉向善趣」而論,則「心」僅住於不亂、
不動、攝受、寂止、三昧與置心於一境而已,此中之著力點
是「住」,並未涉及「觀」之部分。而「轉向苦邊」之修習,
則以「思惟」(觀)爲先,且特以苦、集、滅、道之四聖諦
爲所當思惟觀照之內容,並將所思惟觀照之四聖諦相應於
心,則此時之心境所住之不亂境界,是與轉向善趣時僅以「心

---

[37]《中阿含經》卷49〈聖道經〉:「正見、正志、正語、正業、正命、正
　　方便、正念,若有以此七支習、助、具,善趣向,心得一者,是謂正
　　定。」(大正1・735下)。

住不亂」為入手，兩者是有內涵之差異。若以「空」境而論，
則心住一心之轉向善趣，是一種頑空之境，或曰無記空之空
境而已；而依無漏思惟之心住一境，則是真空妙有之境。[38]
以三無漏學而論，由戒而定，依定生慧，若依佛法是以解脫
為目的，則智慧是決定解脫之最重要關鍵，則「定」於三無
漏學中，只能視為是一種過程，而非是最終目的，而「定」
之修習需以思惟觀照為其內容，如是則確然符合依定生慧之
意義。

　　修定需以思惟為其觀照內容，以是「定與思」常形成一
緊密結合之修持方法，而「禪思思惟」所代表之意義即是修
定之中必有思惟，而思惟之內容則不離於一切苦、樂之感
受，與苦、樂之感受是源於何處？又當如何滅除以臻解脫之
道？[39]顯然，定中之「禪思思惟」，終不離對五蘊觀照之無

---

[38]　對於「無記空」與「虛空含萬物色像」之義，於元・宗寶《六祖壇
　　經》〈般若品〉有云：「若空心靜坐，即著無記空。善知識！世界虛空
　　能含萬物色像，日月星宿，山河大地，泉源谿澗，草木叢林，惡人善
　　人，惡法善法，天堂地獄，一切大海，須彌諸山，總在空中。」（大
　　正 48・350 上-中）。

[39]　《雜阿含經》卷 17〈第 475 經〉：「爾時，世尊告諸比丘：毘婆尸如來，
　　未成佛時，獨一靜處，禪思思惟，作如是觀。觀察諸受，云何為受？
　　云何受集？云何受滅？云何受集道跡？云何受滅道跡？云何受味？
　　云何受患？云何受離？如是觀察，有三受：樂受、苦受、不苦不樂受。
　　觸集是受集。觸滅是受滅。若於受愛樂，讚歎染著堅住，是名受集道
　　跡。若於受不愛樂，讚歎染著堅住，是名受滅道跡。若受因緣生樂喜，
　　是名受味。若受無常變易法，是名受患。若於受斷欲，貪越欲貪，是
　　名受離。」（大正 2・121 中-下）。
　　有關對於諸受之論述，另可參見《雜阿含經》卷 17〈第 476、478 經〉：

常、苦、無我,而如是之「禪思思惟」則為一切諸佛於未成
佛時亦必如是而修行,亦依「禪思思惟」而證得阿耨多羅三
藐三菩提。[40]

有關五蘊之觀照論述,《雜阿含經》可謂收錄最多,據
〈雜阿含經題解・五陰誦・陰相應〉之論述如下:

> 有情於色、受、想、行、識五陰或一一陰起我、我所
> 見而長夜流轉生死;佛開示五陰無常、苦、無我、空,
> 使有情悟入,斷盡貪、瞋、癡,得解脫、涅槃。佛法
> 以有情為重心,所以佛陀常談五陰法門。五陰法門是
> 以「心理」為重心開示「有情事」。[41]

定之修持是依對五蘊之觀照而成,觀五蘊之結果可知一切法
皆是無常、苦、無我,而此即是為對執實有之破除;換言之,
定中之觀照修持是為破執有,同理,於定亦不可執之為實
有,或以住於定中為樂。顯然修定之目的在成就空之智慧,
此為修定之目的,而由定中之觀照,亦可謂之為「止觀」。[42]

「佛答云何是受、受集、受滅、受滅道跡、受味、受患、受離。」(大
正 2・121 下-122 上)。

[40] 《雜阿含經》卷 17〈第 479 經〉:「爾時,世尊告諸比丘:我於諸受如
實知故,於諸天世間、魔、梵、沙門、婆羅門、天、人眾中,為脫、
為出、為脫諸顛倒,得阿耨多羅三藐三菩提。」(大正 2・122 上)。

[41] 《佛光大藏經・阿含藏・雜阿含經》,(高雄:佛光出版社,1995 年),
頁 20。

[42] 《雜阿含經》卷 21〈第 560 經〉,有論述「止觀四道」:「時尊者阿難
告諸比丘:若比丘、比丘尼,於我前自記說,我當善哉,慰勞問訊,

對五蘊之觀照，可謂是於世間一切現象做較深入之觀悟，而無常、苦、無我、空是於觀照中所得之智慧。惟對五蘊之觀照，是一種較傾向於對現象之察覺與了知，此於定之修持是有增助之作用，因由對五蘊觀照所得之一切皆空智慧，將能促始於世間之一切攀緣放下，以易於入定之修習。然除對五蘊之觀照外，如何處理、修習自我六根之所緣起，亦攸關著定之修習。依六根而論，則意根可謂是最具導引之作用，故於修定而論，如何使意念歸於一處，即是修定重要之關鍵。於〈雜阿含經題解・六入處誦〉有云：

> 六入處誦，即「處相應」。六入處法門是以「生理」為重心，對有情開示眼、耳、鼻、舌、身、意六內入處及色、聲、香、味、觸、法六外入處間所生起諸「受用事」。同五蘊一樣，六入處亦是無常、苦、無我、空。[43]

以六根同於五蘊，此即意謂六內外入處即是一切法、即是世

或求以四道，何等為四？若比丘、比丘尼，坐作如是住心、善住心、局住心、調伏心止觀，一心等受分別，於法量度，修習多修習，已得斷諸使，名說初道。復次比丘、比丘尼，正坐思惟，於法選擇，思量住心、善住、局住、調伏止觀，一心等受，如是正向多住，得離諸使，名第二說道。復次比丘、比丘尼，為掉亂所持，以調伏心坐，正坐住心、善住心、局住心、調伏止觀，一心等受他，如是正向多住已，則斷諸使，名第三說道。復次比丘、比丘尼，止觀和合，俱行作如是，正向多住，則斷諸使，名第四說道。」（大正 2・146 下-147 上）。

[43]《佛光大藏經・阿含藏・雜阿含經》，（高雄：佛光出版社，1995 年），頁 16。

間，而世間之一切法終將無常、苦、無我、空，雖六內外入
處各有其性質、作用，但六根「各各不求異根境界」，[44]換
言之，六根各有其所貪愛，若不能於六六處如實知見，則六
六處將於各貪喜中而生染著、顧念，以致結縛其心，而此即
是愚闇、無明之開始，亦可謂是「魔所自在處」。[45]

　　於六根之觀照中可入正定，此乃需先立足在守護六根之
實修上。「根」具有增上之作用，若六根觸及可意境即起貪
執、黏著；反之，若觸至不可愛境即生瞋恚、排拒，如是之
身、心終將隨境而轉。換言之，六根之守護與否，並非決定
在外境之生滅上，而是在自我六根能否於外境之覺察當下而
心有所止；當心隨境轉，且六根又隨境而起，如是紛擾之心
又如何如實觀照人生之實相。於《雜阿含經》論「善守護門」
有云：

> 云何復名善守護門？多聞聖弟子眼見色已，於可念色
> 不起緣著，不可念色不起瞋恚；常攝其心，住身念處，
> 無量心解脫、慧解脫如實知，於彼所起惡不善法寂滅

---

[44] 《雜阿含經》卷 43〈第 1171 經〉：「如是六根種種境界，各各自求所
樂境界，不樂餘境界。此六種根種種行處，種種境界，各各不求異根
境界。」（大正 2‧313 上-中）。

[45] 《雜阿含經》卷 9〈第 243 經〉：「爾時世尊告諸比丘：若諸比丘，於
眼味者，當知是沙門婆羅門，不得自在脫於魔手，魔縛所縛，入於魔
繫。耳、鼻、舌、身、意，亦復如是。」（大正 2‧58 中-下）。又《雜
阿含經》卷 9〈第 247 經〉：「爾時世尊告諸比丘：若沙門婆羅門，眼
習近於色，則隨魔所自在，乃至不得解脫魔繫，耳、鼻、舌、身、意，
亦復如是。」（大正 2‧59 中）。

無餘，於心解脫、慧解脫而得滿足；解脫滿足已，身
觸惡行悉得休息，心得正念，是名初門善調伏守護修
習。如眼及色，耳聲、鼻香、舌味、身觸、意法，亦
復如是。[46]

於六根而言，調伏、關閉、守護、修習、執持，是對六根產
生防護之作用，反之，即謂之「不守護門」，[47]而六根之守
護即是「律儀」，[48]亦決定未來世所受苦、樂報等。[49]當心中
尚有一絲之貪、瞋、癡時，於外境則亦產生愛與憎、要與不
要之分別對待，如是則往往易扭曲事實之真相，故定之修習
主要在反觀覺察；換言之，即是要在六根正定中而相待一切
之人、事、物，不以個己之厭惡而加諸於外境上，以是釋尊
提出：「見以見為量，聞以聞為量，覺以覺為量，識以識為

---

[46] 《雜阿含經》卷10〈第255經〉，大正2‧64上-中。
[47] 《雜阿含經》卷10〈第255經〉：「愚癡無聞凡夫眼見色已，於可念色
而起緣著，不可念色而起瞋恚。……身滿惡行，不得休息，心不寂靜；
以不寂靜故，於其根門則不調伏、不守護、不修習。如眼色，耳聲、
鼻香、舌味、身觸、意法，亦復如是。」（大正2‧64上）。
[48] 《雜阿含經》卷11〈第275經〉：「防護於眼、耳、鼻、舌、身、意根，
生諸律儀儀，是名比丘關閉根門。」（大正2‧73中）。又《雜阿含經》
卷11〈第277經〉：「云何律儀？眼根律儀所攝護。眼識識色，心不
染著；心不染著已，常樂受住；心樂住已，常一其心；一其心已，如
實知見；如實知見已，離諸疑惑；離諸疑惑已，不由他誤，常安樂住。
耳、鼻、舌、身、意亦復如是，是名律儀。」（大正2‧75下-76上）。
[49] 《雜阿含經》卷11〈第279經〉：「調伏、關閉、守護、修習、執持，
於未來世，必受樂報。不調伏、不關閉、不守護、不修習、不執持，
於未來世，必受苦報。」（大正2‧76上-中）。

量」之惕勵之語。[50]

三、修定之方法、技巧與目的

以定而言，定境需具足多種因緣條件而促成，而於修定之前行，於信、於戒皆須次第學習，當持守戒律清淨，才能進入習定之門。有關修定之方法各有不同，但不同之修定方法，即代表不同之行為模式者所能適用，此為佛法之特色，即不同之法義、方法可適用某些人，學人則在自己所適合之方法中找到契合實踐處；方法雖有不同，但佛之本懷只有一：即修定方法或有不同，但皆為完成解脫煩惱則為一致。

1. 修定方法立基於心不放逸

定之維持要約有身與心兩大方面，但人無法（或較難）長時間保持身之靜止不活動，且依《阿含經》以五蘊為主要論述之要旨，如何依定之修持而對真實人生有明確之觀照，此才是阿含之重點；換言之，傾向於心之修持是習定之主要工夫。

修定之過程中，如何止息意念、正觀思惟，此中皆與「心」有甚密切之關係；然在佛法中，心之涵義甚廣，其可為一種情緒之感受，如：心情；亦可為一思考判斷，如：心思；亦

---

[50]《雜阿含經》卷 13〈第 312 經〉，大正 2‧90 上。

可代表行爲之意志，如：心志等，此一切之心理活動，無非
皆源自於對周遭事物之反應，而此正是苦惱之源，故《阿含
經》暢論五蘊皆無常、苦、無我，即是要學人能不滯於五蘊
所建構之世界裡。然心染著於五蘊通常是無法自制，故如何
「分別心、思惟心」則顯得甚爲重要。[51]能於心之分別、思
惟，即是要自明己心之念頭起伏與種種妄想等，以此再進一
步約束自己而遠離有漏法，而此即是釋尊所云之「護心」，
能行護心，即是行不放逸行。[52]惟護心之方法，並非僅止於
心不隨世法之染著而已，其積極義在於善思惟、觀察心，此
亦說明：心實然主導眾生一切之氣質與行爲，故有云：「心
惱，故眾生惱；心淨，故眾生淨。」[53]正因心猿意馬難以降
伏，故如何修定、如何觀察心意則成爲欲趣向善道者必學之
功課，而修定亦實然是如何使不專定之心，將須臾生滅轉變
之心、意、識，能透過自心之觀察、訓練以達止寂，而此過
程是謂修心，亦即是修定；又正因一切事物變化之快速實無
有超過心者，故唯靠自心不斷之思惟、觀察，實無法以任何
方便法而測知達成。

---

[51] 《增壹阿含經》卷 5〈不逮品〉：「此心不可降伏，難得時宜，受諸苦
報。是故，當分別心，當思惟心，善念諸善本。」(大正 2‧566 下)。

[52] 《增壹阿含經》卷 4〈護心品〉：「釋尊告諸比丘：當修行一法，所謂
無放逸行。云何爲無放逸行？所謂護心也。云何護心？常守護心有
漏、有漏法。」(大正 2‧563 下)。

[53] 《雜阿含經》卷 10〈第 267 經〉：「當善思惟，觀察於心。所以者何？
長夜心爲貪欲所染，瞋恚、愚癡所染故。心惱，故眾生惱；心淨，故
眾生淨。」(大正 2‧69 下)。

　　修定是爲捨斷煩惱，然一旦心有雜染則無法提振般若慧，爲鎭伏煩惱以致解脫，釋尊提出四等心[54]（又曰：四無量心、[55]四梵堂、[56]四梵室、[57]四梵行[58]），「平等」是意指怨親平等，能平等利一切眾生。「無量」則意指沒有限制、分別、限量、身分、地位等，此又意謂：心與慈、悲、喜、捨共住，故於一切無量之有情與自己皆能同等對待。以慈、悲、喜、捨爲平等、無量與梵行之義，即代表此四法是一種積極正面之修行，故亦有以四無量心爲「梵住」。[59]於修定者而言，不論是爲自己或爲別人，則必行四無量心，且各有其最勝處，如《雜阿含經》所云：「比丘心與慈俱多修習，於淨最勝；悲心修習多修習，空入處最勝；喜心修習多修習，識入處最勝；捨心修習多修習，無所有入處最勝。」[60]此四心

---

[54] 《增壹阿含經》卷23〈增上品〉：「比丘當求方便行四等心：慈、悲、喜、護。」（大正2‧667下）。
　　《增壹阿含經》卷21〈苦樂品〉：「爾時，世尊告諸比丘：有四等心，云何爲四？慈、悲、喜、護（捨）。」（大正2‧658下）。

[55] 《中阿含經》卷21〈說處經〉：「阿難！我本爲汝說四無量。比丘者，心與慈俱，遍滿一方成就遊，極廣甚大，無量善修。如是悲、喜心與捨俱，無結、無怨、無恚、無諍。」（大正1‧563中）。

[56] 《長阿含經》卷8〈眾集經〉：「復有四法，爲四梵堂：一慈、二悲、三喜、四捨。」（大正1‧50下）。

[57] 《中阿含經》卷6〈教化病經〉：「心與慈俱，無結、無怨、無恚、無諍，如是悲、喜心與捨俱。是謂如來無所著等正覺說四梵室。」（大正1‧458中）。

[58] 《增壹阿含經》卷48〈禮三寶品〉：「行四梵行，慈、悲、喜、護。」（大正2‧810上）。

[59] 參見覺音著，葉均譯《清淨道論》〈說梵住品〉，其內容即是論述慈、悲、喜、捨之修習。（高雄：正覺學會，2002年），頁295-328。

[60] 《雜阿含經》卷27〈第743經〉，大正2‧197下。

各有其修習特色，如：修習慈心之重點在觀察瞋恚過患，爲
與樂眾生而行忍辱功德，以致能得淨最勝處。修習悲心則在
於：能觀照眾生煩惱皆緣於執諸色之情境，若能見色之過
犯，則能獲致空入處最勝處。修習喜心則能對治嫉妒，其能
遍一切意識之隨喜，故能得識入處最勝處。修習捨心則在
於：能對一切無關係之人亦無分別，簡言之，即捨去一切而
不起分別，故終能致無所有入處最勝處。

　　以下即分論慈、悲、喜、捨之修習內涵：

（1）慈之修習

　　「慈」重在與樂，[61]是代表快樂與希望，爲使慈心增長，
則首先要「**觀察瞋恚之過及忍辱之德**」，[62]斷瞋恚與證忍辱
可謂是一體之兩面，忍辱是止息瞋恚之最佳良方，去瞋更是
使心念寂靜而趣向涅槃之鑰，故慈之修習應重在與樂眾生但
不會造成自己之負擔與過患，以是於初學者而言，慈之修習

---

[61] 覺音著，葉均譯《清淨道論》〈說梵住品〉：「慈即慈愛之義。或者對
友人的態度及關於友誼的行動，故名爲慈。慈以維持有情的利益行相
爲相，取來有情的利益爲味（作用），惱害的調伏爲現起（現狀），見
有情的可愛爲足處（近因），瞋恚的止息爲（慈的）成就，產生愛著
爲（慈的）失敗。」（高雄：正覺學會，2002 年），頁 319-320。

[62] 覺音著，葉均譯《清淨道論》〈說梵住品〉：「修此（慈梵住）當斷瞋
恚而證忍辱，未曾有不見過失而能斷，及不知功德而能證得的。諸佛
說：『忍辱是最高的苦行，容忍是最上涅槃。具有忍力的強軍，我說
他是婆羅門。忍辱無有勝』」。（高雄：正覺學會，2002 年），頁 295。

是有其所應避免之對象。[63]對特殊對象有所遮攔，其目的不外是：免增疲倦、貪欲、忿怒與悲泣等，而如是遮攔對象實爲使心念能易進入安止與靜定。如此之後，則可再進至所欲修慈之對象，此中包括自己、可愛者、一切人乃至怨敵皆應修平等慈，[64]顯然，唯至修習平等慈，才能破除界限而使心住於平等之功德以證解脫。[65]

（2）悲之修習

「悲」重在拔苦，[66]悲是一種觀受苦者所生之憐憫想，

---

[63] 覺音著，葉均譯《清淨道論》〈說梵住品〉：「初學者當避免的慈的所緣：一、不愛的人，二、極愛的朋友，三、中間人（無關者），四、敵人，五、不應專對異性修習，六、絕對不應對死者修習。」（高雄：正覺學會，2002 年），頁 295-296。

[64] 覺音著，葉均譯《清淨道論》〈說梵住品〉：「對自己及其他三人起平等之心，則爲破除界限。古德說：『若於自己、愛者、中立者、不愛者的四人中，而對他們的生命利益之心有差別的時候，不能說他是希求得慈及於慈善巧的人。若破除四者的界限，以慈心遍滿一切天人世界而平等，則大勝於前者而爲不見有界限的比丘』。如是破除界限的同時，而此比丘亦得相與近行（定）。破除界限時，而於彼相修習多作者，依地遍所說的同樣方法，即不難證得安止（定）。」（高雄：正覺學會，2002 年），頁 308-309。

[65] 《增壹阿含經》卷 47〈放牛品〉：「爾時，世尊告諸比丘：若有眾生修行慈心解脫，廣布其義，與人演說，當獲此十一果報。云何爲十一？臥安、覺安、不見惡夢、天護、人愛、不毒、不兵、水、火、盜賊終不侵扛、若身壞命終生梵天上，是謂比丘能行慈心獲此十一之福。」（大正 2‧806 上）。

[66] 覺音著，葉均譯《清淨道論》〈說梵住品〉：「他人苦時，令諸善人的心震動（同情）爲悲；或者拔除殺滅他人之苦爲悲；或者悲乃散佈於苦者以遍滿而擴展之。悲以拔除有情之苦的行相爲相，不堪忍他人之苦爲味，不害爲現起，見爲苦所迫者的無所依怙爲足處，害的止息爲

並欲助其擺脫一切苦厄。爲使悲心增長而修習者，當先「觀
察無悲的過患及有悲的功德」，[67]顯然，對眾生苦厄而無動
於衷是不合佛法之修行；唯悲心所觀照之對象，除對處於
逆、惡境者外，另於幸福而作惡者亦當如是起悲憫心，[68]並
再依次如修習慈之方法，逐步打破對自己、愛者、中立者及
怨敵間之界限，以達平等、遍滿悲之修習與功德。[69]

（3）喜之修習

　「喜」是喜悅義，[70]喜可破除嫉妒。常人見自己所愛之
對象，當會生起喜，亦或因見、聞可愛之人幸福而充滿喜悅，

　（悲的）成就，生憂則爲（悲者）失敗。」（高雄：正覺學會，2002
年），頁 319-320。

[67] 覺音著，葉均譯《清淨道論》〈說梵住品〉：「希望修悲的人，當觀察
無悲的過患及有悲的功德而開始修悲。故若見任何可憐、醜惡、境遇
極難、逆境、惡運、窮人等，當生悲愍之想：『此等有情實在困苦！
他們必須擺脫這些苦厄才好』。」（高雄：正覺學會，2002 年），頁 316。

[68] 覺音著，葉均譯《清淨道論》〈說梵住品〉：「以悲爲業處的比丘，亦
應對現在幸福的人作如是的悲憫：『這個可憐者，雖然很幸福而受用
財富，但是他的（心口意）三門，連一門善業也沒有，現在他就要在
惡趣受無限的痛苦與憂悲了』。」（高雄：正覺學會，2002 年），頁 317。

[69] 覺音著，葉均譯《清淨道論》〈說梵住品〉：「如是生悲之後，當依（於
慈）同樣的方法破壞對自己、愛者、中立者及怨敵的四人之間的界限，
對被（破壞界限的）相數數修習多作，以慈中所說的同樣方法而增長
其安止定。亦當依慈的同樣方法而知有『安眠』等功德。」（高雄：
正覺學會，2002 年），頁 317。

[70] 覺音著，葉均譯《清淨道論》〈說梵住品〉：「喜即對所有之人而喜，
或自己喜悅，或僅喜悅之意。喜以喜悅爲相，無嫉爲味，不樂的破壞
爲現起，見有情的成功爲足處，不樂的止息是它的成就，發生（世俗
的）笑則爲它的失敗。」（高雄：正覺學會，2002 年），頁 320。

此為產生喜之自然情形；即或可愛之人過去幸福，於今卻已
遭遇逆境厄運，亦應憶念其過去幸福之狀態而生喜。[71]一如
修習慈與悲般，欲修習喜者，亦當由滅瞋而漸次將愛者、中
立者、怨敵與自己之間破除界限以達平等，使喜心遍滿之功
德以證解脫。

（4）捨之修習

「捨」有去除、不執著之義，[72]捨並非是不理睬，而是
使粗顯之情緒轉為寂靜。相應於前之慈、悲、喜而論，則捨
有去除愛、瞋、貪等之心態，故捨亦可謂是一種較傾向於中
立之心態。捨之修習範圍，亦如前之慈、悲、喜般，終是要
「以一切中立而破除界限」之平等而證解脫。[73]

---

[71] 覺音著，葉均譯《清淨道論》〈說梵住品〉：「密友或可愛之人，過去
非常幸福，但現在已遭遇逆境惡運，則應憶念其過去的幸福狀態，把
取『他過去有大財富，大眷屬而常喜悅』的行相而生喜；或者念他『將
來更得成功，而坐象肩馬背及乘金轎旅行』而取其未來的喜的行相而
生喜。」（高雄：正覺學會，2002 年），頁 318。

[72] 覺音著，葉均譯《清淨道論》〈說梵住品〉：「棄捨『願彼等無怨』等
的（慈等三者的）所作而至於中立的狀態，是捨的意思。對有情而維
持其中立的態度為相，以平等而視有情為味，瞋恨與愛者的止息為現
起，『諸有情的業為自己的所有，他們隨業力而成幸福，或解脫痛苦，
或既得的成功而不退失』，如是見業為所有為足處，瞋恚與愛著的止
息是它的成就，發生了世俗的無智的捨是它的失敗。」（高雄：正覺
學會，2002 年），頁 320。

[73] 覺音著，葉均譯《清淨道論》〈說梵住品〉：「先對中立者而生起捨，
如是對愛者，對密友及怨敵而起捨。如是對（愛者、密友、怨敵）三
者與自己之間，以一切中立而破除界限，對那相數數修習而多作。」
（高雄：正覺學會，2002 年），頁 319。

　　依定而論，四等心之修習，其目的是爲得平等以增長止定之工夫，並依之以證解脫，此爲修習四等心之共同目的；[74]唯各別之目的則分別是：慈爲破除瞋恚；悲爲破除害；喜爲破除不樂；捨爲破除貪。唯此四心之修習皆需配合般若慧而得成就，亦依般若慧而使四者皆平等，此四心雖有修行之次序：「由慈三昧，辦悲三昧；緣悲三昧，得喜三昧；緣喜三昧，得護三昧。」[75]但又各具可依之而證得定境，以慈心爲例，如云：「世尊便說斯偈：若有行慈心，亦無放逸行；諸結漸漸薄，轉見於道跡。以能行此慈，當生梵天上；速疾得滅度，永至無爲處。不殺無害心，亦無勝負意；行慈普一切，終無怨恨心。是故，比丘當求方便，行於慈心，廣布其義。」[76]顯然，行四等心是可與梵天世界共住之方法，[77]此亦說明：定境之成就，四等心是一入門之處，故釋尊不僅要求出家弟子，即或對在家學人亦如是要求：「是以男女在家、

---

[74] 覺音著，葉均譯《清淨道論》〈說梵住品〉：「（修四梵住的目的）獲得毘缽舍那（觀）之樂及有的成就（善趣），爲此等四梵住的共同目的。」（高雄：正覺學會，2002 年），頁 320。

[75]《增壹阿含經》卷 39〈馬血天子品〉，大正 2・761 上。

[76]《增壹阿含經》卷 47〈放牛品〉，大正 2・806 上-中。

[77] 覺音著，葉均譯《清淨道論》〈說梵住品〉：「（四梵住與色界諸禪的關係）如是無量之境雖然爲此等（四梵住）的同一特相，但前面三（梵住）僅屬於（四種禪中的前）三禪及（五種禪中的前）四禪。何以故？彼等與喜相應故。怎麼與喜相應呢？因爲出離了自憂等而起的瞋恚等之故，而後者（捨梵住）則僅屬於其餘的一禪（第四禪或第五禪）。何以故？與捨受相應故；因爲（捨梵住）是對諸有情以中立的行相而起，所以梵住捨若無捨受則不起。」（高雄：正覺學會，2002 年），頁 324-326。

出家，常當勤修慈心解脫；若彼男女在家、出家修慈心解脫者，不持此身往至彼世，但隨心去此；比丘應作是念：我本放逸，作不善業，是一切今可受報，終不後世；若有如是，行慈心解脫無量善與者，必得阿那含，或復上得。如是，悲、喜；心與捨俱。」[78]依法義而論，慈、悲、喜、捨皆是修持方法之一，唯此四等心是可依之而證果、得定境；然對修定而論，重要即是心之靜慮、澄明，而由慈而悲、喜至捨，此又意謂：「捨」是四等心之關鍵處，捨是爲盡除憍慢，[79]憍慢亦可言是我慢，此是最深沉之我思，是修定需努力對治之一。

2. 修定技巧主要在「覺」

修定之主要義涵在心、在意，心念之起伏可以是有意識，亦可能是一種潛藏、細微而不易察知，修定即是欲透過各種習定方法，使意念能由粗轉細，甚至於一息之出入皆能覺察，而「覺」之敏銳度，則攸關定持工夫之持續。

釋尊所論之修定，主要是在心（意念）上，而意念於六根中，是具有主導前五根（眼、耳、鼻、舌、身）之作用；換言之，若言修定即是修意念則亦恰當，意念雖不具形相，

---

[78] 《中阿含經》卷3〈思經〉，大正1‧438上。
[79] 《增壹阿含經》卷7〈安般品〉：「已行慈心，所有瞋恚皆當除盡。已行悲心，所有害心悉當除盡。已行喜心，所有嫉心皆當除盡。已行護心，所有憍慢悉當除盡。」（大正2‧581下）。

但意念之發動則決定行為之方向，然意念之轉折關鍵在
「覺」，[80]顯然，一念覺或一念迷，其所造成之結果將南轅
北轍。釋尊深悟眾生之病在意念之覺遲，而疾病由來即是藥
方，故為治眾生意念之病，釋尊有「七覺意－念覺意、法覺
意、精進覺意、喜覺意、猗覺意、定覺意、護覺意」之演說，
並告諸比丘：

> 汝等受持此七覺意法，善念諷誦，勿有狐疑於佛、法、
> 眾者，彼眾生類所有疾患皆悉除愈；所以然者，此七
> 覺意甚難曉了，一切諸法皆悉了知，照明一切諸法，
> 亦如良藥療治一切眾病，猶如甘露，食無厭足。若不
> 得此七覺意者，眾生之類，流轉生死。諸比丘！當求
> 方便修七覺意；如是，諸比丘，當作是學。[81]

七覺意之治病功德主要在意念之思惟上，而七覺意亦能救治
「身抱重患，臥在床褥，不能自起居」者，[82]身患重病因「思

---

[80] 「覺」除覺察之義外，更是佛法最圓滿之成就，佛即是覺者。如印順
《佛在人間》所云：「如從佛陀施教的重心來說，最深徹而圓滿的佛
教，應該是『覺』的教育。佛的教育，不外乎本著自己圓滿的覺悟內
容，適應眾生的根機，來教育大家，引導大家來修學，同登正覺成佛
的地步。所以說佛教是先覺覺後覺的教育。」（新竹：正聞出版社，
2003 年），頁 324。

[81] 《增壹阿含經》卷 33〈等法品〉，大正 2・731 中。

[82] 尊者均頭遭重患，醫藥不接，世尊要其稱念七覺意法，當其稱念已，
則所有病患皆悉除愈，故均頭白世尊言：「藥中之盛，所謂此七覺意
之法是也。欲言藥中之盛者，不過此七覺意；今思惟此七覺意，所有
眾病，皆悉除愈。」以上有關均頭尊者之事例，參見《增壹阿含經》

惟七覺意」而得痊癒，顯然，釋尊是以意念足可影響甚至主
宰著身體為主要之宣說，而「覺」正是促使意念轉向增上之
關鍵；正所謂心病心藥醫，有形之病體，常可溯源至無形之
念起，宣說覺意法，正足以說明修定對於身、心將具有決定
之作用。

由持戒入修定，即使戒律之施設內容有多繁細，或於定
力之修持將產生何種效果，於釋尊而言，由其所引領之僧
團、學人，目的皆在使人人能於不同修持法門中而盡除障
礙，因此，修持覺意法門之目的亦不離是為除煩惱入解脫，
唯因個人之所執各有不同，故有七種覺意之施設。釋尊七覺
意法門之開演，實然亦只是一種方便說，此乃因釋尊觀眾生
流轉生死，其因在「七使」，而七覺意即為對治七使而有，
即如釋尊所云：

> 然此七使之法，復有七藥。云何為七？貪欲使者，念
> 覺意治之。瞋恚使者，法覺意治之。邪見使者，精進
> 覺意治之。欲世間使者，喜覺意治之。憍慢使者，猗
> 覺意治之。疑使者，定覺意治之。無明使者，護覺意
> 治之。是謂比丘此七使用七覺意治之。[83]

七使之內容：貪、瞋、邪見、欲世間、憍慢、疑、無明，因
循七使其結果即是：流轉生死、不得解脫；唯覺意是一種意

卷 33〈等法品〉，大正 2・731 上-中。
[83] 《增壹阿含經》卷 34〈七日品〉，大正 2・739 上。

念之思惟，經由修定之思惟，將觀得所謂七使本無其性，皆
是緣起性空，而經由七覺意之思惟，將使一切之有漏心盡，
一切所繫終得解脫。如釋尊所言：其未成佛道前，為菩薩行
坐道樹下時，已然思惟眾生因七使而不得解脫，而其本身亦
為七使所繫，而當思惟七覺意時，一切七使皆捨；顯然，於
釋尊而言，定力之思惟修持確實是其本身之親驗，曾云：「思
惟七覺意時，有漏心盡，便得解脫，後成無上正真之道。七
日之中，結跏趺坐，重思惟此七覺意。是故，諸比丘！若欲
捨七使者，當念修行七覺意法。」[84]顯然，七覺意之修習，
是為使意念能覺明，並以此增長正覺、智慧而轉趣涅槃解
脫。[85]

　　修定之著重點在意念上，然意念之起伏是不定的，其可
週遍環遊無遠弗屆，而欲將意念集中專一，此則是修定之工

---

[84] 《增壹阿含經》卷34〈七日品〉，大正2・739上。
羅耀明《〈阿含經〉之禪定－以佛陀成道的禪定為脈絡》：「七覺支，
巴利文為 satta bojjhaṅgā . bojjh 即 bodhi，覺的意思；aṅgā 為支分、
肢體之意，因此，就語意的分析可將七覺支解釋為：這七種支分是成
就覺悟解脫的要素，以此引申為：圓滿七覺支就是成就覺悟、解脫。
對行者來說，七覺支在整個修學的行道上所扮演的角色，能讓行者評
估修行現狀所座落的座標，並提供行者在決定進退舉止時更準確地掌
握與操作。」（華梵大學東方人文思想研究所碩士論文，2002年），
頁83。

[85] 《雜阿含經》卷29〈第810經〉：「修念覺分已，滿足明、解脫，乃至
修捨覺分，依遠離、依無欲、依滅向於捨，如是修捨覺分已，明、解
脫滿足。」（大正2・208下）。
《雜阿含經》卷26〈第706經〉：「若有七覺支，能作大明，能為目，
增長智慧，為明，為正覺，轉趣涅槃。」（大正2・189下）。

夫。顯然，由紛飛之意念而置心於一處，此乃立於意念之集
中上，故釋尊有專思惟四聖諦、七覺意之論說，即以專心思
惟某聖諦、法義而攝受意念。然若依修定之四禪而論，定之
境界是有層次的，而層次之界分則代表於意念掌握之程度，
而由初禪至四禪，其實即是意念由粗入細之過程。修定工夫
主要在將粗顯之意念而漸次入於一境（一念），而定境之念，
亦可謂是一正念之持定，如是亦可言：定是「正念一境」之
狀態，唯因在正念上，故由定必能生慧，而佛法之慧即是空
慧，是於事物皆能如實觀照，而能正念一境即是如實觀照事
物之關鍵。

　　釋尊一生之示現是大精進、不放逸，於持戒如是、於修
定亦如是，由釋尊之親行實踐可得知：佛法之遺產，將由精
進者繼承。釋尊以思惟七覺意可除眾病，實爲策勵弟子，不
論是持戒或修定，皆爲使心捨離煩惱污染，而所謂覺，實是
爲除煩惱而說，故亦可言：是以定力帶動捨（捨諸欲、惡、
不善法）。有關七覺意之內容項目，尚有不同之名相，如「七
覺分」之說：「如來出興於世，有七覺分現於世間，所謂；
念覺分、擇法覺分、精進覺分、喜覺分、猗覺分、定覺分、
捨覺分。」[86]此中名相或稍有不同，但修定之目標方向則無
有異，皆爲：「依遠離、依無欲、依滅、向於捨」，[87]以是知：

---

[86]《雜阿含經》卷 27〈第 721 經〉，大正 2・194 上。
[87]《雜阿含經》卷 27〈第 729 經〉：「若比丘修念覺分，依遠離、依無欲、
　　依滅、向於捨；修擇法、精進、喜、猗、定、捨覺分，依遠離、依無
　　欲、依滅、向於捨。」（大正 2・196 上）。

修定實然是為使心清淨、安止。

　　修定主要在意念思惟，故若謂修定是修心亦有其理，因修定之過程實與心有甚密切之關連，若更細膩論之，所謂修定，則已不只是修定而已，而是指整個內心之修行；換言之，修定是一種「用心修心」之方法，此中則需仰賴理性與意志力。對於七覺意（或七覺分）應用之妙，則可謂是存乎一心，此乃因：當於何時、何種狀況下要應用何種覺分，則決定於「心」之感受，亦可言是：「隨所欲覺分正受」，即是隨當下之所需而決定使用哪一種覺分。[88]顯然，七覺分之使用是一種「隨時性」，[89]若心微劣猶豫、昏沉時，則需策勵心，此時可修念、擇法、精進與喜覺分；若心散亂，則需抑制心，此時即可修念、猗、定與捨覺分。[90]恍若煉鋼之過程：有時需水，使其冷卻；有時需火，使其加熱，在一冷一熱間而去

---

[88] 《雜阿含經》卷 27〈第 718 經〉：「舍利弗告諸比丘：此七覺分，決定而得，不勤而得。我隨所欲覺分正受；若晨朝時、日中時、日暮時，若欲正受，隨其所欲，多入正受。如是，比丘！此七覺分，決定而得，不勤而得，隨意正受。我此念覺分，清淨純白；起時、知起，滅時、知滅，沒時、知沒，已起、知已起，已滅、知已滅。如是，擇法、精進、喜、猗、定、捨覺分，亦如是說。」（大正 2・193 中）。

[89] 楊郁文〈生活中的七覺支〉：「七覺支可分為三類：念覺支為其一，擇法覺支、精進覺支、喜覺支為其二，猗覺支、定覺支、捨覺支為其三。以念覺支維持正念、正知以及安止善巧的開發；其他兩類為隨心情的變化，應時對治之或適時相順修習之。」收錄於釋惠敏主編《佛教與二十一世紀》，（台北：法鼓文化公司，2005 年），頁 83。

[90] 《雜阿含經》卷 27〈第 714 經〉：「佛告比丘：微劣猶豫，當修擇法、精進、喜覺分。掉心猶豫，修猗、定、捨覺分。此等諸法，內住一心，攝持念覺分者，一切兼助。」（大正 2・192 上）。

除雜質，以至鍛鍊成鋼，當鑄成鋼時，則水與火亦已然不存
在於鋼中。如是亦能說明：七覺分是具有隨時對治之功能，
而心之昏沉與散亂，其對治之法則有不同，但一切之對治法
至終皆需去捨；換言之，修定雖不離心，但當修至定境時，
則定就是安止定，所謂於心之觀察實已然不在定境中。

　　定之修持除意念保持清明外，此為習定之基本工夫，然
意念之集中是為如實觀照一切法，此才能促成依定發慧之目
的，故修定除以意念集中為主外，更重要則在於觀照思惟
上。由戒而入定，是將戒律由生活中之止惡，再進一步將專
注力如實且綿密地覺察自我身心之變化。於初學修定者而
言，必先由靜中取靜，再進至動中取靜；所謂靜中取靜，即
是先將自我身心置於一清淨之狀態，並訓練在此靜中，能於
出入息或起心動念，皆能清清楚楚地覺察觀照，而四念處與
七覺支是常於修定中所採用之方法。如《中阿含經》所云：
「有一道淨眾生，度憂畏，滅苦惱，斷啼哭，得正法，謂四
念處。過去、未來、現在如來、無所著、等正覺，亦斷五蓋、
心穢、慧羸，立心正住於四念處，修七覺支，得覺無上正盡
之覺。」[91]顯然，對身、心之觀察覺照，其目的是為遠離煩
惱，以至趣向解脫之道。而對於出入息或起心動念之觀察覺
照，於四念處之修習中有更明確之論說：

　　　　云何觀身如身念處？念入息即知念入息，念出息即知
　　　　念出息。入息長即知入息長，出息長即知出息長；入

---

[91]《中阿含經》卷24〈念處經〉，大正 1・582 中。

息短即知入息短，出息短即知出息短。覺一切身息
入，覺一切身息出。覺止身行息入，覺止口行息出。
如是，觀內身如身，觀外身如身。立念在身，有知有
見，有明有達，是謂觀身如身。

云何觀覺如覺念處？覺樂覺時，便知覺樂覺。覺苦覺
時，便知覺苦覺。覺不苦不樂覺時，便知不苦不樂覺。
如是，觀內覺如覺，觀外覺如覺。立念在覺，有知有
見，有明有達，是謂觀覺如覺。

云何觀心如心念處？有欲心知有欲心如真，無欲心知
無欲心如真。有不解脫心知不解脫心如真，有解脫心
知解脫心如真。如是，觀內心如心，觀外心如心。立
念在心，有知有見，有明有達，是謂觀心如心。

云何觀法如法念處？眼緣色生內結，內實有結知內有
結如真，內實無結知內無結如真。內實有念覺支知有
念覺支如真，內實無念覺支知無念覺支如真，如是，
擇法、精進、喜、息、定、捨。是謂觀法如法，謂七
覺支。[92]

能將專注力與意念，安住於身（身體）、受（覺受）、心（心
念）與法（觀念）上，並如實覺察觀照此身、受、心、法之
變化，此即所謂「觀身如身」、「觀受如受」、「觀心如心」與
「觀法如法」，此四念處之觀照法，各有契入點之不同：「身」
所覺察之範圍包括出入息、一切生理現象甚至是舉止行動

---

[92]《中阿含經》卷24〈念處經〉，大正1‧582中-584中。

等;「受」之覺察包括眼見色、耳聞聲、鼻嗅香、舌嘗味、身接觸等五欲,以及對苦、樂與不苦不樂之感受等;「心」之覺察則涉及至一切之起心動念,是否有欲念、怒氣、迷惑、猶豫等,又是否在定中、是否解脫;「法」覺照所涵蓋之範圍較廣亦較深微,涉及至煩惱發動之源頭與徹底解決之方法,此中特以七覺支爲作說明。以上四念處之契入點雖各有不同,但皆爲趣向解脫道則爲一致;然此四念處之修習過程,皆需如實且綿密之覺察觀照,由發現煩惱(苦諦),依正見則知煩惱起因(集諦),並經由信念與毅力而捨離煩惱(滅諦),以達解脫之道(道諦),顯然,由四念處之修習,亦能漸次完成四聖諦,唯其關鍵在「覺」,故亦可謂:定力之持續需仰賴不間斷地覺之又覺。

3. 修定目的爲得成般若慧

由定發慧是習定之目的,唯佛法之慧是觀五蘊皆無常、苦、無我之如實義;無常正可明示一切法之存在皆只是暫時而不能永恆,故終究成空即是對一切法觀察之所得,由知空則呈顯執有或執著實爲不需要,並依放下執著而遠離苦,此爲般若空慧之作用。

以定爲一種思惟,此顯然是一種較自我深潛之活動,亦可言:由禪那思惟、解脫、三昧,以至入定、出定,如是之過程,可謂是唯證乃知。至此或可提出一問:意念思惟是一自我唯證乃知之事,外人是否能判斷入定之境界?若僅就自

我思惟而論，外人恐難明晰清楚，但如《雜阿含經》所言：
「如來、應、等正覺、禪、解脫、三昧、正受染惡、清淨、
處淨、如實知，是名如來第三力。若此力成就，如來、應、
等正覺得先佛最勝處智，能轉梵輪，於大眾中師子吼而吼。」
[93]顯然，修定以至入定，是為提昇自我等持之力，亦可言：
為厭離欲以達清淨故需修定，又為得般若智亦當要修定，如
是皆在明示修定不只是為獲定境本身而已，更是為能以最勝
智而轉法輪以度眾。

　　依修定而獲致般若慧，並在定心狀態下處理煩惱，此是
定生慧所產生之實際作用。顯然，修定之重點則如釋尊之偈
所言：「實義存於心，寂滅而不亂，降伏諸勇猛，可愛端正
色；一心獨靜思，服食妙禪樂，是則為遠離，世間之伴黨；
世間諸伴黨，無習近我者。」[94]此偈之內容在強調：修定雖
入於禪那之寂滅，但卻是成就慧之重要關鍵，若言修定是為
修般若慧，則亦恰合釋尊之意；所謂「實義存於心，寂滅而
不亂」，則在表明：於一切修定之過程中，皆能清楚意念之
起、滅以至入定之種種狀態；亦可言：修定是一種依「善見、
善入」所成之清明境地。[95]

---

[93]《雜阿含經》卷 26〈第 684 經〉，大正 2・186 下。

[94] 此偈見於《雜阿含經》卷 20〈第 549 經〉，為世尊答僧者多童女所問
之偈，大正 2・143 上。

[95]《雜阿含經》卷 20〈第 549 經〉：「一切入處正受，清淨鮮白者，見本、
見患、見滅、見滅道跡；以見本、見患、見滅、見滅道跡故，是則實
義存於心，寂滅而不亂，善見、善入。」(大正 2・143 上-中)。

又定境之獲致，其關鍵在「一心獨靜思」，唯使心能靜思之目的，是爲引發將實義呈現，至此，定、一心與實義，則連成一氣，而修定是爲呈顯實義（般若慧）之目的則昭然可明。有關依一心而開顯如實義，於《阿含經》中多有論述，如：「因心定故，便得見如實、知如真」，[96]又：「若有樂者，便得定心。定者令見如實、知如真。……便得厭，厭者令無欲，無欲者令解脫。」[97]顯然，心之定持，是獲如實義之基礎，然此乃需先立足在：心本是清淨、明朗，且能在客塵煩惱中而得解脫之上。[98]在以修定即修心之立場，且又以心定爲獲得如實義之本，此皆在說明：一心之定持，是代表內心淨化之種種過程，亦唯有在不斷之淬鍊中，才能遠離欲、惡不善法，以達至如《阿含經》所論述：「一心→如實知見→離疑惑→心不染著→心常樂住→常一其心→如實知見……」[99]之正向循環歷程。[100]

---

[96] 《中阿含經》卷 21〈說處經〉，大正 1・564 上。

[97] 《中阿含經》卷 10〈何義經〉，大正 1・485 上-中。

[98] 《漢譯南傳大藏經》第 19 冊，《增支部》卷 1〈彈指品〉：「心者，是極光淨者，能從客隨煩惱得解脫，而有聞之聖弟子能如實解，故我言有聞之聖弟子修心。」(高雄：元亨寺妙林出版社，1994 年)，頁 12-13。

[99] 《雜阿含經》卷 11〈第 277 經〉：「不一心故，不得如實知見；不得如實知見故，不離疑惑。心不染著已，常樂更住；心樂住已，常一其心；一其心已，如實知見；如實知見已，離諸疑惑；離諸疑惑已，不由他誤，常安樂住。」(大正 2・75 下)。

[100] 有關一心與如實知見之關係，可參考羅耀明《〈阿含經〉之禪定－以佛陀成道的禪定爲脈絡〉〈一心是如實知見（yathābhūtaṃ ñāṇa-dassanaṃ 的基石〉，(華梵大學東方人文思想研究所碩士論文，2002 年)，頁 78-80。

　　於初學者而言，修習定門是必要之過程，雖言「依定發慧」，此乃在肯定由定所產生之效果，是有引發觀照世間如實慧之可能性；換言之，並非是意指只要深修禪定，即能產生智慧。以是釋尊終不以入深沉禪定為目的，因唯有契入勝義智慧，才能於己斷煩惱、了生死，於眾生興發饒益之事業。

　　依佛教之行證意義而論，戒、定、慧各有其行持之方法，此三者雖有互攝並進之關係，但絕非只要受持戒行即能得定，而由定至慧亦然如是。依佛法之本義：是以持戒所得之清淨為基礎，當成就戒學清淨，則是修定之必備基礎、方便法，唯有在無悔之心安理得之下，自然能較易隨順趣入定境。

　　由定至慧之行持過程，首先需以離欲貪、諸惡、不善法為入手，才能專心禪修；換言之，於初學禪定，大多著重於先將散亂之心穩定下來，亦可謂是較偏向於專注、修止，然此僅是一種過程。待禪定有一基礎後，才能再進行聞、思而達至止觀雙運。依修定之過程，如《雜阿含經》所論：

> 如是修安那般那念者，得大果大福利。是比丘欲求離欲、惡、不善法，有覺有觀，離生喜樂，初禪具足住，是比丘當修安那般那念。
> 如是修安那般那念，得大果大福利。是比丘欲求第二、第三、第四禪，慈、悲、喜、捨，空入處、識入處、無所有入處、非想非非想入處，具足三結盡，得須陀洹果。三結盡，貪、恚、癡薄，得斯陀含果。五

下分結盡，得阿那含果。[101]

修定除可歷經四禪之境界外，更重要在使內心澄靜，以對人生進行如實之正觀，並依正觀思惟而照見諸結縛，以至完成斷結、除慢與證果之目的。顯然，靜坐之修定只能視爲一種工具、過程，若迷執於禪相、禪境上，則所成就亦只是世法有漏之定。唯能於修定中思惟苦、集、滅、道，才能成就無漏、聖、出世間之正定；換言之，若僅修持於專注與止之禪定，則不論定境有多深，皆只是世法之禪定，唯能依止觀雙運開智慧，此是當下真實之目的。

　　於意念之觀照在起、滅間，依無常法而觀照意念，實則一切本是至清、至淨；以意念之觀照是如此，於四念處之觀照皆然如是。於修定過程中，釋尊雖開演有四禪天之層次，於四念處或七覺支之修習亦皆有分次差別；然一切有關差別義之論述，皆源自於人心之執，唯因所執不同，故與之相應處或對治法則有差別。修定中所具有般若慧之觀照，無非皆以觀無常終究成空而破一切之執，故若以四念處之「觀身如身」之修習爲例，其主要著力點在：「觀身諸界：我此身中有地界、水界、火界、風界、空界、識界；猶如：屠兒殺牛剝皮，布於地上，分作六段。」[102]顯然，當一切執著之形成，可採用剝除法以對治之，當經過層層之剝除後，實然本非我所有，我亦非爲彼所擁有，能具如是之觀照力，意謂「不放

[101] 《雜阿含經》卷29〈第814經〉，大正2‧209中。

[102] 《中阿含經》卷24〈念處經〉，大正1‧583中。

逸慧」。[103]

　　在以轉向善趣之心住不亂、寂止，為世、俗、有漏之定，
而以轉向苦邊之思惟四聖諦為聖、出世間、無漏之定。如是
皆在明示最高之禪修法，並不以求任何異相為滿足，真正之
禪修法，是無依、無修之修。[104]依釋尊所論之正定，理應是
一種禪思（止觀雙運），而「禪思」即意謂於止中有觀，在
內寂其心之下，而能於世間之一切法，乃至自我之身、心皆
能「如實知顯現」。[105]釋尊要學人修定，並強調「定中有觀」：
定中之觀是一種有定力、有深度之觀；換言之，定中有觀是
一種用心之思惟、求證與體悟，因若缺乏定力之觀，而以散
亂心觀照，則所觀將只是外相皮毛而已，終難以契入如實之
相。且依釋尊之自證知：佛法之殊勝功德，皆不能離開定，
故一切學人皆要專心修定，此為釋尊論定之目的。

---

[103]《中阿含經》卷42〈分別六界經〉：「若有內地界及外地界者，彼一
　　切總說世界；彼一切非我有，我非彼有，亦非神也。如是慧觀知其如
　　真，心不染著於此地界。是謂不放逸慧。」（大正1‧690下）。

[104]《雜阿含經》卷33〈第926經〉：「佛告跋迦利：比丘於地想能伏地
　　想，於水、火、風想、無量空入處想、識入處想、無所有入處、非
　　想非非想入處想。此世他世，日、月、見、聞、覺、識，若得若求，
　　若覺若觀，悉伏彼想。跋迦利！比丘如是禪者，不依地、水、火、
　　風，乃至不依覺、觀而修禪。」（大正2‧236上-中）。

[105]《雜阿含經》卷8〈第206經〉：「世尊：比丘！方便禪思，內寂其心，
　　如是如實知顯現。於何如實知顯現？於眼如實知顯現，若色、眼識、
　　眼觸，眼觸因緣生受－若苦、若樂、不苦不樂，彼亦如實知顯現。
　　此諸法無常、有為，亦如是如實知顯現。」（大正2‧52中）。

　　爲使正念能與正智相配合，《阿含經》亦有論及於修定中之念佛。於中土而言，淨土法門是興盛且普及，淨土是依佛之願力所成，眾生於仰仗佛力之下，以信願行持名號至一心不亂，即得往生佛之淨土；顯然，於淨土宗而言，信與念佛是兩大重點。唯有關「念佛」可溯源至《雜阿含經》之所論：

　　　　汝等當行於曠野中，有諸恐怖，心驚毛豎，爾時，當
　　　　念如來事：謂如來、應、等正覺，乃至佛、世尊。又
　　　　念法事：佛正法、律，現法能離熾然，不待時節，通
　　　　達親近，緣自覺知。又念僧事：世尊弟子，善向、正
　　　　向，乃至世間福田。如是念者，恐怖即除。過去世時，
　　　　天、阿須輪（阿修羅）共鬪時，天帝釋告大眾：汝等
　　　　與阿須輪共鬪戰之時，生恐怖者，當念我幢，名摧伏
　　　　幢，念彼幢時，恐怖得除。[106]

依《阿含經》之念佛、念法、念僧之作用，是爲去除心驚、恐怖，以達穩定情緒；而此中之念佛，是以憶念佛陀十尊號，而十尊號即是佛陀德行之展現，而憶念十尊號，其真實目的是爲能依法修行，故念佛、念法、念僧，實然皆是歸於依法而修行。惟對於修定中之念佛，在《增壹阿含經》中有更詳細之論述：

　　　　云何修行念佛？正身正意，結跏趺坐，繫念在前，無

_____
[106]《雜阿含經》卷 35〈第 980 經〉，大正 2・254 下。

> 有他想，觀如來形，未曾離目。已不離目，便念如來功德：如來十力、四無所畏、顏貌端正，視之無厭、戒德成就，清淨無瑕、三昧未始有減，已息永寂，而無他念、慧身智無涯底，無所罣礙、解脫成就，諸趣已盡，無復生分。[107]

由靜坐、繫念、觀如來形影與功德，以至寂念得解脫，如是之過程即是修定，亦是《阿含經》之修行念佛，而《阿含經》之念佛是以思惟佛陀之成就，由仰慕佛德而激發行效法之實，如是之念佛是重在「法」上，如是皆能看出釋尊法義重當世、重實際之一面。

念佛是修定方法之一，其作用首是為去除恐怖與穩定情緒，然定力之修持，必再提昇至自身之砥礪與觀照，此即如《雜阿含經》所云：「念如來、應所行法故，離貪欲覺、離瞋恚覺、離害覺，如是，出染著心。何等為染著心？謂五欲功德。於此五欲功德，離貪、恚、癡，安住正念、正智，乘於直道，修習念佛。」[108]顯然，於修定中之念佛，只是一方便法，其真正目的是為離貪欲、瞋恚、害心與染著；換言之，由方便法以引領趣向解脫道，才能使念佛真正發揮其意義與功效。

---

[107]《增壹阿含經》卷2〈廣演品〉，大正2‧554上-中。
[108]《雜阿含經》卷20〈第550經〉，大正2‧143中-下。

釋尊之法義核心在觀無常、苦、空、無我,故所謂念佛亦當以念無常、緣起、空爲貴,若能於日常身、心之活動中,去體會並實踐佛陀之教義,此即名爲供養如來,如《長阿含經》所云:「如來語阿難:人能受法,能行法者,斯乃名曰供養如來。佛說頌曰:受法而能行。陰界入無我,乃名第一供。」[109]依釋尊教示之最佳供養是於五蘊、六界、六入中去觀照無我、空義,此於念佛是如是,於禮佛亦然;[110]當能觀照一切法皆悉空寂時,則念佛、禮佛皆已不在其形式上,因所謂觀想如來之形體,試想:形體是地、水、火、風?亦或是眼、身、鼻、舌、身、意?此一切皆緣起而生成,亦終將緣滅而成空,故念佛與禮佛皆只是一種修行之方便法,其目的皆爲能安住於正念與正智。

於修定而言,最要觀照處即可總體曰:即是自我意念之起伏,而每一念皆可謂是一棵種子,巨大之樹皆來至於至微之種子;於意念之觀照亦然,一切五蘊之形成皆由至微之意念而漸次增長,至微之意念亦能形成大障礙,故意念又有「心樹」之稱,如《雜阿含經》所云:「五種心樹,種子至微而漸漸長大,蔭覆諸節;能令諸節蔭覆墮臥。何等為五?謂貪欲蓋漸漸增長,(瞋恚)、睡眠、掉悔、疑蓋漸漸增長;以增長故,令善心蔭覆墮臥。」[111]不好意念之產生,將會阻礙善

---

[109] 《長阿含經》卷3〈遊行經〉,大正1·21上。

[110] 《增壹阿含經》卷29〈聽法品〉:「世尊說偈言:善業以先禮,最初無過者;空無解脫義,此是禮佛義。若欲禮佛者,當來及過去;當觀空無法,此名禮佛義。」(大正2·708上)。

[111] 《雜阿含經》卷26〈第708經〉,大正2·190上。

行之發展，故若謂修定是修意念是為適切；於修定中如何反省觀察意念之起、之滅，並探知起、滅皆緣起無常，此即如以般若慧刀解剖意念，終至斷除一切有情想念，令心至淨、至明、至定。

四、阿含定與大乘定之境界功德

於三無漏學而言，定雖是一過程，但習定所得之境界與功德，是足堪吸引人於定學上下工夫，唯釋尊一再強調，修定之目的是為成就慧以至解脫，故依定所得之境界與功德，亦只能視為過程之示現而非究竟。

1. 阿含正定之內涵

佛法義有一特色，即不論是理論或修證，皆強調階次過程，於定境之獲致亦然如是；論階次，並非否定圓頓完成之可能性，而是說明：修行是自我實證之工夫，是需自身親履以成。於修定中雖可能有入定神秘經驗之體驗，然依釋尊之意，修行是一艱辛之過程，必要歷經聞、思、修、證之次第，即或有於特殊因緣下而言頓悟，亦必是在悟道前有一番修行工夫之結果，此即如釋尊所云：

> 但以戒淨故，得心淨；以心淨故，得見淨；以見淨故，得疑蓋淨；以疑蓋淨故，得道、非道知見淨；以道、

　　非道知見淨故，得道跡知見淨；以道跡知見淨故，得
　　道跡斷智淨；以道跡斷智淨故，世尊沙門瞿曇施設無
　　餘涅槃也。[112]

由戒淨、心淨、見淨、疑蓋淨、道非道知見淨、道跡知見淨、
道跡斷智淨，如是之修行次第，實代表解脫（無餘涅槃）之
完成無法一蹴可幾，亦說明修學次第是一種因果相應、一步
一腳印之提昇而終達究竟。就解脫而言，涅槃之證得是結
果，然其立根處則源於對法義之徹悟，如《雜阿含經》所云：
「佛告須深：不問汝知不知，且自先知法住，後知涅槃。」
[113]所謂「法住」，於佛法而言當指緣起、無常、空等義，亦
可謂是對世俗法之瞭解，此即如龍樹《中論》所言：「若不
依俗諦，不得第一義，不得第一義，則不得涅槃。」[114]於世
俗法中，由緣起之生滅，所形成之現象是千差萬別，於修行
者而言，面對剎那生滅之無窮世俗法中，能依釋尊之教誡，
使注意力集中（修定），則有助對散亂思緒能迅速予以導正，
使貪、瞋、痴遠離，以保持內心之清淨，如是不放逸之修證，
則終可得解脫涅槃境；顯然，釋尊之法義即是由深觀世俗法
中，並依修行次第而得諸解脫，並非在強調僅止修定之技巧
或住於定境中而已。

　　戒是行之於身，由身行戒再進至較細微處，即是意念之

---

[112] 《中阿含經》卷2〈七車經〉，大正1・430下-431上。
[113] 《雜阿含經》卷14〈第347經〉，大正2・97中。
[114] 龍樹《中論》，大正30・33上。

攝伏，此即是定。顯然，修定之工夫主要在思考、冥想，並
藉修定而盡除雜念；換言之，修定是一種靜慮之工夫與歷
程。於阿含經義中，有四禪之演說，由四禪之內容不同，亦
漸能彰顯修定境界之淺深，依之簡述如下：

初禪，有厭離、有欣樂。
　　如經云：「離欲、惡不善法，有覺、有觀，離生喜、樂，
具足初禪。」[115]

　　第二禪，純然內淨一心，雖已達無覺、無觀，但仍有因
定而生之喜樂。
　　如經云：「離有覺、有觀，內淨、一心，無覺、無觀，
定生喜樂，具足第二禪。」[116]

　　第三禪，正念持續，已捨樂受之耽迷。
　　如經云：「離喜，捨心住；正念、正智，身、心受樂，
聖說及捨。具足第三禪。」[117]

　　第四禪，憂、喜與苦、樂以至淨念等，一切皆捨。
　　如經云：「離苦息樂，憂、喜先斷，不苦不樂，捨淨念、
一心，具足第四禪。」[118]

---

[115] 參見《雜阿含經》卷 14〈第 347 經〉，大正 2・97 上。
[116]《雜阿含經》卷 14〈第 347 經〉，大正 2・97 上。
[117]《雜阿含經》卷 14〈第 347 經〉，大正 2・97 上。
[118]《雜阿含經》卷 14〈第 347 經〉，大正 2・97 上。

以上由初禪而層層遊至第四禪，顯然是一種意念由粗至微之過程，由甚明顯之意念漸至連淨念之心亦捨，顯而易見：修定之目的在捨，捨一切之外相、覺、觀、感受以至識想等，故於阿含經義中，是有以「入滅盡定」為修定之證法。[119]

　　釋尊法義之核心是由知一切法皆無常入手，無常即代表生滅，佛法所謂之開法眼，亦指對生滅無常法能隨時觀照，故學佛之終極目標，是厭離欲、滅盡以證涅槃之境；亦可言：肯定滅只是方便說，唯能知滅而知見滅之方法以至證滅，此才是究竟說。對有關涅槃境界之獲致，如《增壹阿含經》所云：

　　　世尊告曰：若有比丘，正身正意，結跏趺坐，繫念在前，無有他想，專精念休息；所謂休息者，心意想息，志性詳諦，亦無卒暴，恆專一心，意樂閒居，常求方便，入三昧定，常念不貪，勝光上達；如是，諸比丘名曰念休息。便得具足成大果報，諸善普至，得甘露味，至無為處，便成神通，除諸亂想，獲沙門果，自致涅槃。[120]

---

[119] 《長阿含經》卷9〈十上經〉：「九證法謂九盡。若入初禪，則聲刺滅。入第二禪，則覺、觀刺滅。入第三禪，則喜刺滅。入第四禪，則出入息滅。入空處，則色想刺滅。入識處，則空想刺滅。入不用處，則識想刺滅。入有想無想處，則不用想刺滅。入滅盡定，則想、受刺滅。」（大正1‧56下-57上）。

[120] 《增壹阿含經》卷2〈廣演品〉，大正2‧556上。

顯然，釋尊是以修定之「念休息」而「自致涅槃」，此代表
涅槃境界不但為釋尊所肯定，亦說明唯靠自己實證，故又曰
是「自歸法」，唯此才是究竟歸依。亦即是自依止、法依止。
[121]涅槃境界是一種自依止之境界，於一位修定覺行者，必能
由理性中去肯定此涅槃境界，因涅槃境界不唯僅止於「念休
息」而已，因所謂修止、止息，亦指對惑、業、苦之滅，故
《雜阿含經》有云：「因集故苦集，因滅故苦滅，斷諸逕路，
滅於相續；相續滅，滅是名苦邊。比丘！彼何所滅？謂有餘
苦彼若滅止，清涼息沒，所謂一切取滅、愛盡、無欲、寂滅、
涅槃。」[122]

　　修定是為止息身、語、意行，當意念達至滅盡定時，即
不再受生死輪迴之苦，此即如《中阿含經》所云：「度一切
非有想非無想處，想知滅身觸成就遊，慧見諸漏盡斷智；彼
諸定中，此定說最第一、最大、最上、最勝、最妙。猶如因
牛有乳，因乳有酪，因酪有生酥，因生酥有熟酥，因熟酥有
酥精；酥精者說最第一、最大、最上、最勝、最妙。如是，
彼諸定中，此定說最第一、最大、最上、最勝、最妙；得此
定、依此定、住此定已，不復受生、老、病、死、苦，是說
苦邊。」[123]對解脫境而言，滅盡定是解苦之究竟，而滅盡定

---

[121] 《增壹阿含經》卷 12〈三寶品〉：「云何名為自歸法者？所謂諸法，
　　有漏、無漏，有為、無為，無欲、無染、滅盡、涅槃，然涅槃法於
　　諸法中最尊、最上無能及者。」(大正 2・602 上)。
[122] 《雜阿含經》卷 12〈第 293 經〉，大正 2・83 下。
[123] 《中阿含經》卷 43〈意行經〉，大正 1・701 中。

不但象徵遠離煩惱得至解脫，亦代表不墮惡趣而證阿羅漢果。[124]雖言滅盡定是一解脫境，此是依意念寂止上而論之，然一切之修定皆是爲能生慧，故由寂止必當是爲通向正觀，此亦即說明：由止至觀、依定成慧，此中之過程即是依正念思惟無常、苦、無我、空而得成；而四禪之修定，皆依如是正念思惟而取證涅槃，或依如是之欲法、念法、樂法功德而得生不同之天界。[125]

釋尊自身示現入三昧，亦引領弟子修定，此乃意謂修定與趣向解脫是有某種層面之關係。對於修定所獲致之境界，雖有四禪天之分次，但若於修定中仍未能破除我執、我見以致解脫，則四禪天所代表之天界境界，小只是個人之習性與之相應而已；換言之，修定若未得解脫，則即或是進入更深之定境，亦是不究竟。修定能引發神通能力，此是吸引人之地方，然於一解脫之聖者而言，其重要在煩惱之解脫，修定與神通能力皆不必然需具備，顯然，修行是重在智慧成就，並非是爲進入一神秘之境，故《增壹阿含經》有云：「遊禪世俗通，至竟無解脫；不造滅盡跡，復還墮地獄。」[126]又云：「戒律之法者，世俗常數；三昧成就者，亦是世俗常數；神

---

[124] 《雜阿含經》卷 33〈第 936 經〉：「聖弟子於佛一向淨信，於法、僧一向淨信；於法利智、出智、決定智；八解脫具足，身作證；以智慧見，有漏斷知。如是聖弟子，不趣地獄、畜生、餓鬼，不墮惡趣，說阿羅漢俱解脫。」（大正 2・240 上）。

[125] 有關依四禪具足住，可得生不同之天界，可參見《雜阿含經》卷 31〈第 864-870 經〉，大正 2・219 中-220 中。

[126] 《增壹阿含經》卷 5〈不逮品〉，大正 2・567 下。

足飛行者，亦是世俗常數；智慧成就者，此是第一之義。」
[127]一切法門之修習皆爲獲致智慧以達解脫，此爲佛陀演法之
最終目的，故知一切法門皆只是方便法，而方便法皆只是爲
助成究竟智慧，而佛法之智慧即是能於一切世間法或現象，
皆能觀之爲無常、苦、無我、空；換言之，所謂修行，即是
不斷地淨化內心（自淨其意），於外在行爲表現上，則是去
惡行善（諸惡莫作，諸善奉行）。[128]佛陀之教示主要在如何
轉世法爲自在解脫，人若能於世間之相處中，能以般若慧深
觀，則心境自有不同，能不「隨世迴轉」才是重點，禪定境
界與神通能力之獲致，只能視爲方便法，不可執之。[129]

　　定之修習是爲釋尊所肯定，然如何之定始可謂之正定？
換言之，於正定之修習，釋尊是有嚴格之界定，是面對於一
切之情況下，皆能是「心住、禪住、順住」。[130]正定是八聖
道之一，然正定需仰賴其他七支之習、助、具以成，故云：

---

[127] 《增壹阿含經》卷38〈馬血天子品〉，大正2‧759下。
[128] 《增壹阿含經》卷1〈序品〉：「迦葉問言：何等偈中出生三十七品及
　　諸法。時尊者阿難便說此偈：諸惡莫作，諸善奉行；自淨其意，是
　　諸佛教。」（大正2‧551上）。
[129] 《增壹阿含經》卷39〈馬血天子品〉：「有世八法，隨生迴轉：利、
　　衰、毀、譽、稱、譏、苦、樂。當求方便，除此八法。」（大正2‧
　　764中）。
[130] 《中阿含經》卷8〈分別聖諦經〉：「諸賢！云何正定？謂聖弟子念苦
　　是苦時，集是集，滅是滅，念道是道時。或觀本所作，或學念諸行，
　　或見諸行災患，或見涅槃止息，或無著念觀善心解脫時。於中若心
　　住、禪住、順住，不亂不散，攝止正定，是名正定。」（大正1‧469
　　中）。

「以此七支（正見、正志、正語、正業、正命、正方便、正念）習、助、具，善趣向心得一者，是謂聖正定。」[131]顯然，以七支助長而成之正定，其終究目標在解脫一切淫、怒、癡，故當聖正定成就時，則此中亦必然包含慧觀，[132]以是若無正定，則終將產生「惡慧心狂」之情事。[133]

釋尊重視現實人生，其法義之目的，是爲使眾生能依法實證而得解脫（或曰涅槃），既以現實人生爲基調，故所謂解脫並非是一種神秘經驗。雖言涅槃境界非語言、文字可論說鮮明，但解脫自在之感受，是凡能依法修證者皆可領會其中一二；此亦可言：能趣向體會解脫之境，是爲修行指引一方向，顯然，修行之方向正確與否，則有賴是否能對涅槃境界之真實體會。依釋尊所論之涅槃、解脫之義是：「貪欲永盡，瞋恚永盡，愚癡永盡，一切諸煩惱永盡，是名涅槃。」

---

[131] 《中阿含經》卷 49〈聖道經〉：「世尊告諸比丘：有一道令眾生得清淨，離愁慼啼哭，滅憂苦懊惱，便得如法，謂聖正定。有習，有助，亦復有具而有七支。若有以此七支習、助、具，善趣向心得一者，是謂聖正定。……賢聖弟子如是心正定，頓盡淫、怒、癡，賢聖弟子如是正心解脫。」（大正 1・735 下）。

[132] 《中阿含經》卷 47〈五支物主經〉：「知如真以慧觀。賢聖弟子如是行者，滅善念知如真。所以者何？因正見故生正志，因正志故生正語，因正語故生正業，因正業故生正命，因正命故生正方便，因正方便故生正念，因正念故生正定。賢聖弟子心如是定已，便解脫一切淫、怒、癡。」（大正 1・721 中-下）。

[133] 《中阿含經》卷 34〈至邊經〉：「世尊告諸比丘：懈怠失正念，無正定，惡慧心狂，調亂諸根，持戒極寬，不修沙門，不增廣行。猶人以垢除垢，以濁除濁，但增其穢。」（大正 1・647 上）。

[134]又云：「於一切見，一切受，一切生，一切我、我所見，我慢，繫著，使，斷滅、寂靜、清涼、真實，如是等解脫，生者不然，不生亦不然。猶如有人於汝前然火，薪草因緣故然。若不增薪，火則永滅，不復更起。……色、受、想、行、識，已斷，已知。斷其根本，如截多羅樹頭，無復生分，於未來世永不復起。」[135]凡能永離一切貪、瞋、癡、煩惱之苦迫，此即是解脫，此即是涅槃；此亦說明：當以自我為中心所產生之傲慢、執著等錯誤見解與行為皆斷除後，唯有寂靜、清涼、真實，至此，一切之五蘊已然分散，如是之解脫則已超越生與死，亦如不再添薪之火，終將永熄。顯然，解脫涅槃境之證得，重要在使五蘊之火永熄，而永熄五蘊火之方法則是不再添加妄想執著之因；以是，修行之要是在使自己如何斷除另一個五蘊之聚集，當一切之愛欲、有結一皆永斷，則生死煩惱流轉之因緣即無可記說，此謂永離苦海。[136]

2. 大乘正定之內涵
─以《華嚴經》〈賢首品〉為說明

習定是釋尊出家弟子之必修功課，雖言佛法不以定為根

---

[134]《雜阿含經》卷18〈第490經〉，大正2‧126中。

[135]《雜阿含經》卷34〈第962經〉，大正2‧245下-246上。

[136]《雜阿含經》卷5〈第105經〉：「諸慢斷故，身壞命終，更不相續。如是弟子，我不說彼捨此陰已，生彼彼處。所以者何？無因緣可記說故。欲令我記說者，當記說：彼斷諸愛欲，永離有結，正意解脫，究竟苦邊。」（大正2‧32中）。

本之解脫，然定能除散亂以得一心相續，乃至亦能獲得身體上之輕安等，如是皆能彰顯習定之好處。習定於佛法中雖爲方便法，此於另一方面亦在說明：僅偏重習定，是有脫離佛法核心之可能性，以是即使修至非想非非想定，亦不能解脫生死，佛法是以正見爲先，[137]並依正見而修戒、定以至證得解脫，此爲修學佛法準則。

依《阿含經》所論述之聖者境界，是覺了生死無明以證解脫，如是之實證歷程，略分爲四級：「一、須陀洹（預流果），二、斯陀含（一來），三、阿那含（不還），四、阿羅漢（生死的解脫者－無生）。」[138]此爲釋尊時代論及依修道以求究竟解脫之過程，若以是爲根本佛法，相較於後起發展之大乘佛法，則大乘佛法所呈現之信仰事相與理想特性，是與釋尊當世有甚多不同。[139]其中《華嚴經》是顯如來成等正

---

[137] 《雜阿含經》卷26〈第654經〉：「此五根（信、精進、念、定、慧）一切皆爲慧根所攝受。如是五根，慧爲其首，以攝持故。」（大正2‧183中）。

[138] 參見印順《佛法概論》，（新竹：正聞出版社，2003年），頁259-260。

[139] 宏印主編《印順導師著作正聞篇》：「（發展大乘佛法的主要動力）從『佛法』而發展到『大乘佛法』，主要的動力是『佛涅槃以後，佛弟子對佛的永恆懷念』。佛弟子對佛的信敬與懷念，在事相上，發展爲對佛的遺體、遺物、遺跡的崇敬；如舍利造塔等，種種莊嚴供養，使佛教界煥然一新。希有的佛功德，慈悲的菩薩大行，是部派佛教所共傳共信的。這些傳說，與現實人間的佛－釋尊，有些不協調，因而引出了理想的佛陀觀，現在十方有佛與十方淨土說，菩薩願生惡趣說。這都出於大眾部，及分別說部，到達了大乘的邊緣。從懷念佛而來的十方佛（菩薩），淨土，菩薩大行，充滿了信仰與理想的特性，成爲大乘法門所不可缺的內容。」（新竹：印順文教

覺所成就之境界，[140]此境界是：一佛成則十方佛皆成，此乃
立足於佛之正覺境界之下所觀照之結果，此亦可言是依佛之
「正定」境界所觀無量無邊、無數無盡之法界，一一皆是佛
之正定境界。惟佛之正覺境界是依往劫修清淨行所成就之功
德而來；換言之，正定之境界是佛成就清淨行之一。華嚴既
以十方成佛爲主論，在佛之正覺境界之下，一即一切，以是
華嚴所論之正定內涵，亦是由一佛即能普入無量微塵數佛
中，乃至整個華藏世界海，[141]一一皆然如是；一一佛在如是
正定境界之下，可自由入、出而無礙。有關如是之論述，於
〈賢首品〉中，於入三昧、成就正定之功德與殊勝，有更細
微之論述。[142]如對於依六根而入正定之述說分別如下：

　　於眼根是：「於眼根中入正定，於色塵中從定出，示現

　　基金會，2007 年），頁 170。

[140] 方東美《方東美全集・華嚴宗哲學》：「正覺世間是一切世界最高的
　　精神統一。把一切世界裡面最高的精神顯現出來，這就是彰顯最高
　　成就的毘盧遮那佛的由來。因爲它已經把一切器世間、有情世間都
　　一一給點化了之後，剩下來的就是正覺世間，爲最高的精神領域。
　　並且由此展現成爲最高精神領域裡面的一個精神主宰。」（台北：
　　黎明文化公司，2005 年），頁 276。

[141] 方東美《方東美全集・華嚴宗哲學》：「華嚴理想世界就是『一真法
　　界』，就是『華藏世界』，它是光明顯耀的『金色世界』，是『寶光
　　世界』，也是一個價值的理想世界。這樣的理想世界就在於現實世
　　界之內。從《華嚴經》的領域去看，整個世界的許多差別境界，有
　　所謂的『世界海』。」（台北：黎明文化公司，2005 年），頁 266。

[142] 〈賢首品〉是接續於〈淨行品〉之後，淨行是展現生活細節之無濁亂
　　清淨行；而〈賢首品〉則是演暢修行之勝功德，此中內容包羅甚廣，
　　凡能增助成佛之信、戒、定、慧等法皆含括在內。

色性不思議，一切天人莫能知。於色塵中入正定，於眼起定心不亂，說眼無生無有起，性空寂滅無所作。」

於耳根是：「於耳根中入正定，於聲塵中從定出，分別一切語言音，諸天世人莫能知。於聲塵中入正定，於耳起定心不亂，說耳無生無有起，性空寂滅無所作。」

於鼻根是：「於鼻根中入正定，於香塵中從定出，普得一切上妙香，諸天世人莫能知。於香塵中入正定，於鼻起定心不亂，說鼻無生無有起，性空寂滅無所作。」

於舌根是：「於舌根中入正定，於味塵中從定出，普得一切諸上味，諸天世人莫能知。於味塵中入正定，於舌起定心不亂，說舌無生無有起，性空寂滅無所作。」

於身根是：「於身根中入正定，於觸塵中從定出，普能分別一切觸，諸天世人莫能知。於觸塵中入正定，於身起定心不亂，說身無生無有起，性空寂滅無所作。」

於意根是：「於意根中入正定，於法塵中從定出，分別一切諸法相，諸天世人莫能知。於法塵中入正定，於意起定心不亂，說意無生無有起，性空寂滅無所作。」[143]

---

[143] 以上所引有關六根正定之出入無礙，一皆參見八十《華嚴經》卷 15〈賢首品〉，大正 10‧77 下-78 上。

　　由《華嚴經》所建構之華藏世界網，是充分展現大乘佛法之信仰與理想特性，然不論此世界是如何之不可思議，在依人證入上，則需一一參訪，一一斷除無明之過程，終是證解脫之不二法門。六根之正持是修行之入門，〈賢首品〉所論述之六根於正定能自在入、出，此中之關鍵，亦不離智慧觀照所成；換言之，唯有在觀六根相應於六塵中，一一皆是「無生無有起，性空寂滅無所作」，如是才能得成六根入、出正定而不昧。能觀照六根本是因緣和合，終是成空之智慧，實與《阿含經》觀五蘊所得之無常、苦、無我之結果，兩者之理路內涵可謂是具有一致性。

　　唯《華嚴經》之立場，是立於大乘理想面，故由個人之六根正定入、出無礙外，又更進一步論述於不同身之間亦皆能入、出定無礙，如云：「童子身中入正定，壯年身中從定出。壯年身中入正定，老年身中從定出。老年身中入正定，善女身中從定出。善女身中入正定，善男身中從定出。……」如是乃至「比丘尼、比丘、學無學、辟支佛、如來、諸天、大龍、鬼神等身」，甚至是「一毛孔、一微塵、地、水、火、風等」，如是皆能入、出定無礙。[144]依華嚴之思惟，在一即

---

[144] 參見八十《華嚴經》卷15〈賢首品〉：「一毛孔中入正定，一切毛孔從定出；一切毛孔入正定，一毛端頭從定出。一毛端頭入正定，一微塵中從定出；一微塵中入正定，一切塵中從定出。於河海中入正定，於火大中從定出；於火大中入正定，於風起定心不亂；於風大中入正定，於地大中從定出；於地大中入正定，於天宮殿從定出。」（大正10‧78上-中）。

一切之架構下，佛之正定是能入、出無礙，且其範圍是廣括
一切法，既是一切法，則一毛孔、一微塵當亦包含在內，此
爲華嚴一貫之立場，亦是華嚴爲彰顯佛之正定殊勝不可思議
境。佛之入、出定是遍十方而無礙，然佛所展現如是之正定，
其目的是爲能救度群生、令見者調伏。[145]顯然，定力之修持，
或依定力所展現之神通，皆非只是爲成就正定之境界而已，
重點在開智慧，並以智慧而化導眾生，此爲釋尊論定、修定
與持定之真實用意。

　　就佛法而論，四大（地、水、火、風）[146]是構成事物之
重要因素，然四大之各自本身，亦是依因緣和合以成之；華
嚴論述佛能於四大間入、出無礙，此於另一方面而言，亦是
在肯定一切法皆是成就佛正定之法。華嚴所開展佛之正定內
涵是遍及一切法，此可謂是在彰顯一切法皆是最佳修行之
法，一切方所皆是最佳修行之場合，一切人物皆是最佳修行
之對象，如是乃至個己之一毛孔，更是最佳修行之觀照點，
華嚴所展現之法界、正定氛圍，在由佛法提昇至一切法上，
華嚴於此是有較多之敷陳論述。

---

[145] 八十《華嚴經》卷15〈賢首品〉：「有勝三昧名安樂，能普救度諸群
生，放大光明不思議，令其見者悉調伏。」（大正10‧75中）。

[146] 有關對地、水、火、風四大之觀照，可參見覺音著，葉均譯《清淨
道論》〈說定品〉：「四界差別（Catu dhātuvavatthāna，vavatthāna 應
譯爲『安立』、『確定』等，但古譯常用『界差別觀』等語）的修
習。列分爲：地界二十部分的作意、水界二十部分的作意、火界四
部分的作意、風界六部分的作意。」（高雄：正覺學會，2002 年），
頁 355-373。

　　於定境工夫上，《華嚴經》特論有「華嚴三昧」，[147]依於
華嚴所建構之世界爲華藏世界，於此世界海中，一切皆是彼
此互相融攝，且終臻至一切皆圓融無礙、廣大和諧之境界。
華嚴理想世界所展現之價值意義，是一種將小我投入大我之
修證過程；換言之，在個己（一）見、聞、覺、知之下，再
經由不斷之粹鍊、精進與提昇，使個己之精神智慧能與宇宙
萬有（一切）之精神本體相融合，以達一即一切之圓融境地，
唯如是之領悟工夫，顯然，習定是一重要之過程與方法。[148]
當個己之精神智慧已獲得真正之超越與自在，才能於返歸現
實人生中有更深一層之體察了解與同理心之流露，如是，則
華嚴三昧正定之修證，則決然是一種依於慧，所表現而出之
生命境地。

　　由個人之正定修持，而開展至全體法界，此是大乘正定
內涵之特色，依於大乘佛法之產生是弟子對佛永恆懷念而開
顯出來，在此信仰、理想之立論上，則時間可延伸至過去與

---

[147]　方東美《方東美全集・華嚴宗哲學》：「所謂『華嚴三昧』，是能夠對
　　　塵凡世界上面的一切內外隔絕、一切上下的隔絕、一切主客的隔
　　　絕，他都能在精神上面培養出一道精神的橋樑，可以貫通內外、貫
　　　通上下、貫通主客、貫通時空、古今，最後便產生出一套所謂的『圓
　　　融和諧、無礙自在的大圓滿解脫門』。」（台北：黎明文化公司，2005
　　　年），頁 174。
[148]　方東美《方東美全集・華嚴宗哲學》：「深入禪定境界才可以真正體
　　　察領悟一切成爲萬能精神本體。要想能深入禪定境，必定要在精神
　　　上面具有嚴格精進的修鍊工夫。在修鍊的第一步，必須要真正了解
　　　智慧的重要，這就是爲何佛陀要說，成就無上正等正覺之時，必須
　　　要依據般若的根本經。」（台北：黎明文化公司，2005 年），頁 174-175。

未來,而空間上則可擴展至無量法界,故有關佛之本生因緣
等之譬喻,乃至菩薩行者,發願於生死輪迴中而悲濟眾生,
如是之種種,可謂皆是環繞在對佛永恆懷念上而然。為使理
論能真正符合弟子對佛之永恆懷念,則由《阿含經》所論述
之五蘊無常、苦、無我之立說,乃至後起所引發之性空、無
相、無願、無生、無起、寂滅等,如是之語詞可謂一皆不離
「一切法本不生」、「一切法本寂靜」;換言之,所謂涅槃,
可以是代表一世生命之結束,亦可以是一種寂靜定境,更可
以是指煩惱止息,[149]當通過一切法本不生、寂靜與涅槃相結
合時,則佛本無涅槃,佛之壽命甚大久遠等之大乘思想出
現,正為說明:佛是超越時、空間,且可入、出無礙而濟度
眾生,如是雖言是大乘佛法重理想之傾向,但無疑小是對佛
永恆懷念所展現之立論特色。

　　於大乘佛法而論,佛之正定入、出無礙,本不在正定工
夫之示現而已,一切皆為利樂有情而然;換言之,於大乘正
定法中,並不以生梵天、住定境為主要關心處。佛法所論之
定,總體在漏盡通,即淨除煩惱後之自覺,能依此引導他人,
此則為大乘菩薩行之特色,唯在為證生死解脫上,則是一切

---

[149] 宏印主編《印順導師著作正聞篇》:「空、無相、無願、無起、無生、
　　無所有、遠離、清淨、寂靜等,依《般若經》說,都是涅槃的增語。
　　涅槃是超越於有、無,不落名相,不是世俗名言所可以表詮的。空
　　與寂靜等,也只烘雲托月式的,從遮遣來暗示。涅槃不離一切法,
　　一切法如涅槃,然後超越有、無,不落名相的涅槃,無礙於生死世
　　間的濟度。」(新竹:印順文教基金會,2007 年),頁 171。

學人所共同的。[150]

3. 定境之功德

定之修持在心、在意念，定若離慧則成偏執，依定所生之功德若不能饒益大眾，則非佛法；顯然，習定之終究目標是在完成佛之大覺與大願。

有關修定（定境）所能產生之功德，參見《清淨道論》與《阿含要略》，約可分爲五方面，述之如下：

（1）現法樂住

如《清淨道論》所云：「諸漏盡阿羅漢既已入定，念『我以一境心於一日中樂住』而修定，由於他們修習安止定，故得現法樂住的功德。」[151]修定所產生之寂心，是爲能如實觀察，顯然，依釋尊之意，唯有在心思靜定之時，紛飛意念漸趨沉寂後，才能於所處之法界種種現象有再進一步思惟之空間，而所謂如實觀察，於佛法義而言，則是於緣起、無常、

---

[150] 印順《佛法概論》：「正覺與解脫，是佛與聲聞弟子所共同的，不過聲聞眾重於解脫，佛陀重於正覺。生死解脫，在聖者是自覺自證的。現生的證得涅槃，不但能確證未來生死的解脫，對於現生，更能實現解脫的自由。生死解脫，不是現生不死，不是未來永生，是未來的生死苦迫的不再起，於現生的苦迫中得自在。」（新竹：正聞出版社，2003 年），頁 259-263。

[151] 參見覺音著，葉均譯《清淨道論》〈說定品〉，（高雄：正覺學會，2002年），374 頁。

苦、無我、空等義之真確瞭解，以是，依修定所產生之境界，實際上是為能「現法樂住」。[152]換言之，唯能於修定中思惟法義而得法喜，是為釋尊所肯定，以是而知：定境之樂並非是以一切之「想受滅名為至樂」，而是以「離欲樂、遠離樂、寂滅樂、菩提樂」之四種樂為釋尊所言之「受樂數」，而兩者之差異，正是釋尊法義與異學不同之處。[153]

（2）毘缽舍那

如《清淨道論》所云：「有學、凡夫，從定而出，修習：『我將以彼定心而觀察』，因為修習安止定是毘缽舍那（觀）的足處（近因），亦因為修習近行定而於（煩惱）障礙中有（得利的）機會，故得毘缽舍那的功德。」[154]釋尊演法之目的是為使眾生能離苦得樂，惟目標之達成需仰賴修持方法，戒是重在身、口，定則關注在意念上。當經由持戒而修定時，定之作用在使學人能如理觀察思惟，其用意能令精神專一或專心作意，而釋尊確然是期許出家弟子要：「當修習方便禪思，內寂其心，如實觀察。」[155]佛法義是以解苦為目的，唯

---

[152] 《雜阿含經》卷24〈第616經〉：「世尊告諸比丘，當取自心相，莫令外散。比丘亦復如是，身身觀念住，斷上煩惱，善攝其心，內心寂止，正念正知，得四增心法現法樂住。」（大正2・172中-下）。

[153] 《雜阿含經》卷17〈第485經〉：「若有異學出家作是說言：沙門釋種子，唯說想受滅名為至樂。此所不應，所以者何？應當語言：此非世尊所說受樂數；世尊說受樂數者如說。優陀夷！有四種樂；何等為四？謂離欲樂、遠離樂、寂滅樂、菩提樂。」（大正2・124中）。

[154] 參見覺音著，葉均譯《清淨道論》〈說定品〉，（高雄：正覺學會，2002年），頁374。

[155] 《雜阿含經》卷3〈第65經〉：「爾時，世尊告諸比丘：常當方便禪

能依法義如實觀察、如理實踐，則法喜、法樂才有可能現前，
而修定正是促成能安住法樂之重要工夫，唯其關鍵點則在
「觀」。

（3）神通

如《清淨道論》所云：「曾生八等至，入於為神通基礎
的禪那，出定之後，希求及產生所謂『一成為多』的神通的
人，他有獲得神通的理由，因為修習安止定是神通的足處，
故得神通的功德。」[156]於釋尊而言，施戒、修定以至演法，
其目的只為解脫眾生煩惱，然於修定所產生之效果，雖言於
解脫眾生煩惱並無直接之作用，但神通示現是能吸引初學者
對於佛法之好奇與敬崇，若基於此層面而考量，則佛經文中
所出現之神通示現，實亦可視為是一種因緣設教。唯對於因
修定而能產生神通，此可詳見於阿含經義中，要曰有六神
通：神通智證、天耳智證、他心智證、宿命智證、見生死智
證、無漏智證。[157]依定心清淨可證神通，其目的亦在證悟智

思，內寂其心！所以者何？比丘常當修習方便禪思，內寂其心，如
　　實觀察。」（大正 2・17 上）。

[156] 參見覺音著，葉均譯《清淨道論》〈說定品〉，（高雄：正覺學會，2002
　　年），頁 374。

[157] 有關對六神通之敘述，參見於《長阿含經》卷 13〈阿摩晝經〉：「彼
　　以定心清淨、無穢、柔濡、調伏住無動地，一心修習神通智證，能種
　　種變化。一心修習天耳智，彼天耳淨。一心修習證他心智，彼知他
　　心有欲、無欲。一心修習宿命智證，便能憶識宿命無數若干種事。一
　　心修習生死智證，彼天眼淨。一心修習無漏智證，彼如實知苦聖諦。」
　　（大正 1・86 上-下）。

慧而得解脫，換言之，若證得神通但以遊諸神通而自恃，此則無關乎解脫，故釋尊有言：「遊禪世俗通，至竟無解脫；不造滅盡跡，復還墮地獄。」[158]顯然，修定所得之神通只能視爲一種過程，若住於此則僅成中途，故釋尊告誡弟子勿以證神通爲究竟，因其尚在生滅輪迴中。

（4）勝有

如《清淨道論》所云：「『不捨禪那，我等將生於梵天』，那些這樣希求生於梵天的人，或者雖無希求而不捨於凡夫定的人，修安止定必取勝有，而得勝有的功德。修近行定，必得欲界善趣的勝有。」[159]感於人世幻化無常，故欲求常住梵天之可能，此爲人情之態。若以釋尊一生所示現出人成佛之歷程，其凸顯之義是在：佛是一自覺覺他、自度度他之實踐者；其色身如同常人，終是有限、有盡，此與一切之天地萬物無有不同，唯其是以精進不放逸，故致正覺。顯然若以「人」之角度思惟成佛，則成佛之深涵意義是在其精神德範，而並非有特殊之人力不可及之超能力。對於依定境可生至梵天上，於此《阿含經》是多有論述之；雖言常住梵天並非是究竟解脫地，但於習定所能產生之功德中，凡有樂於住於諸天，將依所修之定境工夫而臻至不同之天界，此則爲阿含論

---

158 此偈參見於《增壹阿含經》卷5〈不逮品〉：「彼比丘自世尊曰：提婆達兜比丘者，有大神力，有大威勢；云何世尊記彼一劫受罪重耶？佛告比丘曰：護汝口語，勿於長夜受苦無量。爾時，世尊便說此偈：……」（大正2・567中-下）。

159 參見覺音著，葉均譯《清淨道論》〈說定品〉，（高雄：正覺學會，2002年），頁374-375。

述定境功德之所肯定處。[160]

（5）滅盡定

如《清淨道論》所云：「諸聖者既已生起八等至，入滅盡定，如是修習：『於七日間無心，於現法證滅盡涅槃我等樂住』，彼等修安止定而得滅盡定的功德。」[161]習定所成就之功德，可依滅盡定而不復再受生、老、病、死、苦，此為阿羅漢之解脫境；換言之，住於滅盡定境，是習定功德之安止究竟地。[162]

由上所述習定所產生之五種功德，總體而論是在說明：

---

[160] 《中阿含經》卷43〈意行經〉：「彼此定如是修、如是習、如是廣布，生梵身天中。如是意行生，得第二禪成就遊，彼命終生晃昱天中。得第三禪成就遊，命終生遍淨天中。得第四禪成就遊，彼命終生果實天中。無量空處成就遊，命終生無量空處天中。無量識處成就遊，命終生無量識處天中。無所有處成就遊，命終生無所有處天中。非有想非無想處成就遊，命終生非有想非無想處天中。」（大正1‧700下-701中）。

[161] 參見覺音著，葉均譯《清淨道論》〈說定品〉，（高雄：正覺學會，2002年），頁375。

[162] 《中阿含經》卷43〈意行經〉：「度一切非有想非無想處想，知滅身觸成就遊，慧見諸漏盡斷智；彼諸定中，此定說最第一、最大；得此定、依此定、住此定已，不復受生、老、病、死、苦，是說苦邊（大正1‧701中）。
《雜阿含經》卷33〈第936經〉：「聖弟子於佛一向淨信，於法、僧一向淨信；於法利智、出智、決定智；八解脫具足，身作證：以智慧見，有漏斷知。如是聖弟子，不趣地獄、畜生、餓鬼，不墮惡趣，說阿羅漢俱解脫。」（大正2‧240上）。

依定之止持是具有除煩惱垢之功能,此爲定爲發慧鋪路之意
甚明。於定境能力之展現上,釋尊於此亦多有示現,如《雜
阿含經》所云:

> 世尊隨其所應,而示現入禪定正受。陵虛至東方,作
> 四威儀－行、住、坐、臥,入火三昧,出種種火光,
> 青、黃、赤、白、紅、頗黎色;水火俱現,或身下出
> 火,身上出水;身上出火,身下出水,周圓四方,亦
> 復如是。爾時,世尊作種種神變已,於眾中坐,是名
> 神足示現。[163]

釋尊於入定中之超越空間且隨意變現,是名爲「神變」或「神
足示現」,此中僅論及定境特殊能力之部分,並未闡述修定
是爲排除煩惱,然依定生慧而解苦,才是修定之最終目的,
故釋尊所示現之種種往來變化,並非只是爲展現定境特殊能
力而已,實然是依種種示現在說明一切法皆因緣幻化而已,
此乃因一切依定境能力所示現之事物或狀態,皆只是暫時
性,其終究成空;唯能於深修禪定中,觀一切法皆虛僞無有
真實,以至一切依見、聞、知、識所推求或覺觀之心意境界,
亦一皆無有實法,此才是釋尊示現定境特殊能力之究竟義。
亦可言之:依各種觀法而入定,或依入定而示現種種之變
化,此中所應用之各種觀法與所展現之特殊能力,實然皆是
無有一實法,因當入於定境時,則本無一切之覺或觀,故釋
尊有云:「比丘如是禪者,不依地、水、火、風乃至不依覺、

---

[163] 《雜阿含經》卷 8〈第 197 經〉,大正 2・50 中。

觀而修禪。」[164]

　　若依「佛由人成」之思惟，定境所產生之示現於常人而言是不可思議之事，然釋尊於論述依修定所產生禪那之境與神通能力之證得，其義除彰顯修定之功德外，更是為引領學人能真正置心於修定上。修定除心之寂止，更在於要如實觀察法義，並依定而入於慧，此為修定之真正目的，顯然，因修定而產生之功德，一切仍需立足於慧之上，換言之，定境亦可謂是一種智慧與德行之表現。

　　雖言釋尊不以證定境為究竟，然畢竟依修定而可證神通，又為釋尊所肯定。唯所謂神通之展現，若依形相而言，則神通將具有無所不見（天眼）、無所不聞（天耳）、無所不至（神足）、無所不知（他心通）與無所不憶（宿命通）等功效，然如是之神通僅止於一種外相之呈顯而已，此或可攝服他人，甚或幫助他人；但依釋尊之法義目標，能真正降伏自己、攝受自己，才是真實究竟，故釋尊所肯定之神通是「賢聖神足」，其內涵之義是：「若比丘，於諸世間愛色不染，捨離此已，如所應行。於無喜色亦不憎惡，捨離此已，如所應行。於諸世間愛色不愛色二俱捨已，修平等護，專念不忘；斯乃名曰賢聖神足。」[165]顯然，真正之神通是賢聖法，是依

---

[164] 《雜阿含經》卷 33〈第 926 經〉，大正 2・236 中。
[165] 引文參見於《長阿含經》卷 12〈自歡喜經〉，大正 1・78 下。

無漏智慧所流露之德行。[166]

　　釋尊之法義核心是緣起、無常、無我,而此即是造成不自在之主因,以是即或因修定能證得神通與修定工夫所需之如實觀察相結合,如此之神通則不單只是展顯於外之一種表現,此亦可言:神通即是一種智證知,更是一種解脫知見。當神通成爲賢聖法時,則神通亦必然是一種戒、定、慧之真正呈顯,至此,於一切法之愛、憎自能捨離,而入於真自在之平等,而如是之神通,是謂真實無所不通達明徹。依修定而至神通、定境之獲得,其中之關鍵在「一心修習」,能置心於一,正是釋尊引領學人修證成佛之要領,而定境能力只不過是修證歷程中之一種外飾而已矣!

　　依緣起法觀照,一切定境之功德亦終無常,而佛法亦確然不單以功德爲究竟法,然此並非否定依一切修證方法則有功德之產生。於後起之大乘思想中,更論述如來當具恆沙之功德以成三十二相、八十種好,此雖是對如來圓滿之企盼形成之象徵,然依修證可得受法益以至有某一程度之外在表現,此乃是在彰顯修證內持之重要性,而由內至外之具體表象與行爲之顯露,更可明證凡夫之有漏種子可依修證功德而產生轉化;換言之,解脫之道是蘊藏在具體之修證中。於後起之《壇經》中,有論述福報與功德之不同,此中之論在顯

---

[166] 於楊郁文《阿含要略-阿含學與阿含道》,對「賢聖神足」釋爲「無漏、無依著、被稱爲聖之神變也。」(台北:法鼓文化公司,1997年),頁256。

依心性之內持則爲功德，若欲企求人天果報則爲修福，[167]顯然，此兩者之差異並非在修證方法上，而是對果報之執而然。以是得知：論定境所能產生之功德，若執之則依定將無法生慧以至解脫，然依定境功德，是能對慧之觀照有增上作用，而此即是論述定境功德之真正用意。

五、結語

　　宗教不同於哲學，此乃哲學重思辯、邏輯，其理論架構需符合推理之過程，此亦說明哲學需具有分析性；於宗教而言，則不必然如是，宗教可以是一種個人之親證經驗，而此親證經驗通常無法完全複製，又往往無法以言語、文字表達詳盡，以是所謂不可思議神秘經驗，是存在於宗教界裡，且又常被傳頌著。當然，宗教可以有精微之理論爲背景，而佛教教理則堪爲宗教界之代表，此亦說明：於佛法義中，是有濃厚之理論根據，此爲佛教所具有分析性之部分；但佛教是宗教，雖言釋尊是以其開演之法義而指導弟子，但釋尊於宣法過程中，亦有論及不思議境，此則是佛教所具有非分析性之部分。修定所產生之經驗，於佛法中雖具有完整之理論，且對四禪天亦有所闡述，然此皆只是展現於文字上之敷陳；

---

[167] 元・宗寶《六祖壇經》〈疑問品〉：「不可將福便爲功德，功德在法身中，不在修福。見性是功，平等是德。善知識！功德須自性內見，不是布施供養之所求也，是以福德與功德別。」（大正 48・351 下-352 上）。

至於因入定所產生之經驗，則如人飲水冷暖自知，且對於四念處與七覺支之應用，佛陀雖亦有詳細之法義指導，但於修定之過程中，心所處之狀態，以及當以何法而治之，則有賴修定者長期觀察所得之經驗，此即是非分析性。修定雖可能有不思議之經驗，然釋尊演法之目的不在住於定境中，修定只能視為是方便法，只能是為去除煩惱之一種過程而已，是為使煩惱之生活中，能有一靜觀時間，當對緣起、無常、無我義能透悟至生活裡，則因人事所產生之妄執皆能在如是之智慧下而了然放下，此即為依定生慧，由慧而達脫離煩惱苦海之目的，唯有如此才是修定之真實作用。若以住於定境為自足時，釋尊則以修定為「世俗常數」，以期勉學人務以趣向究竟法為目標。

第三章《阿含經》增上慧學之價值意義

一、前言

　　佛法主要是以緣起而論述一切法皆是無常，如是之觀照智慧是爲達離欲、滅盡之目的，此爲佛法最根本或曰最初之法義精神。[1]觀之佛法之根本精神，其入手處顯然是針對有情眾生而發；有情眾生對人生常感苦多樂少，此爲現實人生大多數人之感受，而如何才得以解脫苦惱，此爲有情眾生最重要之課題。對於三無漏學之「慧」而言，前兩者之戒與定，顯然是方便說，因一切之戒與定，皆是爲證得究竟智慧，故慧學之開演可謂是究竟說。慧學之開演，其目的是爲導向涅槃，顯然慧學具有增上趣入涅槃之境界，故亦可名曰「增上慧學」，而對增上慧學之釋義，如《雜阿含經》所言：

> 世尊告諸比丘：何等爲增上慧學？是比丘重於戒、戒增上，重於定、定增上，重於慧、慧增上，如是知、如是見：欲有漏心解脫、有有漏心解脫、無明有漏心解脫，解脫知見。我生已盡，梵行已立，所作已作，

---

[1] 印順《佛法概論》：「凡宗教和哲學，都有其根本的立場；認識這個立場，即不難把握其思想的重心，佛法以有情爲中心、爲根本的。如不從有情著眼，而從宇宙或社會說起，從物質或精神說起，都不能把握佛法的真義。」（新竹：正聞出版社，2003 年），頁 43。

　　　　自知不受後有。是名增上慧學。[2]

於修證而言，三無漏學皆具有增上之力，而增上慧學更總括
戒、定、慧與戒增上、定增上、慧增上，顯然，所謂慧學之
學習，無法憑空而求得，必依戒、定之修證而獲致，唯依阿
含經義修習增上慧學，是以斷除個己之有漏、無明爲主要目
的，故強調「我生已盡，不受後有」，而解脫知見即可證阿
羅漢果。

二、慧之相關義涵、種類與作用

　　佛法之目的在得解脫，而解脫之依憑是智慧。惟有關對
智慧之釋義，佛法有其特殊之內涵。釋尊開演法義，是以有
情爲中心，如何使有情能於短暫人生活得快樂自在，此爲釋
尊之本意。由對阿含經義所論述「慧」之內涵，將能凸顯佛
法之智慧是在求「人」本身之內在安然，而非是一般之世智
辯聰。

1. 慧之相關義涵

　　《阿含經》所論述之「慧」可言即是「般若」，亦可言
是以般若慧來學習厭離欲、滅盡以導向涅槃。觀阿含經義多

---

[2]《雜阿含經》卷29〈第821經〉，大正2・221上。

直譯爲「慧」，而不翻「般若」，惟阿含之「慧」，本具有「般若之意義」，[3]若阿含之慧具有般若之意義，如是亦可言：所謂增上慧學（Adhipaññā -sikkhā 增上般若學），即是以般若慧來學習厭離欲以達滅盡，而般若慧亦必以知苦爲入手處，此是阿含之經義，亦是佛法論四聖諦之根本精神。[4]

依阿含所論述具有智慧之人，必由知苦入手，而知苦之目的是爲引發厭離心，因厭離心故於世間之欲求能降至最低，而如是之過程亦爲能達如實知見，此即是修習慧學之功德。[5]顯然，由見苦、斷集、證滅以至修道，此四聖諦爲阿含所論之智慧，唯阿含之四聖諦又曰慧根、慧力，[6]根與力皆是形容於慧所具有之增生、增上之義，而欲修習增上慧

---

3 參見楊郁文《阿含要略－阿含學與阿含道》，於「增上慧學」標目之後又括號爲「增上般若學」，並於「云何爲慧？」之論述中，首先即標示「慧」具有「般若之意義」。（台北：東初出版社，1997 年），頁 259-261。

4 《中阿含經》卷 58〈大拘絺羅經〉：「尊者舍黎子復問曰：賢者拘絺羅！智慧者，說智慧，何者智慧？尊者大拘絺羅答曰：知知，是故說智慧。知何等耶？知此苦如真，知此苦習（集），知此苦滅，知此苦滅道如真；知如是，故說智慧。」（大正 1・790 中-下）。

5 《中阿含經》卷 58〈大拘絺羅經〉：「尊者舍黎子復問曰：賢者拘絺羅！智慧有何義？有何勝？有何功德？尊者大拘絺羅答曰：智慧者有厭義、無欲義、見如真義。」（大正 1・790 下）。

6 《雜阿含經》卷 26〈第 646 經〉：「慧根者，當知是四聖諦。」（大正 2・182 中）。又《雜阿含經》卷 26〈第 659 經〉：「世尊告諸比丘：於如來初發菩提心所起智慧，是名慧根。」（大正 2・184 上）。又《雜阿含經》卷 26〈第 266 經〉：「世尊告諸比丘：何等爲慧力？謂四聖諦。」（大正 2・184 下）。

學，亦必仰賴能使智慧增生、向上之方法，此中之內容範圍包羅甚廣，今舉楊郁文先生於「當修習增上慧學」之總體論述：

> 以分別善惡之良知、好善惡惡之良心、去惡遷善之美
> 意具足善根；以善根培植信根（佛、法、僧、戒）；
> 以正信持戒；以正行修心（定），乃至證得定之功德
> （宿命、生死智證通等），具備心更專注、觀察力更
> 加發揚之修道者，為了解脫世間之纏縛，應當修習增
> 上慧學。[7]

智慧能具判斷力，此乃予智慧為一理性之思考，理性之智慧超越於感性之上，而理性智慧之判斷，又必以自覺心為根據，而自覺心之開發與否，又與修證有密切之關係，因此，能深啟自覺心者，於佛法而言即是具備善根。佛法特強調善根，此中之「善」是意指好的；而「根」為本源、基礎，具有堅固之意，唯有善根（或曰好的因子）才能依之而培養出善果，而佛果所成就之無量莊嚴與功德，亦必由善根而啟動。於修證之歷程中，層層無明與誘惑，如何能在理性智慧下而當機立斷予善惡分別，以邁往向上一路而心志恆定，如是一切之歸結皆是智慧，故如何修習慧學，又確然與持戒（好

---

[7] 楊郁文《阿含要略—阿含學與阿含道》，（台北：東初出版社，1997年），頁259。又於其〈自序〉中言：「增上慧學在於培養慧根、慧力：發揮菩提無漏的理智，開發慈悲無漏的情感，堅定弘願無漏的意志。」頁4。

善惡惡）、修定（正行修心）有必然之關係。

　　《阿含經》強調慧根與慧力，而其中更以「初發菩提心
所起智慧，爲慧根」，如是皆在彰顯阿含重慧之傾向，而慧
所具有之根、力之增上作用，將使修慧成爲三無漏學中之究
竟。惟據《阿含經》所論「慧」所得之結果，要約有二大方
向，一爲求「身壞命終，生善趣中」，此爲世俗有漏法；[8]另
一爲求「正盡苦」，此爲出世間無漏法。[9]不論是成就身、口、
意之現法樂住，不苦、不礙、不惱以至命終生善趣中；或依
「聖慧明達、分別、曉了以轉向苦邊」，此兩者之結果或有
不同，但一皆需仰賴修慧始可臻至。《阿含經》所論之智慧
者，是依「厭、無欲」（出離心）爲入手，而厭、無欲正是
導引開發般若慧之重要關鍵，而般若慧正是觀照世法所得之
結果；換言之，能於世法興發厭、無欲，才能完成轉向苦邊
之目的，故有智慧者必能如實知見（即於「厭義、無欲義，
見如真義」），以達至涅槃之境地。

　　《阿含經》所論述之慧，除「般若」義外，另一義即是
「四聖諦」。《阿含經》以論五蘊無常爲入手之重點，然釋尊
演法之目的是爲使煩惱之人生轉爲解脫自在之智慧，顯然，

---

[8]《雜阿含經》卷17〈第458經〉：「世尊告諸比丘：彼慧者不害求時，
　　眾生三處正，謂身、口、心，彼正因緣生已，現法樂住，不苦、不礙、
　　不惱、不熱，身壞命終，生善趣中。」（大正2‧117中）。

[9]《中阿含經》卷9〈手長者經〉：「世尊告諸比丘：手長者有慧者，此何
　　因說？手長者修行智慧，觀興衰法，得如此智：聖慧明達、分別、曉
　　了以正盡苦；手長者有慧者，因此故說。」（大正1‧484下）。

論苦之感受與探究苦之起因，皆只能代表人生之一面，唯有再論證滅苦之方法以至證道，才能完成人生之全面，而此即是「苦、集、滅、道」四聖諦所呈顯之意義。四聖諦為釋尊初轉法輪所開演之法義，由知苦以至滅苦、證道之過程，亦可謂是阿含經義之根本內涵，以是依《阿含經》而論，所謂「慧」之證得，是由對人生觀照之所得－苦，以至離苦得樂之結果，而「增上慧學」之修習內容，亦可謂是「苦、集、滅、道」四聖諦。[10]

依《阿含經》所論，釋尊以苦、集、滅、道為四聖諦，並以四聖諦為真、實、審諦，是聖所見、聖所等正覺。[11]顯然，四聖諦即是諸佛所說之正行、正要，此聖所見之四聖諦，是立於世法以趣向出世法之觀照而成之，而四聖諦前因後果之關係：是以知苦之感受為入手；再探知集苦之因；再求苦之可滅與滅苦之道，正說明釋尊為引領凡夫於現實世間求得解脫之用意。

---

[10] 《雜阿含經》卷 30〈第 832 經〉：「何等為增上慧學？若比丘，此苦聖諦如實知，此苦集聖諦、此苦滅聖諦、此苦滅道跡聖諦如實知，是名增上慧學。」（大正 2・213 下）。

[11] 《雜阿含經》卷 16〈第 417 經〉：「佛告比丘：汝云何持我所說四聖諦？比丘白佛言：世尊說苦聖諦，我悉受持。如如、不離如、不異如，真、實、審諦、不顛倒，是聖所諦，是名苦聖諦。」（大正 2・110 下）。又《中阿含經》卷 7〈分別聖諦經〉：「諸賢！過去時，是苦聖諦，未來、現在時，是苦聖諦，真諦、不虛、不離於如，亦非顛倒，真諦、審實。合如是諦，聖所有，聖所知，聖所見，聖所了，聖所得，聖所等正覺，是故說苦聖諦。」（大正 1・468 中）。

　　四聖諦是以苦為首，而苦之內涵終不離：生苦、老苦、病苦、死苦、怨憎會苦、愛別離苦、求不得苦與五盛陰苦等；[12]以知苦為聖諦，正是於世法之一種如實知見與態度，故《阿含經》多論述：四聖諦是「義饒益、法饒益、梵行饒益」，[13]若「不聞、不知、不覺、不受四聖諦」則將「長夜驅馳生死」，[14]甚至「不如實知四聖諦」，亦將「受地獄苦」。[15]如是皆能看出：《阿含經》雖以論述五蘊為要旨，但四聖諦才是「如來增上說法」、「正行說法」、「諸佛所說正要」。[16]四聖諦為諸佛之所開示，此亦說明：一切賢聖乃至無上正等正覺者，一皆需以知四聖諦、修四聖諦以成之。[17]惟四聖諦當如何修持，則如《雜阿含經》所云：

> 爾時，世尊告諸比丘：當勤禪思，正方便起，內寂其心。所以者何？比丘禪思，內寂其心成就已，如實顯現。云何如實顯現？謂此苦聖諦如實顯現，此苦集聖諦、苦滅聖諦、苦滅道跡聖諦如實顯現。[18]
>
> 爾時，世尊告諸比丘：當修無量三摩提，專心正念。

---

[12] 參見《中阿含經》卷 7〈分別聖諦經〉，大正 1・467 中-468 中。

[13] 《雜阿含經》卷 16〈第 404 經〉，大正 2・108 中。

[14] 《雜阿含經》卷 16〈第 403 經〉，大正 2・108 上。

[15] 參見《雜阿含經》卷 16〈第 430-432 經〉，大正 2・112 中。

[16] 《雜阿含經》卷 16〈第 433 經〉：「如來應等正覺增上說法。」（大正 2・112 下）。又《中阿含經》卷 7〈分別聖諦經〉：「此是正行說法，謂四聖諦。」（大正 1・467 中）。又《中阿含經》卷 32〈優婆離經〉：「謂如諸佛所說正要，便為彼說苦寂滅道。」（大正 1・630 下）。

[17] 《雜阿含經》卷 15〈第 393 經〉，大正 2・106 上-中。

[18] 《雜阿含經》卷 16〈第 428 經〉，大正 2・112 上。

所以者何？修無量三摩提，專心正念已，如是如實顯
現。云何如實顯現？謂此苦聖諦如實顯現，苦集聖
諦、苦滅聖諦、苦滅道跡聖諦如實顯現。[19]

四聖諦是一種依慧之觀照而成，然慧是依定而發，故是否能
於五蘊世間真實照見其爲無常、苦、無我、空，則不離依定
（禪思）如實觀照顯現；顯然，四聖諦之如實知，需透過自
我內心之寂靜，在專心正念之中，才能對世間有真確之觀
照。以是釋尊又特告曰：「四聖諦爲漸次無間，非頓無間」，
[20]此正表明：修持四聖諦是一種漸次無間之觀照過程，此不
僅是一種思惟，更是一種修持階次。而依慧以行四聖諦之觀
照，此中之過程亦終不離由戒而定，依定發慧之彼此是互依
並進之關係；亦可言：慧之成，即是淨戒、正定具足，而慧
之究竟成就，才能圓滿一切功德，故佛終以四聖諦爲「正思
惟，是正智、正覺、正向涅槃」。[21]並要學人隨時精勤增上
戒、定、慧學，以成就無漏心解脫。[22]

---

[19] 《雜阿含經》卷 16〈第 429 經〉，大正 2・112 上。

[20] 《雜阿含經》卷 16〈第 435 經〉：「時，須達長者往詣佛所，白佛言：
世尊！此四聖諦爲漸次無間等？爲一頓無間等？佛告長者：此四聖諦
漸次無間，非頓無間等。」（大正 2・112 下）。又《雜阿含經》卷 15
〈第 397 經〉：「若復有言：我當於苦聖諦、苦集聖諦、苦滅聖諦無間
等已得，復得苦滅道跡聖諦者，斯則善說。」（大正 2・107 上）。

[21] 《雜阿含經》卷 16〈第 407 經〉：「世尊告諸比丘：汝等當正思惟：此
苦聖諦、此苦集聖諦、此苦滅聖諦，此苦滅道跡聖諦。所以者何？如
此思惟，則義饒益、法饒益、梵行饒益，正智、正覺，正向涅槃。」
（大正 2・109 上）。

[22] 《雜阿含經》卷 30〈第 829 經〉：「佛告跋耆子：汝當隨時精勤，增上

有關「慧」之義涵，據《清淨道論》之述如下：

> 與善心相應的觀智為慧。
>
> 慧以通達諸法的自性為相；以摧破覆蔽諸法自性的痴
> 暗為味（作用）；以無痴為現起（現狀）；因為這樣說：
> 「等持（入定）之人而得如實知見」，所以定是（慧
> 的）足處（近因－直接因）。[23]

顯然，慧之總體之義，不離是一種依觀照所產生之智慧，而
觀照之主體在心，唯有在與善心相應之情況下，所觀察之得
才能是慧。唯所謂慧，並不僅止於只是一種想或識而已，其
最重要之義涵在能通達一切法皆是無常、苦、無我；換言之，
慧與一般之想與識有別在於：由慧能了知世間是無常、苦、
無我，並以之而臻至解脫，此是想與識所無法通達之處。以
下引《清淨道論》之述：

> 以了知之義為慧。這了知是什麼？是和想知及識知的
> 行相有別的各種知。即想、識、慧雖然都是以知為性，
> 可是，想，只能想知所緣「是青是黃」，不可能通達
> 「是無常、是苦、是無我」的特相。識，既知所緣「是
> 青是黃」，亦得通達特相，但不可能努力獲得道的現

戒學、增上意學、增上慧學已，不久當得盡諸有漏，無漏心解脫，慧
解脫。現法自知作證。」（大正 2・212 下）。

[23] 覺音著，葉鈞譯《清淨道論》〈說蘊品〉，（高雄：正覺出版社，2002
年），頁 443-445。

前。慧，則既知前述的（青黃等）所緣，亦得通達特
相，並能努力獲得道的現前。[24]

想、識與慧之區別是：想只是依所緣之表相而知；識是除知
所緣之表相外，亦能通達特相；而慧是既知前兩者外，更是
悟道之依據。[25]當「以了知之義爲慧」，此中雖界分爲想、
識與慧之不同，唯當慧存在時，則慧即含括想與識，以是依
慧而論，慧與識之關係可以是一非二則亦確然可知。

2. 慧之種類

釋尊演法是由世法而趣向出世法，此中之發心以至修證
之過程，一皆需仰賴智慧以成之，故於慧而言，當具「如實
知、見、明、覺、悟、慧、無間」等義。[26]釋尊所關切之問
題，是如何由現實人生中而得解脫，此中所涉及之處即是於
世之態度；換言之，出世之解脫是依世法以成之，如何於世
法中之觀照，而行之於日常之行爲態度上，則決定是否能證
得解脫之關鍵，而能觀照世法之真實面目，此即是《阿含經》

---

[24] 覺音著，葉鈞譯《清淨道論》〈說蘊品〉，（高雄：正覺出版社，2002
年），頁444。

[25] 覺音著，葉鈞譯《清淨道論》〈說蘊品〉：「有想與識之處，不一定會
有此慧的存在。可是有慧存在時，則不和想及識分別，因爲它們那樣
微細難見，實在不得作這樣的分別：『這是想、這是識、這是慧』。」
（高雄：正覺出版社，2002年），頁444。

[26] 《雜阿含經》卷9〈第251經〉：「尊者舍利弗言：尊者摩訶拘絺羅！
於此六觸入處如實知、見、明、覺、悟、慧、無間等，是名爲明。」
（大正2‧60下）。

所論慧之義涵。當慧與知、見、明、覺、悟等同義時，則顯然所謂慧，並非僅是向外求取而得之知識而已，而是如何於各種世法知識中，於觀照中所領悟而得之智慧。對於慧與識之關係，如《中阿含經》所言：

> 尊者舍黎子復問曰：賢者拘絺羅！智慧及識，此二法為合？為別？此二法可得別施設耶？尊者大拘絺羅答曰：此二法合，不別；此二法不可別施設。所以者何？智慧所知即是識所識；是故，此二法合，不別；此二法不可別施設。[27]

般若慧與識是一不異，此乃依於有智慧者言，故亦可言：聖人之識即慧；以識與慧是一不分別，此中由識而至慧，重要在觀照之智慧，此是依般若不執（亦可言是：無常、苦、無我、空）而得。依阿含經義，識與慧、世法與出世法，並非是二分法，而所謂「智慧所知即是識所識」，更說明釋尊演法之精神，並不在由捨一（識、世法）而得一（慧、出世法），而是如何觀得一切法之真實，故如何以慧而觀知如真，才是阿含經義所欲闡述慧之義涵。

　　《阿含經》之重點在觀五蘊，五蘊之存在是一種事實，然五蘊終究是無常、無我、空，此亦是事實，眾生在五蘊之生滅中而產生煩惱，此更是事實。釋尊演法即是要凡夫如實

---

[27]《中阿含經》卷58〈大拘絺羅經〉，大正1‧790下。

去觀照並感受五蘊（一切法）所產生之種種事實，並在此事實中而如實觀照、如實知，並依此觀知如真之態度面對五蘊，故於能領悟者而言，識（五蘊）與慧（般若）確然不分，更可言是：於識之所知，即是慧之所知，此乃立於離卻世法則亦無出世法之存在，如是皆能看出阿含重實際、當下之傾向甚是明顯，而慧終是決定是否能開悟、能解脫，亦無庸置疑。

　　既已知慧是證悟解脫之重要關鍵，至此，可再追問：慧將如何修習而得？以處世而論，於世法之種種學習，是最直接且必需的，且以常人而言，由世法中而修習領悟慧，實然是一必經之歷程，以是得知‧慧之證悟無法憑空而得，故論慧所含括之義涵與種類，實亦可凸顯佛法於世、出世法之圓融態度。

　　有關慧之分類，約可分爲四大類：

　　（1）一法：「以通達諸法自性的相爲一種」。[28]
此第一類，是以慧爲一整體之呈現，慧之義涵或可含括來自各種之慧、識等，然慧之所以爲慧，則在於能通達諸法自性之相，故就慧而論，其是一涵融萬端而不容分割。

　　（2）二法：

---

[28] 覺音著，葉鈞譯《清淨道論》〈說蘊品〉，（高雄：正覺出版社，2002年），頁445。

世間慧、出世間慧。（以世間與出世間而分）

有漏慧、無漏慧。（以有漏與無漏而分）

名差別慧、色差別慧。（以名與色之差別觀而分）

喜俱慧、捨俱慧。（以喜俱與捨俱而分）

見地慧、修地慧。（以見地與修地而分）[29]

第二類之分法，有依世法、有漏爲一類，以出世法、無漏爲一類；亦有依名（修觀之人依於非色蘊－受、想、行、識）與色蘊之差別而分；而喜俱與捨俱是依習定中於心之微細度而分；[30]至於見地與修地則是依證果之過程而分。顯然，此二法之分，是依各種修習方法之內容，界分爲：一隸屬爲修證之初階歷程，一隸屬爲證悟之圓成結果，而如是之分法，亦在說明：慧之成就需以一切世法之經驗知識爲基礎。

（3）三法：

---

[29] 覺音著，葉鈞譯《清淨道論》〈說蘊品〉，（高雄：正覺出版社，2002年），頁 445-446。

有關（正見）世間慧、有漏慧與（正見）出世間慧、無漏慧，另可參見：《雜阿含經》卷 28〈第 785 經〉，大正 2‧203 上。於有關學人慧與無學人慧，可參見：《雜阿含經》卷 33〈第 934 經〉，大正 2‧239 上。

[30] 覺音著，葉鈞譯《清淨道論》〈說蘊品〉：「於欲界的二善心（即欲界八善心中的 1.喜俱智相應無行 2.喜俱智相應有行的二心）及於五種禪中前四禪的十六道心（於每一禪有須陀洹道乃至阿羅漢道的四心，五禪中的前四禪共有十六心）中的慧爲『喜俱』。於欲界的二善心（即欲界八善心中的 5.捨俱智相應無行 6.捨俱智相應有行的二心）及於第五禪的四道心中的慧爲『捨俱』。」（高雄：正覺出版社，2002 年），頁 446。

> 思、聞、修所成慧。
>
> 小、大、無量所緣慧。
>
> 入來、離去、方便善巧慧。
>
> 內、外、內外住慧。[31]

三法之分類，較細膩於二法，此中在展顯修習之方法與歷程可以有多面性。如：思（依自己思惟）與聞（聞受他教）是代表修習之各種可能方法，然一皆可證得爲修所成慧。小所（緣於欲界法）與大所（緣於色、無色界法）是代表於世間法之觀照，至無量所緣慧，則是緣於出世間、涅槃而起之觀慧。又有入來（不善法令不生，已生不善法令斷，未生善法令生，已生善法使其增長）、離去（與前者相反）與方便善巧慧，此乃是依一切諸法（善或不善）之成因中而成就慧，如是皆在說明：不論是善或不善法，皆可以爲助長成慧之依據，唯此中之關鍵在如之何當增長，如之何當離去，顯然，慧之成就不在諸法之本身，而在觀照者如何掌握與實證；換言之，成慧之主導力在己而非法是否爲善或不善。

（4）四法：

> 四諦智：苦、苦集、苦滅、苦滅道智。
>
> 四無礙解：義、法、辭、辯無礙解。[32]

---

[31] 有關三法之分類內容，參見於覺音著，葉鈞譯《清淨道論》〈說蘊品〉，（高雄：正覺出版社，2002 年），頁 446-448。

[32] 有關四法之分類內容，參見於覺音著，葉鈞譯《清淨道論》〈說蘊品〉，（高雄：正覺出版社，2002 年），頁 448-451。
有關四無礙解（catasso paṭisambhidā）之論述，可參見《增壹阿含經》卷 21〈苦樂品〉：「世尊告諸比丘：有四辯。所謂義辯，彼彼之所說，

觀四法之分類：重在因至果之關聯性，如四諦智：欲求證道
實緣於知苦、知苦集之因，以至求滅苦、證果；換言之，於
苦而言，此為常人避之唯恐不及，然知苦正是證道之初緣，
亦可言：欲求出世間慧，則當不離於世間之經驗知識歷程。
又如四無礙解：義無礙重在聽聞不同之所說皆能分別其義；
法無礙則是對於如來所說之契經與一切諸法，皆能信實其可
總持之；辭無礙是對於一切敘說與講述時所用之語言與詞性
皆能精通、明辨；至於辯無礙則是於證說之當下無有怯弱畏
懼且能和悅大眾。觀四無礙實然是一由聞、信、解以至行證
之歷程，此歷程之內涵是廣括一切天人等之諸法，於此亦可
明見：行證之究竟需建立於多元面向之諸法上，而慧之證得
亦必然如是。

依上所論述之分類，其重點不在是一法、二法或三、四
法，而是在說明：諸法皆是成就慧之資糧，唯對諸法作分類，
亦在明示：不可依恃或溺陷於世法，反之，需藉世法之歷練
以證無漏究竟之慧，當能由世法趣向出世法時，則一切世法
亦皆是轉為增上助緣之法，故《清淨道論》有云：「四無礙

若天、龍、鬼神之所說，皆能分別其義。法辯，如來所說，所謂契經、
祇夜、本末、偈、因緣、授決、已說、造頌、生經、方等、合集、未
曾有，及諸有為法、無為法，有漏法、無漏法。諸法之實不可沮壞，
所可總持者。辭辯，若前眾生，長短之語，男語、女語，佛語、梵志、
天、龍、鬼神之語等，彼之所說，隨彼根原與其說法。應辯，當說法
時，無有怯弱，無有畏懼，能和悅四部之眾。」（大正 2‧656 下-657
上）。

解是依於證、教、聞、問及宿行五種行相而得明淨的。」[33]
對於欲證成慧者而言，凡有關一切之經典學問、工巧技藝、
方言語文，乃至遍問善友、訪求良師等，皆可謂是助道之緣，
故論慧之分類其目的是爲展顯佛法證悟是一圓成之聖果。

　　由慧之分類所含括之內容，當再返轉至慧之修習方法
時，則所謂慧之修習方法則必然是包羅萬端，凡是視自身之
四大、五蘊，乃至法界之萬類萬象，一皆是慧之修習方法，
唯在修習諸法上，首當要明辨何者爲慧之地、根與體：[34]

　　於慧地（paññāya bhūmi）而言，則包含：五陰法門、
六內外入處法門、六/十八界法門、二十二根法門、四聖諦
法門、十二支緣起法門。依釋尊指導教授修習增上法之過
程，[35]顯然，能觀照五陰、六入處與緣起法後，才能堪受增

---

[33] 覺音著，葉鈞譯《清淨道論》〈說蘊品〉：「『證』是證得阿羅漢果。『教』
是研究佛語。『聞』是恭求聞法。『問』是抉擇聖典及義疏中的難句和
義句的議論。『宿行』曾於過去諸佛的教內往復勤修。他人說：宿行
博學與方言，聖教遍聞與證得，親近良師及善友，是爲無礙解之緣。」
（高雄：正覺出版社，2002 年），頁 450。

[34] 覺音著，葉鈞譯《清淨道論》〈說蘊品〉：「（慧當如何修習）蘊、處、
界、根、諦、緣起等種種法是慧的地。戒清淨、心清淨的二種清淨是
慧的根。見清淨、度疑清淨、道非道智見清淨、行道智見清淨、智見
清淨的五種清淨是慧的體。」（高雄：正覺出版社，2002 年），頁 451。

[35] 《雜阿含經》卷 8〈第 200 經〉：「佛告羅睺羅：當爲人演說五受陰；
說已，還詣佛所。……當爲人演說六入處；說六入處已，來詣佛所。……
當爲人演說尼陀那（nidāna 因緣）法；爲人廣說尼陀那法已，來詣佛
所。佛告羅睺羅：當於上所說諸法，獨於一靜處，專精思惟，觀察其
義。（羅睺羅）知此諸法皆順趣涅槃、流注涅槃、後注涅槃；心解脫

上法；換言之，唯能於無常法門有深刻思惟修習，正是在慧學之大地上播種秧苗。

於慧根（paññāya mūla）而言，則包含：戒淨、心淨，如《中阿含經》所云：「以戒淨故，得心淨。」[36]依慧根之「根」義，其是具有增上之作用，當具足慧地之思惟無常法時，其再進一步工夫即是慧根之實證，而戒爲三無漏學之首，故持戒能清淨，將是開展一切法門皆當正持之關鍵，以至終能得依戒淨即得心淨之結果。

於慧體（paññāya sarīra）而言，則包含：見淨、疑蓋淨、道非道知見淨、道跡知見淨、道跡斷智淨，如《中阿含經》所云：「以心淨故，得見淨；以見淨故，得疑蓋淨；以疑蓋淨故，得道非道知見淨；以道非道知見淨故，得道跡知見淨；以道跡知見淨故，得道跡斷智淨；以道跡斷智淨故，世尊施設無餘涅槃。」[37]由修慧根而得心淨，並依心淨而得修習過程之種種增上法，以至終達慧體之無餘涅槃，如是之過程，皆在說明：諸法雖然皆可成爲慧學證得之助緣，然法門之悟入關鍵，其間是有淺深高下之差異，故於慧學之修習方法，亦需建立在正見上，此則爲修習佛法之通則。

智熟，堪任受增上法。佛教一切無常法。」（大正 2・51 上-下）。

[36] 《中阿含經》卷 2〈七車經〉，大正 1・431 中。

[37] 《中阿含經》卷 2〈七車經〉，大正 1・431 中。
《長阿含經》卷 9〈十上經〉：「九成法？謂九淨滅支（勤支）法：戒淨滅支、心淨滅支、見淨滅支、度疑淨滅支、分別淨滅支、道淨滅支、除淨滅支、無欲淨滅支、解脫淨滅支。」（大正 1・56 上）。

由論慧之種類中，可得知慧之內涵包羅甚廣，此乃說明：慧之成就是代表於一切諸法之自性皆能通達，亦可言：是以慧而觀照事物之真實狀態，此即如《阿含經》所言：「以慧觀知如真」、「如實正觀」與「平等慧如實觀」[38]等，此為修習慧之目的。至於對慧之修習方法內涵之熟知與辨析，是為顯示：任何之修習方法、歷程，皆將因人、因時、因地等因緣而異，此為小異；然依觀照緣起無常，淨持戒、定等，是為通體可遍用之，此即為修習慧學之根本方法。

3. 慧具有悟入實相之作用

慧之義涵是般若、是四聖諦，此兩者可總言即是空慧。般若慧是一觀照作用，其主要作用在觀一切法空，觀空是為度苦厄，此與佛法四聖諦中，以苦為第一諦是相為呼應的。顯然「苦諦」是代表佛法最內在所關懷之問題，亦可謂佛法立論之基調，然依苦、集、滅、道之四聖諦，佛法之最終目標在證菩提道果，知苦只是初步，且苦是由自執（我執與法執）所起，而般若智之觀空作用，即是為去執而解苦，以此而知：般若智之觀空作用，不再僅為觀空與度苦而已，其最

---

[38] 《中阿含經》卷 11〈頻鞞娑邏王迎佛經〉：「大王！是故汝當如是學：若有色，或過去、或未來，……彼一切非我，非我所，我非彼所，當以慧觀知如真。」（大正 1・498 下）。

《雜阿含經》卷 3〈第 83 經〉：「多聞聖弟子，於色，見非我、不異我、不相在，是名如實正觀。」（大正 2・21 中）。

《雜阿含經》卷 1〈第 24 經〉：「佛告羅睺羅：當觀諸所有色，彼一切非我、不異我、不相在，如是平等會如實觀。」（大正 2・5 中）。

終目標亦爲證得菩提道果。顯然觀空不只爲「空」而已，著空亦是執，觀空是爲證道果，以下列舉代表空宗之《中論》[39]〈觀四諦品〉中之偈言以爲說明：

> 汝謂我著空，而爲我生過；汝今所說過，於空則無有。
> 以有空義故，一切法得成；若無空義者，一切則不成。
> [40]

《中論》主要是依緣起性空而論證一切法即假、即空、即中，若以「苦」爲例說明：苦是一種感受，是緣起於自執、執他（或我執與法執）而生起，若能去執，實本無苦之感受存在；當自執時即產生苦，去執則無苦之感受存在，顯然，所謂苦只能是一種暫時現象，故曰假；若既是暫時之存在，故實無有苦之自性存在，此即爲空；苦雖即假、即空，然此即爲苦之真實狀態，故亦可曰中。唯佛法是以知苦爲其理論之本質，因此，由知苦而觀空，觀空可度苦，以達佛法之證菩提道果之目標，故所謂：「以有空義故，一切法得成」，此義在說明：空爲究竟中道之理，空若不能建立一切法，則空亦是

---

[39] 印順《中觀論頌講記》：「本論名爲中觀，而重心在開示一切法空的觀門，明一切法不生不滅等自性不可得。這不是不談圓中，不深妙；卻是扼要，是深刻正確。那直從空有無礙出發的，迷悟的抉擇難以顯明，根本自性見也就難以擊破。我現在可以這樣說：只怕不破自性，不怕不圓融。」（新竹：正聞出版社，2003 年），頁 26-27。又黃懺華《佛教各宗大意》：「此論立名，有廣有略，略但云《中論》。中者，實義，又中道義。唯此一理，名之爲實。非有非空，則是中道。此論破一切虛妄偏邪，顯中道實相，故名《中論》。」（台北：天華出版公司，1996 年），頁 259。

[40] 龍樹《中論》，大正 30‧33 上。

執，如是之空，只能是偏執之空。[41]

　　依空義才能建立一切法，此乃在彰明依空才能善巧安立一切法，如印順法師所言：「空是依緣起的矛盾相待性而開示的深義。唯有是空的，才能與相依相待的緣起法相應，才能善巧的安立一切。」[42]顯然，《中論》所論證之空，此空並非否定一切法，而是當能深觀一切法皆因緣相依相待而起時，則於一切法自能不執其為實有，因一旦執為實有，則必肯定有一常住、不變、永存之自性實有，若肯定法之自性實有，則法只能成為執有（或常有），在法之常有之下，則無法於相依相待中而善巧成立一切法；而「以有空義故，一切法得成」，正為破法之實有，因唯有在緣起性空之下，一切法才有善巧成立之可能性，唯有能深觀一切法終在時、空間之遷流變化中而緣起緣滅；則所謂苦，才有解脫之期，而菩提證得亦才有可能。釋尊初轉法輪所宣揚之四聖諦，正是依緣起而論述苦、集之成因，以及滅、道之結果，此因果之間，正是相依相待而成。代表早期聖典之《阿含經》雖是側重在無常、苦、無我之論述，然釋尊開演三法印之深義，乃在引學人能知苦是幻，五蘊終是無常，於性空之觀照下，在如幻世間中而行利益眾生之事，如是才能由涅槃之果以證入阿耨

---

[41] 印順《中觀論頌講記》：「實有論者與性空論者的根本不同點，在性空上可否建立一切。性空能建立一切的，是性空者，他一定以空為中道究竟的。性空不能建立一切，即是實有論者，他必然的以為空是錯的。或者溫和地說，是不了義的。本論為徹底性空論。」（新竹：正聞出版社，2003 年），頁 459。

[42] 印順《中觀論頌講記》，（新竹：正聞出版社，2003 年），頁 455。

多羅三藐三菩提，此為釋尊宣揚三法印與四聖諦之用意。在無常、空義論述上，《阿含經》以觀五蘊皆幻化無常，其用意與依般若智觀空而去執以度苦厄，此兩者在解脫苦之目標上可謂是一致的，然由側重無常而至觀一切法空，此兩者之關連與差異，以下則引印順法師之論述以為說明：

> 在通達性空慧上，大小平等，他們的差別，就在悲願的不同：一是專求己利行的，一是實踐普賢行的。至於在見實相的空慧方面，只有量的差別，「聲聞如毛孔空，菩薩如太虛空」；而質的方面，可說毫無差別。本論（《中論》）重在抉擇諸法真理，少說行果，所以本論是三乘共同的。不過側重聲聞的《阿含經》，不大多說空，多說緣起的無常、無我、涅槃。本論依《般若經》等，側重法空；也就是以《阿含經》的真義，評判一般有所得聲聞學者的見聞。使緣起性空的為三乘共同所由的真義，為一般聲聞所接受，也就引導他們進入菩薩道了。阿含重心在聲聞法，般若重心在菩薩道。[43]

顯然，佛法之基調：由知無常、空以修道成佛果，如是之理論大小乘皆然。唯三法印之內容特為《阿含經》所側重，而無常、無我與苦，其目標仍在彰顯一切法皆無常而不可執，此與後起之大乘諸經論在側重法空上，其基本方向並未改

---

[43] 印順《中觀論頌講記》，（新竹：正聞出版社，2003 年），頁 28-29。

變。[44]唯兩者之差異，只能就行願而論；換言之，大小乘之
差異，是依行願而界分，並非在佛法內容上分為大與小。能
知諸現象事物終是無常、是空，顯然是佛法之基本立論，但
以佛之開演四聖諦而言，聖諦則代表真理，若依一切法皆無
常、空，則豈不亦否定四聖諦（此即是實有論者之述），於
《中論》〈觀四諦品〉中，即有對於空與四聖諦是互為矛盾
而提出質疑，以下所引〈觀四諦品〉之文，即是實有論者對
性空論者之責難：

> 若一切皆空，無生亦無滅，如是則無有，四聖諦之法。
> 以無四諦故，見苦與斷集，如是事皆無。以是事無故，
> 則無有四果，無有四果故，得向者亦無。若無八賢聖，
> 則無有僧寶，以無四諦故，亦無有法寶。以無法僧寶，
> 亦無有佛寶，如是說空者，是則破三寶。空法壞因果，
> 亦壞於罪福，亦復悉毀壞，一切世俗法。[45]

佛法論「空」，是就諸法之真實自性不可得，於自性不可得
而悟一切法空，如是之「空」是就諸法皆緣起生滅而論之，
此為勝義諦之觀察，而《中論》之論空義，正為呈顯無漏真
智現前之觀察所得。依緣起生滅而論空，此空並未否定一切

---

[44] 印順《中觀今論》於論〈三法印之橫豎無礙〉中有云：「三法印的任
何一印，都是直入於正覺自證的，都是究竟的法印。但為聽聞某義而
不悟的眾生，於是更為解脫，因而有次第的三法印。在佛教發展的歷
史中，也是初期重無常行，中期重無我行，後期重無生行。」（新竹：
正聞出版社，2004 年），頁 34。

[45] 龍樹《中論》〈觀四諦品〉，大正 30・32 中-下。

法之緣起，正因能深觀諸法之緣起，以是才能說諸法皆空，
此緣起與空是一體之兩面，如是之論，可爲說明眾生煩惱皆
緣起而然，既是緣起，故以觀空則知本無煩惱之存在，因一
切煩惱皆本無自性，本不可得。顯然論空，是就不執而論諸
法本是寂滅性，使眾生不迷於空有與生死中，以臻至解脫，
此爲佛宣說空義之本懷。

論空並非否定一切法，此即是論空之所以易被誤解成：
若一切皆空，則無因果，亦無罪福，以至四聖諦與三寶等法
皆無之疑惑，一旦於一切法皆否定，是否亦意謂於一切世俗
法亦悉毀壞？如是之思慮，正說明言空不易被真確了解之
因：即在於空與一切法之關係究竟如何確切掌握？才能使論
空與建立一切法互爲關係。若以爲論空即否定一切法，此即
不能掌握空與一切法之真確關係，以下所引之《中論》〈觀
四諦品〉之文，正是性空論者破斥執有之弊病，並顯示佛法
之宗要，如云：

> 汝今實不能，知空空因緣，及知於空義，是故自生惱。
> 諸佛依二諦，為眾生說法，一以世俗諦，二第一義諦。
> 若人不能知，分別於二諦，則於深佛法，不知真實義。
> 若不依俗諦，不得第一義，不得第一義，則不得涅槃。
> 46

---

46 龍樹《中論》〈觀四諦品〉，大正30‧32下-33上。另可參見《中論》
〈觀四諦品〉：「眾因緣生法，我說即是空，亦爲是假名，亦是中道
義。未曾有一法，不從因緣生，是故一切法，無不是空者。」（大正
30‧33中）。又《中論》〈觀涅槃品〉：「涅槃與世間，無有少分別，

顯然，論空是有其因緣，而佛所依憑之立足點在二諦上，佛論說世俗諦與第一義諦，言世俗諦是爲顯示緣起，緣起即性空，故不依世俗即不能得到第一義諦，而若以爲論空即撥遮一切，即是否定世俗法以至四聖諦與三寶，此乃誤解以爲世間一切法皆是實有。[47]其實佛宣說空義，是爲去執故，眾生著有故說空，眾生著空故說有，而佛開法之目的只有一：令眾生轉迷爲悟，令眾生入涅槃而得大解脫；在此立點上，世間與涅槃確是互爲相依相成且皆空無自性，而修證之工夫則在於如何於世間與涅槃而超越之。

　　論空是爲去執，然於空義之掌握是否能契如佛意，則攸關個人智慧之深淺。佛既依二諦爲眾生說法，不論是言世俗諦或第一義諦，於佛而言皆是方便善巧之開法，然二諦法於眾生而言，是兩種不同之法，此中是有分別的，此爲眾生之知見。依究竟真實義而言，理應是一而非二，然佛又爲何要開演二諦法？佛依緣起論是俗諦本爲虛妄，如是是爲破除自

　　世間與涅槃，亦無少分別。涅槃之實際，及與世間際，如是二際者，無毫釐差別。」（大正30‧36上）。

[47] 印順《中觀論頌講記》，特於「空」義上，提出三個解釋：「一、什麼是空？空是空相（性），離一切錯亂、執著、戲論，而現覺諸法本來寂滅性。心有一毫戲論，即不能現覺。二、爲什麼要說空？眾生迷空執有，流轉生死，要令眾生離邪因、無因、斷、常、一、異等一切見，體現諸法的空寂，得大解脫，佛才宣說空義。三、空是什麼意義？性空者說：空是空無自性，自性不可得，所以名空，不是否認無自性的緣起。世間假名的一切法，是不礙空的幻有。性空者的空，是緣起宛然有的。這與實有論者心目中的空，什麼都沒有，大大不同。」（新竹：正聞出版社，2003年），頁443-444。

性見，破除自性見，才能證第一義諦，顯然二諦是有相互之
關係，故又言曰：「不二之法」，不二是不落於兩邊，但亦非
堅執是「一」。依佛所開演之二諦法，以終究證入第一義諦，
皆可看出佛法所具有之既超越又調和與統一之特點，此不但
是佛法之奧妙處，亦可謂是佛法所論之智慧。[48]

　　佛初轉法輪所論述之四聖諦，若依「聖諦」而言，當指
真理－不變之如實相，然與四聖諦之體悟，是由世間之無
常、苦、無我而深見「苦」與「集」，以至知一切法終歸空
寂而契入「滅」與「道」。顯然，依現實事相之有漏法，則
知苦與集，然苦、集於緣起中又終歸性空，故實無苦亦無集；
而滅與道是依無漏法而證入，此為聖者所悟之實相。因此，
若以事相而言，則四聖諦各有其性、各有其別；若以緣起性
空而論，四諦皆無自性而不可得，則四諦可會歸為空性，如
此即可見四諦之平等。依《般若心經》所論之「無苦集滅道」，
[49]此是以菩薩修行般若時，能依緣起而知四諦無自性而畢竟
空；唯四諦有其分次，苦、集是有漏之世間因果，滅、道是
無漏之出世間因果，而《般若心經》總曰：「無苦集滅道」，
其目的是為觀四諦終究是空（世間與出世間皆然），且由空

---

[48]　高柏園《禪學與中國佛學》：「般若慧在整個佛學系統中，實有其殊
　　勝之地位。它雖是由大悲心與菩提心的進一步顯現與發展，然而它卻
　　是吾人修道入聖的工夫著力之所在。而由此工夫入路與格局中，吾人
　　不但發現佛學對世間與涅槃之掌握，同時也了解佛學中執與無執的對
　　顯，進而能予以超越地調和與統一。」（台北：里仁書局，2001年），
　　頁168。

[49]　大正8・848下。

而契入實相。以四諦又稱四聖諦，顯然，四諦雖有分次，但唯有通達之聖者才能真正契悟四諦是平等不二之諸法實相，故論述四諦，是爲說明空性平等，若能真實深悟四諦者，亦必能契入最高真理之一實相。[50]依佛之本懷，唯有深悟實相，才能通達無礙無滯於諸法中，而諸法之開演，於佛而言皆是應機、應緣而已，若能以諸法之任何一法，深悟其如實義，則法法皆可通達至實相，此爲修習增上慧學（般若）之目的。

三、阿含慧學所呈現之內涵價值

《阿含經》論慧之究極目標是爲解脫，以解脫煩惱、生死流轉爲主要核心，此爲《阿含經》所著重面；《般若經》則環繞在依般若波羅蜜多之智慧上。由《阿含經》重解脫至《般若經》重智慧，兩者有關切核心之不同，然佛法所論之慧學義涵，理應有大方向之共同性與關聯銜接處。

1. 緣起之智慧－緣起智慧爲證道之樞紐

《阿含經》論五蘊終究無常、苦、無我，此乃立於緣起

---

[50] 印順《中觀論頌講記》：「真見四諦者，必能深入一切空的一諦；真見一諦者，也決不以四諦爲不了。三法印與一實相印無礙，四諦與一諦也平等不二。不過佛爲巧化當時的根性，多用次第，多說四諦。實則能真的悟入四諦，也就必然能深入一實相了。」（新竹：正聞出版社，2003 年），頁 435。

而觀照得知。釋尊以緣起為甚深法門，非一般人可明曉，更
非一般人能宣暢；緣起甚深法，唯佛能覺之、知之並宣之，
而一切賢聖、出世法，一皆不離依緣起甚深而成就之。[51]此
乃說明一切世間之存在，皆依緣起而然，若離卻緣起則終無
法得知現象界之真實狀態。顯然，緣起法為佛法之根本要
義，依緣起法，可得知三層之意義：「一、果從因生。二、
事待理成。三、有依空立。」[52]依緣起所得之智慧是：一切
現象之存在，必有其一貫性，世、出世法是互為因果的，故
依緣而起，則亦必依緣而滅；換言之，釋尊依緣起而論生死
流轉之因，而弟子們亦能依緣起而證得解脫之果。[53]緣起，
是自然法則，其本存於現象一切事物中，而唯佛能知、能覺，
此乃說明：唯有透過自我內心之真確修證、觀照才能得知此
本存於宇宙間之緣起甚深法則。釋尊以其一生之行持示現，
實為展顯：唯有能關心戒、定、慧之行持上，才能處於現象
界中而自覺知一切存在之真實面目；釋尊所示現依修行而自

---

[51] 《雜阿含經》卷12〈第293經〉：「此甚深處，所謂緣起。」（大正2·
83下）。又《增壹阿含經》卷46〈放牛品〉：「十二因緣者，極為甚深，
非是常人所能明曉，非常人所能宣暢。」（大正2·797下）。又《長
阿含經》卷1〈大本經〉：「十二緣甚深，難見難識知；唯佛能善覺：
因是有無是。」（大正1·8上）。又《雜阿含經》卷12〈第293經〉：
「賢聖、出世、空相應，緣起隨順法。」（大正2·83下）。

[52] 參見印順《佛法概論》，（新竹：正聞出版社，2003年），頁137-146。

[53] 印順《印度佛教思想史》：「四諦的苦與集，是世間因果；滅與道是
出世間因果。這樣的分類敘述，對一般的開示教導，也許要容易領解
些吧！但世、出世間的一貫性，卻容易被漠視了！從現實身心去觀
察，知道一切起滅都是依於因緣的。依經說，釋尊是現觀緣起而成佛
的。釋尊依緣起說法，弟子們也就依緣起（及四諦）而得解脫。」（新
竹：正聞出版社，1998年），頁24。

證覺知緣起法，此於眾生身上亦能行之臻至，此即釋尊演法之目的。惟眾生之所以生死流轉，只因眾生各執異見，且各有所欲求，無法聞、思、修戒、習定以成慧，以至終將無法超脫生死，其因在無法力行（不願受持）戒、定、慧學。[54]

於學佛、學法、學僧而言，其重要主旨亦只是在聞、思、修、證緣起法，此乃因一切諸佛皆因逆、順觀照緣起而斷生死流，以至自知、自覺成等正覺。[55]顯然，緣起法為見道、修道、證道之樞紐，而釋尊所闡述之「先知法住，後知涅槃」，此中之「法住」即是指緣起法則，學人亦是由「得知法住智」以至「得見法住智」，[56]而釋尊勉學人獨一靜處，專精思惟，要不放逸住此緣起法，正因此緣起法即是正法。

---

[54] 《長阿含經》卷 1〈大本經〉：「由眾生異忍、異見、異受、異學，依彼異見，各樂所求，各務所習；是故，於此甚深因緣不能解了。」（大正 1・8 中）。又《雜阿含經》卷 47〈第 1258 經〉：「當來比丘不修身、不修戒、不修心、不修慧，聞如來所說修多羅－甚深、明照、空相應、隨順緣起法－彼不頓受持、不至到受，聞彼說者不歡喜崇習；而於世間眾雜異論、文辭綺飾、世俗雜句，專心頂受，聞彼說者，歡喜崇習，不得出離饒益。」（大正 2・345 中）。

[55] 《雜阿含經》卷 12〈第 287 經〉：「我（釋尊）於此法（十二緣起逆順觀察），自知、自覺成等正覺。」（大正 2・80 中）。又《雜阿含經》卷 14〈第 348 經〉：「此（緣起法）是真實教法顯現，斷生死流，乃至其人悉善顯現。」（大正 2・98 上）。

[56] 《雜阿含經》卷 14〈第 347 經〉：「佛告須深：不問汝知不知，且自先知法住，後知涅槃。彼諸善男子獨一靜處，專精思惟，不放逸住，離於我見，心善解脫。須深白佛：唯願世尊為我說法，令我得知法住智，得見法住智。佛告須深：於意云何？有生故，有老死，不離生，有老死耶？須深答曰：如是，世尊！有生故，有老死，不離生，有老死。」（大正 2・97 中）。

　　緣起法爲佛法之根本，是諸佛之所歸趣處，亦可言：能見緣起，即是見法、開法眼。顯然，於開悟者而言，看到因緣即知法義；唯對不明白之人而言，則緣起法是甚深的。由見法（法性）再進至一步即是見我，因依現象可推至因緣果報，如佛所成就之三十二大人相，亦是依緣起且合乎業報而然；故由緣起法可領悟：若不見色、聲，亦無法得見如來，此乃說明：緣起法雖爲世俗諦，但第一義空之聖諦，終不離此緣起法。[57]

　　修慧（觀照緣起法）是爲證解脫，此爲慧學之究竟目的，然由持戒、習定以至修慧之過程中，於法義所產生之喜悅與功德，並非在顯明功德之本身，而是在彰顯於修慧中所可能產生之種種情況；換言之，當堅固修慧，則將使煩惱、不安、畏懼與紛擾之人生，有轉向明智、穩定、無畏與安寧之可能，此爲修慧於真實人生所能帶出之正面積極作用。

　　如《清淨道論》所論之修慧功德，約有四點：[58]

---

[57]《雜阿含經》卷13〈第335經〉：「世尊告諸比丘：云何爲第一義空經？諸比丘！眼生時無有來處，滅時無有去處；如是眼不實而生，生已盡滅。俗數法者，謂此有故彼有，此起故彼起；如無明緣行，行緣識……如是廣說，乃至純大苦聚集起。又復，此無故彼無，此滅故彼滅，無明滅故行滅，行滅故識滅……如是廣說，乃至純大苦聚滅。比丘！是名第一義空法經。」（大正 2・92 下）。

[58] 覺音著，葉鈞譯《清淨道論》〈說修慧的功德品〉：「修慧實有數百的功德，略而言之，當知有：催破種種煩惱，嘗受聖果之味，可能入於滅定，成就應供養者等等。」（高雄：正覺出版社，2002 年），頁 721。

（1）摧破種種煩惱：如云：「所說的區別名色而摧破有身見等的種種煩惱，是為世間修慧的功德。於聖道的剎那摧破結等的種種煩惱，是為出世間修慧的功德。」[59]修慧最顯著之功德作用，是於現實人生中能摧破癡闇之無明煩惱，此為依緣起無常之智慧，則必得之功德結果，故《阿含經》有云：「猶諸光明，慧光明為第一。」[60]又云：「若比丘以三昧心，清淨無穢，柔軟調伏，住不動處，乃至得三明，除去無明，生於慧明，滅於闇冥，生大法光，出漏盡智，是為智慧具足。」[61]顯然，修慧所能產生之智慧具足，除能摧破自身執見之世間功德外，更能在出世慧中得諸漏盡智。

（2）嘗受聖果之味：如云：「聖果即須陀洹果的沙門果。於二相而嘗此聖果之味－於聖道的過程，於果之轉起。」[62]所謂嘗聖果之味，乃是依緣起觀照法而能自身作證，並於修證之過程中而能領納聖果之味；換言之，所重並非只是聖果之獲得，而是在修證過程中之「嘗受」，故強調有二方面：於聖道的過程與於果之轉起。於聖果之過程：強調對「果」之定義，是以斷結即為果，或依四聖道以無量為所緣為果。[63]對果之分別，主要在使修慧之過程，能知何者為初階？且

---

[59] 參見覺音著，葉鈞譯《清淨道論》〈說修慧的功德品〉，（高雄：正覺出版社，2002年），頁721。

[60] 《中阿含經》卷34〈喻經〉，大正1‧647下。

[61] 《長阿含經》卷15〈究羅檀頭經〉，大正1‧96下。

[62] 參見覺音著，葉鈞譯《清淨道論》〈說修慧的功德品〉，（高雄：正覺出版社，2002年），頁721。

[63] 覺音著，葉鈞譯《清淨道論》〈說修慧的功德品〉，（高雄：正覺出版

能不以初階入門為滿足，以追求究竟之聖果，故《阿含經》於論「受樂數」者，有四種樂之分別：「離欲樂、遠離樂、寂滅樂、菩提樂。」[64]於果之轉起：此中包括之問題有：「一、什麼是果定？二、誰入彼定？三、誰不入彼定？四、為什麼入定？五、是怎樣入定？六、如何在定？七、如何出定？八、於果之後是什麼？九、果在什麼之後？」[65]顯然，如是主要在論述思惟果定轉起之種種過程與結果。此中，除聖道過程所產生之果外，其餘皆重在果定轉起，而論果定轉起，亦在說明：能嘗受聖果之味，其根本之修習亦在觀照緣起法。[66]

（3）可能入於滅定：如云：「為了分別滅定而提出問題：一、什麼是滅定？二、誰入彼定？三、誰不入彼定？四、於何處入定？五、為什麼入定？六、是怎樣入定？七、如何在定？八、如何出定？九、出定者的心是向於什麼？十、死者和入定者有什麼差別？十一、滅定是有為或無為、世間或出世間、完成或不完成。」[67]此中特別提到可能性，顯然，

社，2002 年），頁 722。

[64] 《雜阿含經》卷 17〈第 485 經〉，大正 2・124 中。

[65] 參見覺音著，葉鈞譯《清淨道論》〈說修慧的功德品〉，（高雄：正覺出版社，2002 年），頁 722。

[66] 覺音著，葉鈞譯《清淨道論》〈說修慧的功德品〉：「如是於道的過程或於果定的生起法：不安者安，涅槃為所緣，唾棄世間樂，是清淨寂靜最上的沙門果。沙門之果甜如蜜，以有食素淨樂可意極可意的甘露而滋潤。這聖果之樂是無上樂，因為是智者修慧的所得，所以才能嘗此聖果的樂味。這是修習畢缽舍那的功德。」（高雄：正覺出版社，2002 年），頁 724-725。

[67] 覺音著，葉鈞譯《清淨道論》〈說修慧的功德品〉，（高雄：正覺出版

依觀照緣起法其主要目的在以慧明而摧破煩惱，至於是否能入於滅定，則是依觀照緣起之當下，能因照見五蘊皆空以至終得心暫時不受用於一切諸法時，如是入於滅定則爲可能。爲分別滅定而所提出之問題，主要在說明：心之轉起與不轉起是入於滅定之關鍵，而心之住於一境，則可藉由習定與觀照；換言之，定與慧是互爲增上的。惟當成就入於滅定時，此乃因於習定、修慧之過程中因正見所自然而生，故對於能入滅定是有爲或無爲之問題時，則如《清淨道論》所云：「此定是依入定者而說入定，故可以說這是完成的而不是不完成的。」[68]於入滅定是唯自身所能享受的，此是智者因修習聖道慧而所得功德之結果。

（4）成就應供養者：如云：「修出世間慧的功德，這修慧者是人天世間的應供養者、應奉者、應施者、應合掌恭敬者、是世間的無上福田。」[69]成爲應供養者，此乃就德行成就而言，不僅爲人世間之楷模，受人敬重，更得天龍諸法界之護佑。唯成爲應供者，其前提是建立於持戒、習定與修慧之上，且以聖果而論，其間尚有淺深之別，由修初道慧之須陀洹（七有天人往生），至修第二道慧之斯陀含（一來），再至修第三道慧之阿那含（不還），此中所獲致之涅槃尚有

社，2002 年），頁 725。

[68] 覺音著，葉鈞譯《清淨道論》〈說修慧的功德品〉，（高雄：正覺出版社，2002 年），頁 731。

[69] 覺音著，葉鈞譯《清淨道論》〈說修慧的功德品〉，（高雄：正覺出版社，2002 年），頁 732。

界分之差異。[70]唯至修第四道慧，則所成就或可包含有：「信解脫、慧解脫、俱分解脫、三明、六神通、獲得種種無礙解的大漏盡者」，亦唯修至第四道慧始可云：「在道的剎那，此聖者名為解結；在果得剎那，他便名為曾解結者，是人天世間的最勝應施者。」[71]此乃意指唯修至第四道慧才為究竟解脫。

　　以上論述修習聖慧所產生之諸多功德，其前提是依觀照緣起所得之結果，亦可言：觀緣起之慧是摧破煩惱之首步，亦是得聖果之本源。唯至此，就修學者而言，則當再思成就聖果之背後推動力為何？就摧破煩惱而論：釋尊提出：「慚力是學力」、「愧力是學力」，[72]慚力與愧力是一種對起惡、不善法之羞恥表現，而此正是力求摧破諸煩惱之背後動能。就嘗受聖果味而論：此是一種於現法中自身作證而得嘗受，此乃是依有漏盡而成無漏心解脫與智慧解脫，故釋尊提出：「慧力是學力」，[73]唯具足智慧是領納聖果味之不二法門。

---

[70] 覺音著，葉鈞譯《清淨道論》〈說修慧的功德品〉：「他們由於根的不同有五種而離此世終結：一、中般涅槃，二、生般涅槃，三、無行般涅槃，四、有行般涅槃，五、上流至阿迦膩吒行（色究竟）。」（高雄：正覺出版社，2002 年），頁 732。

[71] 以上有關修第四道慧之引文內容，參見覺音著，葉鈞譯《清淨道論》〈說修慧的功德品〉，（高雄：正覺出版社，2002 年），頁 732-733。

[72]《雜阿含經》卷 26〈第 679 經〉：「何等為慚力是學力？謂羞恥，恥於起惡不善法諸煩惱數。何等為愧力是學力？愧起諸惡不善法煩惱數。」（大正 2・186 上）。

[73]《雜阿含經》卷 26〈第 679 經〉：「何等為慧力是學力？謂聖弟子住於智慧，成就世間生滅智慧，賢聖出厭離、決定正盡苦：是名慧力是學

就入於滅盡之可能而論：依《清淨道論》所提之「二力：以
出離而得心一境性及不散亂是止力。無常隨觀、苦隨觀、無
我隨觀、厭離隨觀、離貪隨觀、滅隨觀等是觀力。」[74]此乃
說明：止持與觀照是入於滅定之必備條件。依成就應供養者
而論：是依持戒、修德、慚、愧，以成真實法而得此果報；
唯於法門之修習上，則唯有「依正法令我自覺，成三藐三佛
陀者」，[75]才真堪受一切人天之恭敬、奉事與供養。顯然，
於佛法而論，一切功德成就之本，終不離以智慧為起始與終
了，而智慧之內涵即是緣起法，此為佛法之根本主旨。

2. 不執之圓融－由無明而轉明之行持力

　　緣起為《阿含經》之主旨，論緣起則事物之呈顯皆在剎
那變動中，此乃因一切之主要條件與輔助條件皆在時、空間
中持續變化著，故執持不變不但違反緣起法則，更與現象之
事實不相符合；論緣起即為破執持，以觀照事實之真相，以
成就圓融之智慧。

　　十二緣起為佛法之基調，緣生之十二支是互為流轉的，
同理，亦可互為還滅的。十二緣起之首是無明，無明是生死

力。」（大正 2・186 上）。

[74] 覺音著，葉鈞譯《清淨道論》〈說修慧的功德品〉，（高雄：正覺出版
社，2002 年），頁 726。

[75] 《雜阿含經》卷 44〈第 1188 經〉：「唯有正法令我自覺，成三藐三佛
陀者，我當於彼恭敬、宗重、奉事、供養、依彼而住。」（大正 2・322
上）。

流轉之源。論生死流轉可以有二大思惟方向：一爲色身之生
與死問題，然此是一切萬物萬類之共同法則，在成、住、壞、
空之流轉中，實無一物可永恆存在，此爲宇宙之共業，故《阿
含經》所謂解脫，當不能在求此色身不死。而另一思惟方向
則爲煩惱之問題，如何轉無明煩惱爲智慧之明，此正是攸關
現實生命體之重要課題，《阿含經》所論之解脫，其義在此。
顯然，無明與明、流轉與還滅是立於同一層次但不同方向，
以四聖諦爲例：苦、集是生死流轉，滅、道則爲超脫生死流
轉，故以四聖諦而論，對苦、集之緣生能深刻體認，才能開
展滅、道之修行；換言之，若能深入眾生之苦惱中（了知民
間疾苦），亦能促長修證之動力。如《中阿含經》所云：

> 緣愛受，緣受有，緣有生，緣生老死，緣老死苦。習
> 苦，便有信；習信，便有正思惟；習正思惟，便有正
> 念正智；習正念正智，便有護諸根、護戒、不悔、歡
> 悅、喜、止、樂、定、見如實、知如真、厭、無欲、
> 解脫；習解脫，便得涅槃。[76]

知苦是《阿含經》論智慧之源，由習苦而思惟苦之源本是空
無時，此是逆轉煩惱生死之關鍵，以是，依緣起法之「法說
與義說」，[77]則論「此有故彼有」之法說，是爲成就法饒益；

---

[76] 《中阿含經》卷10〈涅槃經〉，大正1‧491上。
[77] 《雜阿含經》卷12〈第298經〉：「世尊告諸比丘：云何緣起法法說？
謂此有故彼有，此起故彼起。云何義說？謂緣無明行者，彼云何無明？
若不知前際、不知後際……於彼彼不知、不見、無無間等、癡闇、無

而探究前、後際之關係則是義說，是爲成就義饒益，而論述法說與義說，其目的是爲成就梵行饒益，以至終可使緣起法成爲「賢聖、出世法」。[78]

《阿含經》之智慧是以人生之現實無明、苦之狀態爲入手，但其另一面則豎立緣起之大架構，論緣起，則一切事物終是虛幻，然若以另一面思惟觀照之，則緣起、無常、虛幻，正可凸顯生生不息之道。論緣起，則一切皆在變動中，故人生之生死流轉之無明，亦在緣起、無常之變化中，則無明有轉明之期，以是探究緣起，實則正可彰顯不執之智慧。宇宙本是一生生不息之生命體，無一刻是靜止的，此即是觀緣起所得之智慧。無明與明僅一線之隔，無常與生生不息亦是一體兩面，如何盡斷生死無明，則決定於自覺之行持力。

《阿含經》雖以觀五蘊爲入手，但觀五蘊所得之無常、苦、無我，此乃是觀五蘊所得之現象，於釋尊之本意，知無常、苦、無我是爲促成行持之動力，故於《阿含經》中，除展顯現象界是無常、苦外，更正面論及行持之重要性，此亦即是戒、定、慧之修習。一旦論及自覺，則與慧最具有密切之關係，因一切之行持力，皆起源於思惟，而思惟過程是否細密、嚴謹，皆與慧有必然之關連，而自覺是直接涉及個人

明、大冥，是名無明。」（大正2‧85上）。

[78] 《雜阿含經》卷12〈第293經〉：「賢聖、出世、空相應緣起隨順法。」（大正2‧83下）。又《雜阿含經》卷47〈第1258經〉：「如來所說修多羅甚深、明照、空相應隨順緣起法。」（大正2‧345中）。

之各種生活經驗；換言之，若於自身生活經驗有較深刻之觀照，則無常、苦、無我之領悟自能自覺而生焉。

　　於觀照而產生之智慧，如是之慧絕非僅止於思考、推論而已，若如此，則僅能成爲是一種知識，而非是智慧；一旦論及爲智慧：則智代表之知識，而慧則是行持力量，故智慧必是一種能將所悟落實於具體行爲上，以是釋尊一生由自覺而覺他之行遊教化，正是依慧所產生之行持力。顯然，習慧是爲行持，此爲慧學之真實義涵。於佛法而言，雖有歷史發展之大、小乘之界分，此爲行願之態度，惟佛法之重心實然在自行化他上，然一切之自覺或化他之立場，一皆需以智慧爲本源，此則爲大、小乘同之。

　　以慧爲上首，但仍讚持修道次第，如是之立論，於《華嚴經》〈菩薩問明品〉中有云：

> 爾時文殊師利菩薩問智首菩薩言：佛子，於佛法中，智爲上首。如來何故，或爲眾生讚嘆布施、持戒、堪忍、精進、禪定、智慧，或復讚嘆慈悲喜捨，而終無有，唯以一法而得出離，成阿耨多羅三藐三菩提者。
> 時智首菩薩以頌答曰：
> 過去未來世，現在諸導師，無有說一法，而得於道者。
> 佛知眾生心，性分各不同，隨其所應受，如是而說法。
> 慳者爲讚施，毀禁者讚戒，多瞋爲讚忍，好懈讚精進，亂意讚禪定，愚癡讚智慧，不仁讚慈愍，怒害讚大悲，

> 憂感為讚喜，曲心讚嘆捨，如是次第修，漸具諸佛法。
> 如先立基堵，而後造宮室，施戒亦復然，菩薩眾行本。
> 定慧亦如是，菩薩所依賴。[79]

三無漏學是終於慧，此為佛法以慧為究竟根據之意向甚是明確，唯慧之成就源於戒、定（此亦代表包含一切之修道次第），以是佛法雖重慧，但終不僅止於以慧之一法而得出離。於大乘法中特讚六度，六度之前五度為行持之事，而智慧為其根據之理，而理與事是互為關係，故所謂「如是次第修，漸具諸佛法」，正是說明佛法之證得仍在力行實踐上。

釋尊於演法上有一特點，即或引其累劫前世之種種修行，如是之論述，若以譬喻觀點視之亦無不可，然依釋尊之本意：是在彰顯修行需累劫不斷精進，且此中亦蘊含因果不昧之關係，除此，更是一種菩薩行之示導。依菩薩行六度（布施、淨戒、安忍、精進、靜慮與般若）之相關論述，是散見於《阿含經》中，至後世所出現之《般若經》則集中專論以闡述之。顯可得見，所謂欲求無明轉明之行持力，則前五度之行持，終為證得般若慧，此為《阿含經》所確然肯定的。

釋尊強調慧力即學力，慧於佛法而言，是五根之一；換言之，慧本身是具有增上諸法之作用，而五根又以慧為首，[80]其能攝持信、精進、念與定根。顯然，以慧為首，並強調

---

[79] 八十《華嚴經》卷13〈菩薩問明品〉，大正10‧68中-下。

[80] 《雜阿含經》卷26〈第657經〉：「有五根：如信根，如是精進根、念

慧是一種行持力量時，則所謂慧之義涵，則攸關如何才能轉
無明爲明之重要契入點，如《雜阿含經》所云：

> 世尊告諸比丘：若聖弟子成就信根者，作如是學：聖
> 弟子無始生死，無明所著，愛所繫，眾生長夜生死，
> 往來流馳，不知本際，有因故有生死，因永盡者，則
> 無生死、無明、大闇聚、障礙；誰般涅槃？唯苦滅、
> 苦息、清涼、沒。[81]

由無始生死無明所覆，此爲流浪生死之本源，然由生至死可
謂是一種由因至果之關係，在緣起相續中，有生則必有死，
此爲緣起之定律，故阿含之慧，是強調斷因則無果；換言之，
當無明盡時，則一切生死、無明與苦亦滅息。

當欲行持無明轉明之實證時，重視日常老實修行是佛法
之核心價值，此由釋尊一生之行誼典範即可窺知，亦可言：
慧不僅是一種觀照之智，更是一種力行實證之事實；換言
之，慧力就是智慧與實證之結合體，此中缺一不可，真具有
慧者則必能表現於行持修證上。阿含之慧是依緣起而觀照一
切法之相續性，此於流轉生死是如此，然於另一方面而言：
證道之可能亦由此而生。爲返轉無明爲明，故釋尊強調正面
之行持，當正面行持之範圍廣、力量大時，則明當自轉增以

根、定根、慧根。此五根，慧爲首，慧所攝持。譬如堂閣，棟爲首，
棟所攝持。」（大正 2・183 下）。

[81]《雜阿含經》卷 26〈第 657 經〉，大正 2・183 下。

致而漸遠離無明，於此，釋尊提出廣種福田，如《中阿含經》
所云：

> 世尊告曰：世中凡有二種福田人。
>
> 一者學人，有十八：信行、法行、信解脫、見到、身
> 證、家家、一種、向須陀洹、得須陀洹、向斯陀含、
> 得斯陀含、向阿那含、得阿那含、中般涅槃、生般涅
> 槃、行般涅槃、無行般涅槃、上流色究竟。
>
> 二者無學人，有九：思法、昇進法、不動法、退法、
> 不退法、護法、實住法、慧解脫、俱解脫。[82]

廣種福田是一種正面學力，亦是扭轉順流之向上力量，顯
然，阿含雖以甚多篇幅論述五蘊之無常、苦、無我，此是立
於無明緣起所造成之結果；然亦正因緣起無常，故返轉則爲
可能，故阿含慧學內涵所呈現之價值意義，首先在說明緣起
智慧爲證道之樞紐，所謂樞紐即關鍵義；換言之，依緣起則
一切法皆不可執，正因爲是緣起，正因爲不可執，故可論緣
起之順流，亦可論述緣起之還滅，而順流與還滅可謂是緣起
之一體兩面。依福田之內涵所包括之義，顯然，種福田即是
信法、護法並依法而行，於此，不但可得大福果報，[83]亦是
證果之根據。

---

[82] 《中阿含經》卷 30〈福田經〉，大正 1・616 上。

[83] 《中阿含經》卷 47〈瞿曇彌經〉：「云何有十四私施，得大福，得大果，
得大功德，得大廣報？有信族姓男、族姓女布施如來，施緣一覺，施
阿羅訶，施向阿羅訶，施阿那含，施向阿那含，施斯陀含，施向斯陀
含，施須陀洹，施向須陀洹。」（大正 1・722 中）。

論緣起，於消極面則知一切諸法終究無常成空，然於積極面則為不執一切法，唯有不執則一切修證才有可能；換言之，就慧力是學力而言，不執是圓融智慧之鑰。阿含之慧在觀照緣起，而緣起在成就圓融之慧，而不執之圓融智慧，終能使煩惱轉為清涼，而後世華嚴相關之〈清涼偈〉之內容，[84]正是依前順生死十心至後逆生死十心，此中之主要關鍵即在欲逆流之行持力。

無明是依煩惱而起，釋尊於論緣起法時，其最主要之引導修慧方法即是觀照；換言之，所謂欲將緣起智慧轉為行持力時，則釋尊是力主：「當勤方便修習禪思」與「當修無量三摩提」，[85]如是之修習是為使心寂靜，並於此自觀察世間

---

[84] 宋·淨源《華嚴普賢行願修證儀》〈懺悔業障·清涼偈〉：「自從無始起無明，亦值惡友增我情，無隨喜心善永滅，縱身語意惡漸生，心心遍布觸處染，念念相續日夜營，不欲人知藏過失，不畏惡道任縱橫，無慚無愧魔羅網，撥因撥果闡提坑。如是順流背本已，生死苦海浩然盈。幸識如來長者子，今欲逆流捨貧里，正信因果破闡提，慚愧人天破無恥，恐怖惡道破不畏，發露罪業破覆疵，斷相續心破常念，發菩提心破遍起，修功補過破縱恣，守護正法破無喜，念十方佛破惡友，觀罪性空破結使。」（卍續95·531a-b）。

[85] 《雜阿含經》卷15〈第367經〉：「世尊告諸比丘：當勤方便修習禪思，內寂其心。所以者何？比丘禪思，內寂其心，精勤方便者，如是如實顯現。云何如實顯現？老死如實顯現，老死集、老死滅、老死滅道跡如實顯現。」（大正2·101中）。
《雜阿含經》卷15〈第368經〉：「世尊告諸比丘：當修無量三摩提，專精繫念；修無量三摩提，專精繫念已，如是如實顯現。云何如實顯現？謂老死如實顯現。」（大正2·101中）。

爲一純大苦聚，而心之寂靜是觀照修慧之前行，[86]此終不離
依定入慧之過程與關係。論觀照緣起之慧力，則順、逆之觀
察皆爲如實顯現世間與出世間之道，此於十二緣起是如此，
於根、塵、識之互轉生起亦然如是；換言之，釋尊引導學人
一方面觀照緣起之流轉生死，然於另一方面，能促使學人興
出家學道亦由緣起而然，此即如《中阿含經》所云：

> 諸賢！緣眼及色，生眼識，三事共會，便有更觸；緣
> 更觸便有所覺，若所覺便想，若所想便思，若所思便
> 念，若所念便分別。比丘者因是念出家學道，思想修
> 習，此中過去、未來、今現在法，不愛、不樂、不著、
> 不住，是說苦邊。如是，耳、鼻、舌、身、意。[87]

緣起之慧雖爲甚深義，然其要旨需建立由聞所成慧，以至修
所成慧之行持力上，否則緣起亦終成一現象、一理論，而非
是慧力與學力，故同爲緣起法，是隨其而流轉，或依之而思
想修習，此中之關鍵則在自覺、自悟與自行。

3. 因果之檢驗－對修持與證道之追求

緣起法則之重點是：此生故彼生，此滅故彼滅，如是此

---

[86] 參見楊郁文《阿含要略－阿含學與阿含道》：「思惟緣起之前導－應
遍求師、應作學習、應作瑜伽、應作增上欲、應作努力、應作不退轉、
應作熱心、應作精進、應作堅忍、應作具念、應作正知、應作不放逸。」
（台北：東初出版社，1997 年），頁 332-333。

[87] 《中阿含經》卷 28〈蜜丸喻經〉，大正 1・604 中。

與彼之關聯，即是因與果之關係。釋尊深觀緣起之事實，其
法義即以緣起、緣滅而論證因、緣、果，且再與無量劫相結
合，如是則成為佛法因果論之主要內容。

　　成佛是佛法修證之究極目標，為對成佛境界之描述與對
成佛所抱持之態度，終將決定修證工夫之方向，然一皆以成
「阿耨多羅三藐三菩提」（無上遍正覺或無上正等正覺）為
佛果之圓滿，[88]唯阿耨多羅三藐三菩提，特指佛之智慧，故
發阿耨多羅三藐三菩提心，亦可謂是發成佛之心。[89]顯然，
發成佛之心是一重要關鍵，而成佛之心首先是立足於個己之
自覺；能自覺個己生命之有限，且將之再觀於法界所有眾
生，亦皆在生死、死生中而流轉不已，當深觀一切生命既有
限且短暫，而興起如何襄助眾生能於有限生命中而獲得解脫
自在；此即是個己自覺之大悲心起，能將此大悲心推及至眾
生，且欲救脫之以臻至阿耨多羅三藐三菩提，此即是成佛之

88　後秦·僧肇《注維摩詰經》〈佛國品〉：「阿耨多羅，秦言無上。三藐
　　三菩提，秦言正遍知。道莫之大，無上也。其道真正，無法不知，正
　　遍知也。」（大正38·334上）。又唐·窺基《法華玄贊》卷2：「阿
　　云無，耨多羅云上，三云正，藐云等，又三云正，菩提云覺，即是無
　　上正等正覺。」（大正34·672上）。

89　印順《般若經講記·金剛經講記》：「阿耨多羅，譯為無上；三藐，
　　譯遍正；菩提，譯覺：合為無上遍正覺。這是指佛果的一切，以佛的
　　大覺為中心，統攝佛位一切功德果利。單說三菩提－正覺，即通於聲
　　聞、緣覺，離顛倒戲論的正智。遍是普遍，遍正覺即於一切法的如實
　　性相，無不通達。但這是菩薩所能分證的，唯佛能究竟圓滿，所以又
　　說無上。眾生以情愛為本；佛離一切情執而究竟正覺，所以以覺為本，
　　發阿耨多羅三藐三菩提心，即是發成佛的心。」（新竹：正聞出版社，
　　2003年），頁28-29。

心。由此而知：成佛首重在發心，且需發阿耨多羅三藐三菩提心，然發心容易，持心精進則難，故如何使發成佛之心能持續增上而不退轉，此則涉及至修證工夫。依佛法之各宗而論，修證工夫各有不同之階次，然大抵不離開如何降伏妄心，以顯真心，此一降一顯是一體兩面，當妄心息則真心顯，一旦真心顯則自然無有妄心之存在。成佛是由自覺心開始，然自覺心之觀照入手處又為何？此當不離佛法緣起性空之基調，唯能觀照一切法皆無所得才能真解脫自在，顯然如何離一切妄執可謂是自覺心初發之起點，亦是成佛與否之重要關鍵，而如何降伏妄心，如何捨離妄執，此於佛法而言，就是智慧，就是般若。[90]般若之特德在對我、法二執之淘汰，如是之智慧總曰是功德之母，故佛特讚稱般若有殊勝不可思議之功德，而諸佛由此出，更展顯般若之果報不可思議；般若於修證者而言，即是自覺心，將此自覺心實證於修行上，即是不執不著之工夫，依此度眾才能將般若（智慧）與度眾（大悲心）相結合而成就佛果。

釋尊依緣起法而開演佛法，所謂緣起即代表聚集各種因緣條件組合而成；換言之，論因緣和合，即否定固定不變之常，緣起是與無常、不住、聚集等同義，[91]論緣起法則是肯

---

[90] 《金剛經》：「須菩提白佛言：世尊！善男子、善女人，發阿耨多羅三藐三菩提心，應云何住？云何降伏其心？須菩提！諸菩薩摩訶薩，應如是生清淨心，不應住色生心，不應住聲、香、味、觸、法生心，應無所住而生其心。」（大正 8・748 下-749 下）。

[91] 有關與緣起同義之語詞，可參見《雜阿含經》卷 2〈第 57 經〉：「因、集、生、轉。」（大正 2・14 上）。又《雜阿含經》卷 12〈第 292 經〉：

定一切法皆依因而有果，眾生是隨業而轉，諸佛菩薩是隨愿而轉，此中無有恆定不變，一皆依憑其中之緣起，以至所成之果。

　　觀人生爲一大苦聚，然凡夫可能爲眾苦逼迫而無止息；但於解脫者而言，於苦聚中而可不生憂悲反得止息，如是之苦源雖同，但卻有不同方向之呈現，如《雜阿含經》所云：

> 若從身生諸受，眾苦逼迫，或惱、或死，是名大海極深嶮處。愚癡無聞凡夫於此身生諸受，苦痛逼迫，或惱、或死，憂悲稱怨，啼哭號呼，心亂發狂，長淪沒溺，無止息處。多聞聖弟子於身生諸受，苦痛逼迫，或惱、或死，不生憂悲，啼哭號呼，心生狂亂，不淪生死，得止息處。[92]

凡夫與多聞聖弟子之不同，主要在歷緣對境之不同上，此中並無論及寂心禪定；換言之，修行證果之檢驗是在實際之生活中，而非在禪定修持中。於因緣法中，可以是：「緣是有是，無是則無。」[93]顯然，依緣起之因，終有緣起之果，故對於欲修證佛法者而言，應先立足於現象以觀察事實，並歸

「因、集、生、觸。」(大正2‧82下)。又《雜阿含經》卷28〈第749經〉：「根本、集、生、起。」(大正2‧198中)。又《雜阿含經》卷32〈第913經〉：「本、生、習、起、因、緣。」(大正2‧230上)。

[92] 《雜阿含經》卷17〈第469經〉，大正2‧119下。

[93] 《增壹阿含經》卷49〈非常品〉：「所謂因緣法者，緣是有是，無是則無。」(大正2‧819下)。

納出原理，而再進一步安排因緣。若能如是，則將如釋尊一生之示現：於現實人生歷苦之下，而觀照一切法皆不離緣起之原理，以至深知流轉或還滅之掌握權，實然皆在自己身上，而決定修證之方向。依緣起法，可使凡夫沒溺於生死流轉中，但亦能使聖弟子成就解脫道。顯然，緣起之智慧，或論修學智慧之次第，需經聞所成慧、思所成慧，以至修所成慧，而終成就無漏慧，而無漏慧之得證，正可相應於釋尊以慧學爲成佛究竟說之本懷。

依緣起無常義，一切之因緣條件皆是刹那在轉變，如是之慧是如實知見。觀緣起則生成與散滅皆有可能，而生或滅則完全取決於因緣之聚或散，亦正因一切法皆是緣起，以是煩惱止息則有希望，同理，證得果德亦爲可能。[94]《阿含經》於論緣起無常義時，一再強調此爲如實知見，唯此如實知見，若以另一角度思惟亦可得出：當一切因緣皆永遠在變動時，則亦可謂是另一種常態之不變；換言之，當無常與常是觀緣起之一體兩面時，論無常則能顯出改變之可預期，論常則能肯定每一當下之修證努力。

如實知見之緣起法，其立論之趣向是爲顯無常以至知苦，透徹無常可滌除我執，知苦是修證之動力。釋尊以緣起

---

[94]《增壹阿含經》卷20〈聲聞品〉：「若有比丘有漏盡，成無漏心解脫，智慧解脫，於現法中身作證而自遊戲：生死已盡，梵行已立，所作已辦，更不復受胎，如實知之。是彼比丘修此先苦之法，後獲沙門四果之樂。」（大正2・653下）。

爲甚深，此乃意謂形成緣起生滅之條件，其錯綜複雜不是常人可一窺即明，亦不是常識可推測揣度之，凡夫昧於因緣，以致於慣有之習性中而產生更深之執取與愛染，故釋尊提出「緣起隨順法」，依《雜阿含經》所云：

> 說賢聖出世、空相應、緣起隨順法：
> 所謂有是，故是事有；是事有故，是事起。
> 所謂緣無明行，緣行識，緣識名色，緣名色六入處，緣六入處觸，緣觸受，緣受愛，緣愛取，緣取有，緣有生，緣生老死憂悲苦惱。如是如是，純大苦聚集，乃至如是純大苦聚滅。
> 此甚深處：所謂緣起。
> 倍復甚深難見：所謂一切取離、愛盡、無欲、寂滅、涅槃。[95]

隨順緣起即是隨順法，透悟緣起法是爲超越世俗之雜染價值，依緣起法修證，可證得苦聚滅以至寂靜涅槃，以是緣起又曰空相應、出世法。顯然，觀緣起則無常、無我、苦與空，是所得之智慧，在緣起法則之下，聖人證果、凡夫輪迴，其間之關鍵則在是否能如實知與不受染，而緣起法之如實知內容即是「論因、說因」；[96]換言之，當能如實知五蘊之集、

---

[95] 《雜阿含經》卷12〈第293經〉，大正2·83下。
[96] 《雜阿含經》卷2〈第53經〉：「佛告婆羅門：我論因、說因：愚癡無聞凡夫，色集、色滅、色味、色患、色離不如實知，不如實知故，愛樂於色，讚歎於色，染著心住。多聞聖弟子，於色集、色滅、色味、

滅、味、患、離之生成與出離過程，才能再重新檢視存在於
現象界之一切法，唯有止息愛染，才能應於緣起即是空、出
世法，故云：「若見緣起便見法，若見法，便見緣起。」[97]

阿含之精神在緣起法，論緣起為甚深，其意向是建立於
積極面，此乃意謂論緣起實則是對因果作一檢驗；由因緣至
果之過程，其間之各種因緣條件是互為彼此影響的，但因緣
條件之改變亦在剎那間產生，以是論緣起則有流轉與還滅兩
面。阿含之核心法義是緣起、無常、無我、苦，此為依緣起
之流轉面所必然形成之事實，若依還滅緣起所開展之修行方
法即為四諦，四諦即是觀照人生問題之所在、原因以及解決
問題之方法與結果，一切學人小依還滅緣起之四諦法而成就
賢聖，故曰其為「聖諦」，於緣起法則下，四聖諦為解決任
何問題之標準依據與步驟，以是有：「一切法皆四聖諦所攝，
於一切法最為第一」之對四聖諦之讚稱。[98]

能觀照緣起無常與力行四聖諦，此正是緣起法之兩面－
流轉與還滅，流轉與還滅之依據在於有因、有緣；換言之，

色患、色離如實知，如實知已，於彼色不愛樂、不讚歎、不染著、不
留住。不愛樂、不留住故，色愛則滅，愛滅則取滅，取滅則有滅，有
滅則生滅，生滅則老死、憂悲惱苦滅。受、想、行、識，亦復如是。
是名有因有緣滅世間，有因有緣世間滅。」（大正2‧12下-13上）。
[97] 《中阿含經》卷7〈象跡喻經〉，大正1‧467上。
[98] 《中阿含經》卷7〈象跡喻經〉：「一切法皆四聖諦所攝，來入四聖諦
中，謂四聖諦於一切法最為第一。猶如諸畜之跡，象跡為第一。」（大
正1‧464中）。

於緣起法則之下，一切所形成之因緣果報其關鍵在己，故阿含一方面極力彰顯緣起無常之現象事實，於另一方面又一再讚頌四聖諦為「四德」，能成就者即為「大醫王」，[99]如是之目的是為彰顯修持行證之重要性，並對得成證果之肯定。論緣起無常與四聖諦之修證，可謂是《阿含經》之兩大主軸：一為觀照（如實知之智），一為實證（慧力），兩者結合即為智慧。智慧之表現在四聖諦上，而力行四聖諦之目的則為證悟解脫，以是釋尊於菩提樹下正覺後，其對四聖諦之闡揚，有「三轉法輪」之說：首先是說明四聖諦之內容；其次是勸說當修四聖諦，則可開智慧之眼（眼生、智生、明生、覺生、光生、慧生）；最後則勸說當證四聖諦，則可成就無上正真等正覺。[100]

論緣起無常除是說明現象之事實外，其另一要義在彰顯因緣改變之可能性，而對修持之努力與證道之追求，正是在果報呈現前，自身所能具有之影響力，亦可言：惟緣起無常，以是凡夫可入聖，眾生可成佛，一切皆有轉變之可能性，此

---

[99] 《雜阿含經》卷 15〈第 389 經〉：「有四法成就，名曰大醫王者：一者善知病，二者善知病源，三者善知病對治，四者善知治病已，當來更不發動。如來、應、等正覺為大醫王，成就四德，療眾生病，亦復如是：謂苦聖諦如實知，苦集聖諦如實知，苦滅聖諦如實知，苦滅道跡聖諦如實知。」（大正 2・105 上）。

[100] 《增壹阿含經》卷 14〈高幢品〉：「世尊告五比丘：苦諦、苦集諦、苦盡諦、苦出要諦，是謂名為四諦之法。然復，此四諦者，眼生、智生、明生、覺生、光生、慧生。復次，四諦者，實、定、不虛不妄，終不有異。此四諦，如實不知者，則不成無上正真等正覺。」（大正 2・619 上-中）。

是《阿含經》論緣起之積極義。於論因、緣、果時，特別強調三者彼此間之聯繫關係，此乃觀照於無常義所得之思惟，依無常故由因至果之間，是有極大轉變之可能性，而此即是予修證所具有增上作用之肯定。依無常義，萬物遷流變化不已是為定論，然此並非否定已種下之因（或已成之事實）可以改變，而是於已種之因後，再於其後之力行或造作，皆會再對其後之果產生種種改變之可能性，此一方面在說明因、緣、果層層相因之關係，於另一方面更在警惕於「因」之造作宜慎重，故向有：「菩薩畏因，眾生畏果」之語，以明示聖凡之別即在於對因、緣、果之觀照態度與行持之深淺上。《阿含經》論緣起無常為其核心法義，並闡述四果之證得階次與過程，而此正是立於修持與證道將予因、緣、果產生決定性之關鍵。

四、阿含慧學對後世之啟示意義

釋尊開演戒、定、慧三無漏學，並論及此三者是具有彼此增上並進之關係，然其中又以「慧」為出世解脱之關鍵，故探究《阿含經》所確立慧學之基礎，於後起之佛法發展中，所具有之延伸與影響，如是將更能凸顯慧學於佛法中所具有之份量。

1.《般若心經》之觀照智慧－照見五蘊皆空

釋尊開法之目的,是爲解脫眾生之苦,依此可知:佛法
是以實踐爲主,如何踐履由知苦而離苦,以求一解脫自在之
人生,此爲釋尊演法之本懷。雖說知苦是佛法之基調,然能
知苦以至踐履離苦之過程,其所憑藉即是般若慧。對於般若
慧之闡述,多以將成佛之依據是法,而所謂法即是般若慧,
[101]如是將「成佛」、「法」與「般若」串連,實正彰明:所謂
修證成佛,不能憑空想像,更不是隨心所欲,其是有所依循,
亦可謂有其理論系統之建構,此即是法,然佛法之探究需由
理論以求實踐之過程,才能契入佛法之本義,此即是般若有
「諸佛母」讚稱之源由。般若既爲成就諸佛之本,惟般若之
作用產生,其背後必有推動發用之依據。印順法師曾以「菩
提心」、「大悲心」與「般若慧」,爲了解大乘法之三個意義。
[102]此三個意義之關聯性是:依般若慧而觀知世間無常、苦、
無我(空),以至興欲救濟眾苦之大悲心,並在自利利他之

---

[101] 龍樹《大智度論》卷 34:「般若波羅蜜,是諸佛母。父母之中,母
之功最重,是故佛以般若爲母。」(大正 25・314 上)。又卷 100:「般
若波羅蜜,是諸佛母。諸佛以法爲師,法者即是般若波羅蜜,若師
在母在,不名爲失利。」(大正 25・755 下)。

[102] 印順《般若經講記・般若心經講記》:「唯有菩薩行的大乘法,纔是
佛法中最究竟的心要。大乘法可以從三個意義去了解:(1)菩提心,
菩提心即以長期修集福德智慧,乃至成最後圓滿的遍正覺,爲修學
佛法的崇高目標。(2)大悲心,菩提心是從大悲心生起的,大悲心
是對於人間一切苦痛的同情,想施以救濟,使世間得到部分的與
究竟圓滿的解脫自在。(3)般若慧,有了崇高的理想,偉大的同情,
還要有了達真理的智慧,才能完成圓滿的人生-成佛。以此三種而
行六波羅蜜多,是大乘佛法的特質。般若波羅蜜多,即大乘六波羅
蜜多的別名,所以《般若波羅蜜多心經》,可解說爲大乘心,大乘
法即佛法的心要。」(新竹:正聞出版社,2003 年),頁 165-166。

下而發修證成佛之菩提心。顯然，能具般若智之觀照作用，才能深知世間之苦；然亦唯有在知苦之基礎下，才能踐履修證之目標，故佛法強調悲心，然更強調智慧，此亦說明般若慧終以解苦爲其目標，而能推動般若慧之發用，其關鍵即是「大悲心」。在有關《般若波羅蜜多經》中，又特以《般若心經》爲主要爲中心，[103]印順法師對《般若心經》之經名總釋義爲：「波羅蜜多，是度一切苦厄；般若，是解除苦痛的主要方法；此經就是顯示這出苦主要方法的精要。心，可以有多種的解釋，然此處取心要、精要的意思。」[104]依《般若心經》內容分析，其要義實不離般若慧之觀照作用、大悲心之興發與修證成佛之菩提心，以下即就此三點而分述如下：

（1）般若慧之觀照作用，故知一切法皆空：

此即如《般若心經》所云之「五蘊空」、「十二處空」、「十八界空」、「十二緣起空」與「四諦空」等義，[105]佛法依緣起

---

[103] 印順《般若經講記・般若心經講記》：「上面所說的心義，（1）整個佛法以大乘佛法爲主要爲中心，（2）大乘法中以般若波羅蜜多法爲主要爲中心，（3）般若波羅蜜經中，又以此經爲主要爲中心，所以名爲《般若波羅蜜多心經》。」（新竹：正聞出版社，2003 年），頁167。

[104] 印順《般若經講記・般若心經講記》，（新竹：正聞出版社，2003 年），頁165。

[105]《般若心經》：「舍利子！色不異空，空不異色；色即是空，空即是色。受、想、行、識，亦復如是。舍利子！是諸法空相：不生不滅，不垢不淨，不增不減。是故空中無色，無受想行識。無眼耳鼻舌身意，無色聲香味觸法。無眼界乃至無意識界。無無明，亦無無明盡；乃至無老死，亦無老死盡。無苦集滅道，無智亦無得，以無所得故。」（大正8・848下）。有關譯本，如印順《般若經講記》：「心經的譯本，截

而論證空，色與空是「不異」、是「即」之關係，此亦是呈顯佛法之中道義；依因緣而起之色，其終究成空，然空並不否認色之暫存，故有而非有，空亦非無，色與空，可謂是事物之一體兩面。於眾生而言，色與空只是因迷與覺所產生之執與不執之差異而已。唯當再向前探尋的是：何以眾生有執與不執之別？於眾生而言，執與不執皆由其自身所發，而眾生何以能由迷轉覺，其背後之依據又為何？依佛法而言，是肯定一切眾生皆有佛性，皆有修證成佛之可能性，此眾生皆有佛性義，實亦說明一切眾生皆具有自覺的可能性，[106]唯此自覺之佛性，因受制於個人氣質而無法充分圓滿呈顯，故眾生雖個個皆有佛性，卻無法個個皆成佛，此中之關鍵則在般若慧，故《般若心經》之開宗即是：「*觀自在菩薩，行深般若波羅蜜多時，照見五蘊皆空，度一切苦厄。*」[107]般若慧並非可憑空而得，其需歷經層層之修養工夫，是以「行深」而言之；唯當自覺佛性彰顯時，則因氣稟所產生之執著亦將層層褪去，而般若慧正是去執之方法，而是否能去執，主要在是否能觀照一切法皆空，而觀一切法空，其目的在「度一切

至清季就有七種。最早是羅什法師譯的；奘譯是七譯中的第二譯，在中國最為盛行。」（新竹：正聞出版社，2003 年），頁 168。本著作採唐・玄奘譯本。

[106] 高柏園《禪學與中國佛學》，於論述〈《心經》理論系統之開展〉中有云：「色與空的區分與其提出，已隱含吾人對其之超越的掌握。而吾人之所以能有此超越之掌握，乃是因人具有佛性，有一超越的自覺可能，而人亦因此而在有限中同時具有無限之可能。」（台北：里仁書局，2001 年），頁 174。

[107] 大正 8・848 下。

苦厄」，顯然，般若之作用正爲度苦而呈顯其真實作用。[108]

（2）知一切法空，故爲度苦厄而興發大悲心：

依《般若心經》之標宗甚明確表示是爲「度一切苦厄」，換言之，所謂菩薩摩訶薩行持甚深般若波羅蜜多，是以般若爲一觀照作用之智慧，此智慧可得知一切法皆空，然證空之目的，是爲「度一切苦厄」，顯然，佛法以知苦、離苦、度苦爲基調，此爲大小乘之相通處；然兩者之差異，一在希求自身離苦，此爲小乘；一爲能推己及人，此即爲大乘。[109]本經對一切法空之所列範圍爲：[110]

---

[108] 印順《般若經講記·般若心經講記》，於論述「行深般若波羅蜜多時」，有云：「智慧是甚深的。深淺本是相對的，沒有一定的標準，但此處所說的深，專指體驗第一義空的智慧，不是一般凡夫所能得到的，故名爲深。」（新竹：正聞出版社，2003 年），頁 172。

又高柏園《禪學與中國佛學》，對於《般若心經》首句標宗之論述是：「觀自在菩薩是能觀之主體，亦是行深般若波羅蜜多之主體；般若波羅蜜多是所行之工夫，照見五蘊皆空是其效果，度一切苦厄是其目的。或者我們也可以直貫地說，觀自在菩薩在行深般若波羅蜜多之時，當下即照見五蘊皆空，當下即度一切苦厄。」（台北：里仁書局，2001 年），頁 169。

[109] 印順《般若心經講記·般若心經講記》：「因爲度苦、除苦的境界不同，所以產生了大乘與小乘。側重否定的工夫，希求自己的苦痛解脫而達到自在，這被稱爲小乘。大乘也是度苦、除苦的，但他更是肯定的，側重於離苦當下的大解脫自由，又由推己及人了知一切眾生的苦痛也與我無異，於是企圖解除一切眾生苦痛以完成自己的，這就是大乘。從人生正覺中去解除苦痛，大小乘並無不同。」（新竹：正聞出版社，2003 年），頁 148。

[110] 本表所列之方式，是參見楊惠南《佛教思想新論》，（台北：東大圖書公司，1982 年），頁 64。

```
     ┌─世間法：五蘊、十二處、十八界、流轉之十二因緣、
     │        苦集二諦。
法 ─┤
     └─出世間法：還滅之十二因緣、滅道二諦、智、得。
```

　　依《般若心經》所云：「是諸法空相」，所謂諸法當已包含一切世間與出世間法，若要約言之即有二：一為世間，一為涅槃，世間與涅槃乃相依而言之，既是相依而成，則亦可謂本無一獨立自存之法存在，故依此而論諸法為：「不生不滅，不垢不淨，不增不減」，諸法既終究成空，故對諸法之結果總論為「以無所得故」，以是生死不需厭離，涅槃亦不需欣樂。[111]

　　（3）依大悲心為度己他而發菩提心，以至立修證成佛
　　　　之目標：

　　依《般若心經》由論證五蘊等一切法空，而終結是「以無所得故」而總名一切法空之理，一切法空乃依無所得之智慧而達法空性，由法空性而知一切法本無實有，既無實有，故「無所得」是本應於一切法之態度；然眾生因無明，故以一切法為實有而執之，顯然，眾生是否能修證成佛，其關鍵點並非在法之本身，而是眾生之無明而然。眾生皆有佛性，此為佛法之肯定，亦依此而論證眾生皆可成佛，唯眾生既已

───────────

[111] 楊惠南《佛教思想新論》，於〈般若心經釋義〉中有云：「世間依涅槃而有，涅槃也依世間而有。這種世間、涅槃相依、相成、如夢、如幻的『法空』思想，表現在外的必然是『不厭世間苦，不欣涅槃樂』的菩薩行。」（台北：東大圖書公司，1982年），頁64。

具有佛性之自覺，其無明之執又源於何處？此覺與迷之間，
究竟存在著何種關係？依佛法各宗之論證「心」，「心」可以
有多種不同之解釋，其分類亦各有不同，然可大分為：真心
與妄心。若以眾生本具佛性，此佛性自覺為一超越義，然因
妄心（或識心）而產生無明執著，顯然識心即是一種執心，
是一種因自我執持所產生之無明，此執持與無明只能屬於識
心所具有，而佛性之自覺是無有執著，故佛性之自覺與識心
之無明，此兩者之質必為不同：佛性之自覺，只能就覺、超
越而言之；而識心之無明，只能就迷、自執而論之。[112]

　　菩提心之發用即是就佛性之自覺超越而言之，故依《般
若心經》之理路，行深般若波羅蜜多，是為度一切苦厄，而
之所以能知世間並無「苦」之事，其立基點在知一切法空、
一切皆無所得，既諸法皆空，則亦無有所謂苦與不苦之感
受，簡言之，所謂眾生之所以感苦，亦只是眾生之一種妄執
而已，為去執故，則需仰賴行深般若波羅蜜多。顯然《般若

---

[112] 牟宗三《牟宗三先生全集 21・現象與物自身》於論〈識心之執與先
驗概念〉中有云：「識心既由知體明覺之自我坎陷而停住而成，這一
停住就是一種執。此執是自執，即執持其自己。故識心本質上就
是執心。此執心之執性名曰本執，亦曰最原初的執，亦曰無始執。
自執自持而成一自己，再無與之同質者在其前，它自己即是最後
的。它不能再向後拉，拉成一串系，以追溯其前而又前者。它的超
越的在前者是那無執的知體明覺，而知體明覺，正因無執故，不與
之為同質，不是它的在前的一個同質的狀態。（或問：知體明覺自
覺地要自我坎陷，這不就是知體明覺之執嗎？曰：其坎陷而成識
心，故執只可於識心說，不可再於知體明覺說。其自覺地要坎陷，
是自己捨身而轉為他。）」（台北：聯經出版公司，2003 年），頁
171-172。

心經》是以度一切苦厄爲標宗，然能行深般若波羅蜜多才是
本經所欲論述度苦之方法，而依行深般若波羅蜜多，即能證
得佛法之最高目標－成佛，惟本經於論述得般若果中，要分
爲二，如《般若心經》所云：

> 菩提薩埵，依般若波羅蜜多故，心無罣礙。無罣礙故，
> 無有恐怖，遠離顛倒夢想，究竟涅槃。三世諸佛，依
> 般若波羅蜜多故，得阿耨多羅三藐三菩提。[113]

依上文之引述，得般若果可就菩提薩埵而言：「心無罣礙」
是爲依般若波羅蜜多之觀一切法而無所得故，所謂罣礙即是
因執所起，若無執，則無罣礙，亦無有恐怖與顛倒夢想，顯
然，能觀空則將臻至「究竟涅槃」之境地，此究竟涅槃之果，
乃是「涅槃果」，此是「三乘共果」。另得般若果可依三世諸
佛而言：則是「得阿耨多羅三藐三菩提」，此佛果之得，亦
是依般若波羅蜜多故，此特指「菩提果」是「如來不共果」。
[114]以是得知，不論是菩薩或諸佛，皆需依般若波羅蜜多之觀
空修證，才能使心境轉增明淨以臻至究竟圓滿。

---

[113] 大正 8・848 下。

[114] 印順《般若經講記・般若心經講記》：「菩薩修學般若，志在證得佛
果菩提，爲什麼此經說菩薩證究竟涅槃，不說證菩提呢？此因無上
正等菩提，約究竟圓滿說，唯佛能證得。而究竟涅槃則不然，是三
乘共果，聲聞阿羅漢，菩薩第七地或說第八地，都能證得。不過聲
聞者至此，即以爲究竟，而菩薩雖了知無分別法性，不生不滅，不
垢不淨，不增不減，得有諸佛護持，及發心度脫一切眾生的本願，
於是不入涅槃，進趣佛果的阿耨多羅三藐三菩提。」（新竹：正聞
出版社，2003 年），頁 202。

　　依《般若心經》之述,能觀空是度苦厄之關鍵,而觀空則源自般若慧之發用,故本經終將以般若慧為最高之諸德,其喻讚般若為:「是大神咒,是大明咒,是無上咒,是無等等咒。」[115]以「大」為表般若德之崇高,而「神」與「明」乃表般若所具有之功能,是具有不可思議與能照破無明黑暗等之力量;而「無上」與「無等等」實表般若之獨出,非一切法門可及。惟本經特將般若之喻讚與「咒」為連結,而「咒」之義,乃表秘密而不可翻譯,其要點不在咒語本身之義如何了解,其是側重在當以一心而持咒,是以心誠專一為主,當心達至誠則能感應不可思議之力量加持,故特以「大神咒」為喻,以表依般若而行持,將可解決人力不可及之事。[116]行深般若波羅蜜多,雖可感得如咒語般之不可思議之力量加持,然般若之真實用意仍在依觀空而度苦厄,故在喻讚般若如咒具有妙用外,其接續是:「能除一切苦,真實不虛。」[117]顯然,度苦厄、能除苦,才是般若之真實妙用,於此,正可與本經起首之標宗「度一切苦厄」互為呼應。依《般若心經》之經義,本經至此,理當告一段落,唯本經於經末附有一咒:「說般若波羅蜜多咒,即說咒曰:揭諦揭諦,波羅揭諦,波

---

[115] 大正 8‧848 下。

[116] 印順《般若經講記‧般若心經講記》:「咒是一般印度人所信為有極大妙用的。印度教徒,以為誦持密咒,可以藉咒語裡的鬼神名字和秘密號令,解決人力所不可奈何的事。凡欲求福、息災、神通妙用、或利益人、或損惱人,都可從咒力中獲得。」(新竹:正聞出版社,2003 年),頁 202。

[117] 大正 8‧848 下。

羅僧揭諦，菩提薩婆訶。」[118]此乃爲鈍根眾生巧立方便，若能專一心境持般若咒，亦必能在靜定中而長養智慧，此亦是本經附密咒之用意，藉由持咒，而引發智慧，以至終能觀空而達度苦、除苦之目的，因此，若以目的爲論，亦能明曉本經所附咒語之用意，確可使鈍根眾生令得生信、得定與開慧。

2.《金剛經》之不執智慧－般若道與方便道之圓融

佛法論空是採緣起觀照諸法而然，因空則無可執，能不執則得入解脫境界；此破執工夫即是般若慧，顯然，對般若慧之徹悟，是去除妄執之入手處，而能行持般若，則是成佛之首要工夫。歷來對般若或與般若相關術語之解說，大抵有：「知、明、見、觀、慧」等義，又可總歸爲：「依知之義而爲般若」，或「依了知義而爲智」。[119]不論對般若之內涵義與相關語義之說明或有不同，但般若顯然是一種與知相關之智慧則受肯定；般若慧重在知之作用，顯然，般若慧是一種修證工夫，是一種於法觀照所產生之實際作用出現。惟般若既重在去除妄執之作用，而所謂妄執，當指一切相對之法而言，於相對之法之破除，《金剛經》中有甚明確之說明，經中除對四相（我相、人相、眾生相、壽者相）要去除之，更

---

[118] 大正 8・848 下。

[119] 參見水野弘元著，釋惠敏譯，《佛教教理研究》，（台北：法鼓文化公司，2000 年），頁 81-88。文中對般若相關術語之解說，有甚多面且詳細之論述。

強調:「凡所有相皆是虛妄」,[120]此中之所謂相,當包含佛所
說之法亦是相,亦皆不可執之,因此,以至所謂佛證得阿耨
多羅三藐三菩提,如是無上正等正覺之法,於佛而言亦只是
方便開演而已,此亦不可執之。[121]

　　釋尊開演佛法,是爲使眾生證得阿耨多羅三藐三菩提,
然依佛意,佛並未開演過名爲阿耨多羅三藐三菩提之法,亦
可總言之:於佛而言,實未曾開演任何之法,更何況是定法,
顯然,一切法皆是方便義,於方便善巧而言,則必有言說、
文字或默示,此於佛而言,皆依眾生根器而方便度之,眾生
一旦契入究竟實相,則確然本無一法,則之前一切方便法,
皆歸入實相而無相。依般若慧之觀照,於一切法皆本不可
執,此中一切法當指凡、聖皆然,故不但「凡所有相皆是虛

---

[120] 《金剛經》:「須菩提!若菩薩有我相、人相、眾生相、壽者相,即非
菩薩。」又:「佛告須菩提:凡所有相皆是虛妄。若見諸相非相,
則見如來。」(大正 8・749 上)。又印順《般若經講記・金剛經講
記》:「金剛般若波羅蜜經,有兩系解說不同:一、玄奘等傳說:般
若是能斷的智慧,金剛如所斷的煩惱。所以,譯爲『能斷金剛(的)
般若』。二、羅什下的傳說:金剛比喻般若。般若能破壞一切戲論
妄執,不爲妄執所壞;他的堅、明、利,如金剛一樣。所以,或以
金剛爲喻般若,或以金剛喻煩惱,此兩說都是可通的,不過,切實
的說,應說以金剛喻般若。」(新竹:正聞出版社,2003 年),頁
13。另有關《金剛經》之譯本說明,可參見頁 18-20。本著作所引
《金剛經》爲羅什之譯本。

[121] 《金剛經》:「須菩提!於意云何?如來得阿耨多羅三藐三菩提耶?如
來有所說法耶?須菩提言:如我解佛所說義,無有定法名阿耨多羅
三藐三菩提,亦無有定法如來可說。何以故?如來所說法,皆不可
取、不可說,非法非非法。所以者何?一切賢聖皆以無爲法而有差
別。」(大正 8・749 中)。

妄」，甚至是「無有定法名阿耨多羅三藐三菩提」，此不但在
顯般若慧所具有自覺之超越精神，更在說明實相無相之真
理。「實相無相」是為破除對一切法、相之執，而「無相實
相」又為開顯於般若慧之價值肯定；換言之，般若雖重在不
執，但亦非否定一切法，此亦如《金剛經》之成佛工夫，是
依「應無所住而生其心」為入手處，[122]此一方面亦在展現：
佛法之般若慧是立足於世間相、法之不執上，而凸顯其價值
意義。因此，所謂論般若之不執，甚或依緣起而論空，就佛
法而言，皆非是單面在肯定聖法而已，因聖法亦「皆不可取、
不可說、非法非非法」；顯然，佛法之精神在圓融上，於聖、
凡法之觀照皆然，故一切法終歸皆是無為法，皆不可取、不
可說，然一切法之差別卻依然施設，亦可總言：一切法皆依
無為法而有差別之施設。[123]

　　佛法所展示之凡、聖二法，且依般若慧所凸顯之價值意
義，其目的皆是為表達眾生與佛之差異與平等：論眾生與佛
有差異，是為說明修證工夫之層次性，亦可為人生有限生命

---

[122] 《金剛經》：「須菩提！諸菩薩摩訶薩，應如是生清淨心，不應住色生
　　心，不應住聲、香、味、觸、法生心，應無所住而生其心！」（大
　　正 8・749 下）。

[123] 印順《般若經講記・金剛經講記》：「無為，即離一切戲論而都無所
　　取的平等空性。無為離一切言說，平等一味，怎麼會有聖賢的差別？
　　這如廣大的虛空－空間，雖可依事物而說身內的空，屋中的空，方
　　空、圓空，但虛空性哪裡有此差別！虛空雖沒差別，而方圓等空，
　　還是要因虛空而後可說。這樣，無為法離一切戲論，在證覺中都無
　　可取可說，而三乘聖者的差別，卻依無為法而施設。」（新竹：正
　　聞出版社，2003 年），頁 56。

注入一奮鬥之源泉；論眾生與佛是平等，此爲說明成佛之可能性，亦肯定眾生終可成佛之依據。於相關般若系之經典中，《金剛經》爲表達方便法（修證工夫）與究竟（實相）之圓融，有甚多以「是、非、是」之語辭出現，僅列舉一二，如：「須菩提！於意云何？菩薩莊嚴佛土不？不也，世尊！何以故？莊嚴佛土者，即非莊嚴，是名莊嚴。」[124] 又「須菩提！佛說般若波羅蜜，即非般若波羅蜜。」[125] 如是之特殊語辭表現，實爲說明：一切法（佛土莊嚴、般若波羅蜜）皆如幻如化，依世間法而論，則有佛土莊嚴與般若波羅蜜，然此皆非定法，依性空而論，正因爲一切法皆假緣而起，皆有可變性，如是，才有可能由穢土轉爲淨土、由迷轉悟，此正是般若性空之正見，能由通達性空之般若慧，並依人悲心而行方便度眾，此般若慧與方便度眾相結合，正可彰顯：惟以一切法皆不可執爲前提，才能有真正依緣度眾以達自在圓融之境地－度盡一切眾生，實無一眾生可度之，如是則真正臻至實相之境界。[126] 依佛法所論證之實相無相，顯然，佛果之究竟證悟，並非有一實法可得，因若以有一實法可得，則違反以一切法皆無常之佛法基調；在此基調上，論空與論般若之

---

[124] 《金剛經》，大正 8・749 下。

[125] 《金剛經》，大正 8・750 上。

[126] 印順《般若經講記・金剛經講記》：「菩薩從初發心到成佛的過程中，所分的兩個階段。從初發心，修空無我慧，到入見道，證聖位，這一階段重在通達性空離相，所以名般若道。徹悟法性無相後，進入修道，一直到佛果，這一階段主要爲菩薩的方便度生，所以名方便道。依《智論》說：發心到七地是般若道－餘宗作八地，八地以上是方便道。般若爲道體，方便即般若所起的巧用。」（新竹：正聞出版社，2003 年），頁 16。

不執，可謂是與佛意最相契入，亦是證入佛果之關鍵。然為何般若是屬於菩薩，而不屬於佛？就菩薩而言，弘法利生為其本業，而般若本身是側重於破除執相之智慧，此是一觀照諸法所產生之智慧，而般若之空慧，正是策導萬行之根本，因菩薩所行之布施、持戒、忍辱、精進、禪定之五度，必以般若為前導，否則所行將成執相，一有執相，則無法通至「波羅蜜」（到彼岸），此即如《金剛經》所云：「須菩提！菩薩於法應無所住行於布施，所謂不住色布施，不住聲、香、味、觸、法布施。……須菩提！菩薩但應如所教住。」[127]顯然，般若於菩薩之方便度生上，不僅僅只是一種觀空之智慧，實則更是一種實證之行為，如何能不住於相而行，才是將般若真正落實在具體之行為上，故般若確然是「以行為宗」。[128]

佛法之理論雖各有不同，但一皆是以證悟實相為究極則為一致，故不論是以三法印（或四法印）為言，或以空、無自性以至般若為言，其間之關聯性則仍立足於佛法核心之緣起基調上，此如：「觀無常即是觀空因緣」[129]又：「無常則是空之初門，若諦了無常，諸法則空。」[130]緣起即是無常，此

---

[127] 《金剛經》，大正 8・749 上。

[128] 印順《般若經講記・金剛經講記》：「般若屬於菩薩，不屬於佛。約般若唯一而貫徹始終說，如來當然也有般若。不過，佛說般若，重在實相慧離言發悟，策導萬行。般若『以行為宗』，所以與側重境相而嚴密分析，側重果德而擬議圓融者不同。」（新竹：正聞出版社，2003 年），頁 12。

[129] 龍樹《大智度論》卷 22，大正 25・222 下。

[130] 龍樹《大智度論》卷 31，大正 25・290 下。

是爲說明無常與空之關連性。至於無常與苦之關連，則如：
「苦不從緣生，云何當有苦；無常是苦義，定性無無常。」
[131]而青目之釋是：「若不從緣生故則無苦。」[132]而論緣起亦
即是論無我，如：「法若因他生，是即非有我；若法非我者，
云何是如來。」[133]而青目之釋是：「若法因眾緣生，即無有
我，如因五指有拳，是拳無有自體。」[134]而將緣起、無常、
苦、空、無我相串連而論，則如：「（一切法）離我所故空。
因緣和合生故空，無常、苦、空、無我故名為空。……無常、
苦、空故無我。不自在故無我，無主故名無我。諸法無不從
因緣生，從因緣生故無我。無相、無作故無我。假名字故無
我。」[135]由論緣起，以至論無常、苦、空、無我等，終究是
爲證得實相，則可見之於：「今聖人無我我所故，諸煩惱亦
滅，諸煩惱滅故，能見諸法實相。」[136]

　　對實相之掌握，是立足於無相上，唯所謂無相，並非是
否定一切法，無相是就緣起、無常、無我與空等而觀之，亦
可曰：一切法皆因緣和合，以是一切法皆本無自性，故曰無
相。顯然，無相並非是無一切相（或一切法），實則是就一
切法之不執不著而論其爲無相。對實相之悟，是依無相而
來，故實相是無相；然無相是就一切法皆不可執之而論，以

[131] 龍樹《中論》卷4，大正30・33中。
[132] 龍樹《中論》卷4，大正30・33中。
[133] 龍樹《中論》卷4，大正30・30上。
[134] 龍樹《中論》卷4，大正30・30上。
[135] 龍樹《大智度論》卷31，大正25・293中。
[136] 龍樹《中論》卷3，青目之釋，大正30・24下。

至而臻實相境界，故無相是實相。惟能深觀「實相」與「無相」是互爲關聯，才能對世間一切法有真實之把握，且在無量世間法中攸然自在，此是佛法所極欲深刻表達之意，亦是佛法所呈顯之智慧，而般若之不執不著作用，正可謂是如何指引一切法由無相而臻至實相之推手。

般若慧在佛法中顯然是入佛境之重要關鍵，然對般若是否有深刻之要求實踐，則不在於對般若本身之分析而得，因般若之特性在對一切法之觀照不執不著上；換言之，如何使般若能成爲個己生命之必然要求，則仍需返歸至佛法爲解苦而發之大悲心上。唯能深知眾生苦之源由，並興發度脫之悲憫情懷，則對般若之要求才能真正與個己自覺生命相契合，此乃因般若是屬於菩薩，故對般若之自覺要求，絕無法只求個己生命之解脫，其必是爲度一切苦厄，而般若之觀空，其終境亦必如般若之性格般：觀一切法皆空，故實未曾有一法名曰般若，而佛亦未曾有所說法，更何況是般若！[137]

阿含慧學總體之根本內涵在緣起智慧，此是立足在一切諸法皆因緣和合而成，依緣起則必有緣滅之結果，此爲阿含所呈顯之慧。阿含立論之慧，不但是佛法義之基礎核心，於其後所發展而出之相關般若系之經典，其內涵終不離是依緣起觀空而然。於《金剛經》而論，此是甚受中土重視之經典，

---

[137] 《金剛經》：「須菩提！汝勿謂如來作是念：我當有所說法。莫作是念！何以故？若人言如來有所說法，即爲謗佛，不能解我所說故。須菩提！說法者，無法可說，是名說法。」（大正 8・751 下）。

唯此經之重點在「般若」,並依之提出四個問題:「何者般若、
何名般若、般若何用、般若屬誰。」[138]如是之四問,要約在:
般若是一種觀慧(何名般若),依此觀慧可觀照諸法畢竟成
空(般若何用),對般若之契入可先由文字－聽聞受持,再
觀照－攝心觀察緣起,以達實相－現覺諸法如實相(何者般
若),依觀慧可證解脫,則般若可爲三乘共證(般若屬誰)。
於後世所發展之大乘法門,不論對般若是「通於三乘」或「但
爲菩薩」有所爭論,[139]唯對般若是觀照緣起以至能得諸法畢
竟空之貢獻上,此則爲對阿含慧學之一致肯定。

3. 《壇經》之實踐根據－般若智與般若行

佛法是由緣起、無常爲其立論根本,順此一路所開展之
法義,如《中論》之空、假、中三諦圓融,以至般若不執不
著而成實相等。如是之思想可謂一皆圍繞在依無常、空而論
議;惟無常、空之立論,本爲說明一切法皆無定性,若執一
切法爲常、爲不變,則是妄執,此即是煩惱產生之源,此爲
敷論無常、空之用意。佛法既是爲實踐而鋪路,不能實踐之

---

[138] 印順《般若經講記‧金剛經講記》,(新竹:正聞出版社,2003 年),
頁3。

[139] 印順《般若經講記‧金剛經講記》:「從前,成論大乘師說:般若是
通教,不夠深刻;唯識大乘師說:般若但爲菩薩,不夠普遍。總之,
照他們看,般若是不究竟,『通』又不好,『但』又不好,這可說是
『般若甚深,諸多留難』!那裡知道般若通教三乘,但爲菩薩,深
廣無礙,如日正中!這所以般若於一切大乘經中,獨名爲大!」(新
竹:正聞出版社,2003 年),頁 11-12。

法則成戲論，但如何才能將無常、空實踐於具體行爲上，此中則涉及實踐之最內在問題；換言之，息妄顯真之根據爲何，故有佛性、佛心之提出，此中《六祖壇經》可謂是一代表性，其開法總偈即已表明：有一菩提清淨自性，而此清淨自性、自心，即是成佛之根據。[140]而《六祖壇經》特立一〈般若品〉，於中更直明：世人皆有菩提般若之智，人之迷悟不同，但佛性本無差別。[141]顯然，由觀無常、空之法義，至佛性、佛心之提出，前者是爲說明不可執一切法，其立論重點在破執常、執有；而後者之提出，是爲破執無常、執空以至而否定一切法之偏執者。釋尊之演法，必有其徹悟之根據，而人最基本立足點即是所處之天、地、人與萬物萬類，釋尊於世間一切萬類中觀之緣起性空是定律，亦可謂是真理，無

---

140 元‧宗寶《六祖壇經》〈行由品〉：「菩提自性，本來清淨，但用此心，直了成佛。」（大正 48‧347 下）。

141 元‧宗寶《六祖壇經》〈般若品〉：「善知識！菩提般若之智，世人本自有之，只緣心迷，不能自悟，須假大善知識，示導見性。當知愚人智人，佛性本無差別，只緣迷悟不同，所以有愚有智。吾今爲說摩訶般若波羅蜜法，使汝等各得智慧。」（大正 48‧350 上）。又牟宗三《牟宗三先生全集 4‧佛性與般若（下）》：「般若智不只是如空宗或《般若經》所表現的只是在『不捨不著』之作用上見，而且亦被收於如來藏自性清淨心上而爲一有所依止的實體性的般若－其所以爲實體性的，是因爲自性清淨心爲一實體性的心故。（此實體性也許只是有實體性意味的一個虛樣子，在《起信論》與華嚴宗處尤顯得這個虛樣子。在還滅時，也可以打散這個虛樣子，不可著實。否則如來藏心便有梵我之嫌。但無論打散這個虛樣子，或有這個虛樣子而有梵我之嫌，皆有其作用與意義。佛法發展至此，並非即是迷失。）此勉強權說的有實體性意味的自性清淨心（真常心）亦就是眾生的如來藏性－佛性。達摩所說『深信含生同一真性』，可能就是這個如來藏性。」（台北：聯經出版社，2003 年），頁 1054-1055。

常由此悟出，能徹悟無常是由觀一切萬物之法則而得，此兩
者是互爲關係的，此即是佛法之中道真理。

般若之作用，除具有不執不著外，於《六祖壇經》更對
「般若」釋爲：「善知識！心量廣大，遍周法界。用即了了
分明，應用便知一切。一切即一，一即一切，去來自由，心
體無滯，即是般若。善知識！一切般若智，皆從自性而生，
不從外入，莫錯用意，名為真性自用。一真一切真。」[142]《壇
經》顯然是以真常心立場而將般若亦納歸入其自性、自心之
理論中，不但萬法皆由自性生，般若智更是人人自性本自具
足，如是之論，看似與緣起、無常或空宗著重於一切法之不
執不著上有差異；然若以立足於人人皆具如來智慧德相上，
釋尊能觀照諸法皆空以證佛道，如是之證空能力，於眾生身
上亦是等同具有，故眾生與佛皆本同具般若觀空之能力，此
爲本具之能力，唯佛是顯，而眾生是隱而已，此爲《壇經》
論般若智之理路。若再順此理路發展下去，則接續所要提出
之問題即是：如何才能將眾生本具之般若智呈顯出來， 其
答案則是：「若無塵勞，智慧常現，不離自性。悟此法者，
即是無念。無憶無著，不起誑妄，用自真如性，以智慧觀照，
於一切法，不取不捨，即是見性成佛道。」又：「善知識！
智慧觀照，內外明徹，識自本心，若識本心，即本解脫。若
得解脫，即是般若三昧，即是無念。」又：「何名無念。知
見一切法，心不染著，是為無念。用即遍一切處，亦不著一

---

[142] 元・宗寶《六祖壇經》〈般若品〉，大正 48・350 中。

切處。但淨本心,使六識出六門,於六塵中無染無雜。來去自由,通用無滯,即是般若三昧,自在解脫。名無念行。」[143]《壇經》立論之中心在自性、自心上,而其實證工夫則是「三無」:無念爲宗、無相爲體、無住爲本,[144]而《壇經》於「三無」之解釋,亦並不是否定一切法,而是於一切法上不執著,如是之理路是與般若觀空思想可謂具有一致的。惟《壇經》特將般若落實於行爲上則稱「般若三昧」,而《壇經》之般若三昧即代表解脫自在,此顯然是將「三無」之工夫實證,用以彰顯般若之特性,並非是在工夫階次上之層層轉明,而是能於相離相、於念而無念(不執念)、於諸法而不住,能如此,即是般若、即是般若三昧;故所謂般若三昧,是只要能於一切法、相上不執、不著、不住外,其餘則無任何塵勞,以是但求:「識自本心」、「淨本心」爲然,如是即可見性成佛道,此爲《壇經》於一切法不執之宗旨特性,正因其活潑不自縛法,才能將浩瀚之法界諸法全體皆收,此是《壇經》之精神,實亦是佛法重在隨機指點所流露之般若智慧。

般若是一種觀照智慧,然能觀照諸法皆空,此已非僅是於般若智慧之一種說明而已,而是當能觀照諸法皆空,以至

---

[143] 以上所引皆見於元・宗寶《六祖壇經》〈般若品〉,大正 48・350 下-351 中。

[144] 元・宗寶《六祖壇經》〈定慧品〉:「善知識!我此法門,從上以來,先立無念爲宗,無相爲體,無住爲本。無相者,於相而離相。無念者,於念而無念。無住者,人之本性。於諸法上,念念不住,即無縛也。此是以無住爲本。」(大正 48・353 上)。

能不執不著一切法時，此已然是般若之流露，而般若智慧之呈顯，此亦可謂是《壇經》所云之「修般若行」，[145]而《壇經》所謂：「修般若行」，亦即是以「無住為本」，而無住與般若不執不著諸法之精神是為一致的。唯當再進一步追問：所謂「修般若行」是否有具體之方法；換言之，如何才能使般若智慧充分流露，其修證內容究竟是什麼？此依《壇經》所論，除依不執不著所提之「三無」理論外，更提出「以定慧為本」之修證具體方法。《壇經》所論之定慧並非是採階次性，而是以「定慧一體」為立論；[146]以「定慧一體」為具體之修證方法，此中隱含於定慧不執不著之精神，就定慧而言，此兩者可互為關係，定力深穩則必能生慧，而智慧充足者亦必知修定之重要性，此定慧方法於修證者而言，可因人而有不同之契入點，然其目的皆為達成於諸法之不執以至見性成佛道，故《壇經》強調定慧一體不是二，亦正可謂是一種不執不著之般若精神。

　　般若之觀空智慧，至《壇經》則有特釋「摩訶般若波羅蜜」之義，此中之波羅蜜（到彼岸）是蘊涵確然行持之義，而「般若波羅蜜」則意謂將觀空智慧實證為一具體行為，以此通達至見性成佛。觀《壇經》對「摩訶」之釋義，是以「虛

---

[145] 元・宗寶《六祖壇經》〈般若品〉：「善知識！若欲入甚深法界及般若三昧者，須修般若行。」（大正 48・350 下）。

[146] 元・宗寶《六祖壇經》〈定慧品〉：「善知識！我此法門，以定慧為本。大眾勿迷，言定慧別，定慧一體，不是二。定是慧體，慧是定用。即慧之時定在慧，即定之時慧在定。若識此義，即是定慧等學。」（大正 48・352 下）。

空包含萬有」爲例論，指明：虛空雖無有邊畔，然一切萬有（萬法）皆在虛空而無滯礙。[147]依《壇經》之義，其藉釋「摩訶」之義，是爲對其自性、自心之宗旨作更進一步之說明；以虛空包含萬有，正爲說明虛空並非空無一物，然虛空亦不執取一物；換言之，以虛空之包含萬有，以顯虛空爲「大」之義，而之所以能名其爲「大」，正在其不執不著之特性，因一有執取，則是有限、有量，不執不取則是無限、無量，此一方面可說明虛空之特性，另一方面亦表顯般若之精神。

般若是一種觀空智慧，然觀空之首要即是不著空，如是才能應合以「摩訶」釋般若之用意；唯依於《壇經》之立場，是以虛空爲大而釋自性、自心與萬法之關係，此即如《壇經》所言：「自性能含萬法是大」、「萬法在諸人性中」、「心如虛空，名之為大」等義。[148]《壇經》所論自性、自心是否能如虛空般之廣大具含諸法，其修養重點則在智慧心之意念間是否有執、有滯，故對般若則言是：「去來自由，心體無滯」，

---

[147] 元‧宗寶《六祖壇經》〈般若品〉：「何名摩訶？摩訶是大。心量廣大猶如虛空，無有邊畔，亦無方圓大小，亦非青黃赤白，亦無上下長短，亦無瞋無喜，無是無非，無善無惡，無有頭尾，諸佛剎土盡同虛空。世人妙性本空，無有一法可得，自性真空，亦復如是。善知識！世界虛空能含萬物色像，日月星宿，山河大地，泉源谿澗，草木叢林，惡人善人，惡法善法，天堂地獄，一切大海，須彌諸山，總在空中。世人性空，亦復如是。」（大正 48‧350 上-中）。

[148] 元‧宗寶《六祖壇經》〈般若品〉：「善知識！莫聞吾說空，便即著空。第一莫著空。善知識！自性能含萬法是大。萬法在諸人性中，若見一切人惡之與善，盡皆不取不捨，亦不染著。心如虛空，名之爲大，故名摩訶。」（大正 48‧350 上-中）。

對波羅蜜則釋爲:「離境無生滅,如水常通流」,[149]並總言:
「悟此法者,是般若法,修此行者,是般若行。」[150]

依《壇經》對「般若」之釋義,其重點仍放在實證上,
而實證之種點在《壇經》自性、自心之立場上,則是強調當
下之一念,所謂智、愚之差別亦在一念間,故言:「一切處
所,一切時中,念念不愚常行智慧,即是般若行。一念愚即
般若絕,一念智即般若生。世人愚迷,不見般若。口說般若,
心中常愚。常自言:我修般若,念念說空,不識真空,般若
無形相,智慧心即是。若作如是解,即名般若智。」[151]禪宗
向以強調日常生活即是道,然如何才能在日常生活間流露般
若智慧,此中之關鍵則在心念之起動間,唯能在生活之時
時、處處中,常保般若不執不著之智慧心,則才能在塵勞中
而攸然自在,此爲《壇經》終究強調「自性般若」之用意,
[152]亦見無形相之般若,其表顯之地方則在人人心念間。

依後人對佛法有宗派系別之劃分,此乃佛法發展之必然

---

[149] 元・宗寶《六祖壇經》〈般若品〉:「何名波羅蜜?唐言到彼岸,解義
離生滅。著境生滅起,如水有波浪,即名爲此岸。離境無生滅,如
水常通流,即名爲彼岸,故號波羅蜜。」(大正48・350中)。

[150] 元・宗寶《六祖壇經》〈般若品〉:「迷人口念,當念之時,有妄有非。
念念若行,是名真性。悟此法者是般若法,修此行者是般若行。不
修即凡,一念修行自身等佛。」(大正48・350中)。

[151] 元・宗寶《六祖壇經》〈般若品〉,大正48・350中。

[152] 元・宗寶《六祖壇經》〈般若品〉:「善知識!世人終日口念般若,
不識自性般若,猶如說食不飽,口但說空,萬劫不得見性,終無有
益。」(大正48・350上)。

現象，判教論之出現即應此而生。惟不論是以緣起性空、虛妄唯識或真常唯心等以分別法義之內容，或依各宗判教而界分法義之淺深高下，此中已透顯在佛法之廣大內涵裡，實難僅以某一經之思想為最高妙，並欲藉此而統整各宗派。唯緣起之智慧不但是《阿含經》之核心，亦可謂是整體佛法之根本要旨，即或《壇經》之內容論及自性、自本性，並以此自性為成佛實踐之根據，然實踐之智慧，則終究不離般若智與般若行。《壇經》所謂之般若智是一種立於當下現前之一念，而所謂當下現前之一念，即是依於緣起法而立論，緣起則代表剎那之生滅，其觀照之重點是：已過者則然已過，未至者則當未至，故一切皆只能是現前當下之一念，而《壇經》要學人力求當下現前一念之實踐智慧，可謂是將緣起深義置於日常修行上，因在緣起之觀照下，實然一切皆本只有一念，以是依此當下現前一念之般若智而行持即成般若行，故亦可謂《壇經》實踐之根據乃立於緣起之慧上。

五、結語

佛法之開展，是釋尊觀生老病死苦而欲解脫之，且由自悟而至度他之歷程，因觀知苦而欲救脫之，此中能觀知苦是釋尊之智慧，而欲救脫之是釋尊之悲心，此皆為釋尊本人之深心願力。然如何引領眾生能知苦且破除之，此中即涉及修行工夫；換言之，如何實踐是佛法最重要一部分，既言實踐則必涉及實踐之方法，而實踐方法之敷陳展現，亦可謂是一

套理論之建構，既是理論建構，則必要有合理且可能實踐之信念與方法。[153]綜觀佛教在整體淵源流長之發展中，其理論內涵是豐富且多元的，即使大小乘諸宗派理論與修行方法各有不同，但要求實踐，要求度苦以達圓滿解脫之境則為一致。顯然，在理論與實踐結合上，佛法是以實踐為優先。

依佛法而言，「佛」代表人格圓滿之實踐，佛由人成，需經層層之修行才能臻至圓滿之佛境，因此，所謂解脫，所謂成佛，皆不能只是一種概念或理論，其必是生命實際之解脫。「佛」代表修證之圓滿，此中除必須具足智慧外，更要具備無量之功德，因此，由佛所成之相是三十二相、八十種好，由佛所成之佛土是功德莊嚴，而相好與功德圓滿，正是彰顯成佛必仰賴無量之智慧與實踐。惟佛之境地常以「不可思議」而描繪之；換言之，佛法雖以實踐為重，且強調理論系統之建構，而工夫論亦有其歷程之展現，然如是種種訴諸文字之論述，終無法將成佛之究極表達圓盡，此中即在透顯所謂成佛之修行實踐是無有上限的，而個人一世之有限生命，終將以追求一無限可能而奮鬥精進。此一方面可予人生命積極向上之動力，亦代表佛法強調累劫之修行，故一世之生命雖有限，但智慧生命終無有窮盡。生命在一呼一吸間，

---

[153] 高柏園《禪學與中國佛學》:「哲學探索的努力，乃在試圖經過理性的批判而獲致較為合理的信念，則吾人的實踐修養並無理由排斥哲學，相反地，我們可以說，生命實踐之信念其無法接受哲學理性的反省，毋寧是表現出吾人生命對自覺反省的缺乏。」(台北：里仁書局，2001 年)，頁 3。

然慧命之精進，將在無量法界、無量佛土中而永續進行著，[154]此爲佛法對成佛爲最究極圓滿所展現之理論敷陳。

---

[154] 對於佛淨土之時間無盡之描繪，可參見《華嚴經》〈壽量品〉：「此娑婆世界，釋迦牟尼佛刹一劫，於極樂世界阿彌陀佛刹爲一日一夜。極樂世界一劫，於袈裟幢世界金剛堅佛刹，爲一日一夜。……如是次第乃至過百萬阿僧祇世界，最後世界一劫，於勝蓮華世界賢勝佛刹，爲一日一夜。」（大正 10・241 上-中）。有關〈壽量品〉內容之闡述，可參見拙著《華嚴經之成佛論》，（台北：萬卷樓圖書公司，2006 年），頁 138-143。

第四章　《阿含經》正解脫學之證實境地

一、前言

　　釋尊以戒、定、慧三無漏學為修行主要之標目，依三學之修證目的即是為求「解脫」。於佛法而言，解脫可以是一種心境，表現於具體行為上，則是代表人格之完美。[1]若以心境而論解脫，則自覺自在是一純然之境地，然解脫心境之獲致，於佛法而言，是需立足於修證行為上；換言之，於一解脫者而言，除純然心境之自覺外，其流露而出之種種表現，才能界定其是否為聖者。釋尊是由人而證成佛之最佳典範者，其所論述之聖者解脫境，是依於戒行清淨、修定觀照，並以智慧而處理面對一切之人事物。由《阿含經》所論述之多聞聖弟子，其解脫是依種種結縛：「二十一心穢、二十一結、十六心穢、九結、七使、五蓋、四縛、四取、四流（漏、軛）、三有漏、三愛、三穢（刺、戀）」之斷結而論之。[2]顯然，如何遠離貪、瞋、慢、疑等，才是由結縛而證成解脫之重要關鍵。反之，若無一切之結縛，又何來欲證解脫之事！

---

[1] 楊郁文《阿含要略－阿含學與阿含道》〈序文〉：「正解脫學在於證實：究竟解脫之聖人，具足完美的知、情、意，是人格完滿者。」（台北：法鼓文化公司，1997 年），頁 4。

[2] 以上有關《阿含經》所論述之「種種結縛」內容，參照楊郁文《阿含要略－阿含學與阿含道》，（台北：法鼓文化公司，1997 年），頁 433-434。

唯《阿含經》既以論述五蘊之狀態入手,此亦說明:執於五蘊正是一切結縛產生之源,而依於戒、定、慧之力持不同,故解脫之內涵亦將不同。

二、解脫之主要義涵

欲論解脫,則需由論修習之方法入手,依於不同之修習、斷結不同之結縛,則所得解脫之義涵亦將不同。唯不變的是,釋尊之法義精神主要在引領學人,依修習而遠離煩惱,以證得解脫自在之人生。依修學次第而論,是由戒、定、慧而至解脫,此乃說明:解脫實與戒(離欲)、定(離恚)、慧(離癡)等修習有密切而不可分割之關係。依戒、定、慧之修學,可得大果報,此尚有存果報之執,於修證而言,則尚屬不究竟。於阿羅漢之修習三無漏學,其目標在「心淨」,以心淨而得解脫,並將欲漏、有漏、無明漏之三漏盡除,而如是解脫智之獲致,則必依於戒、定、慧之修習而論。[3]

1. 以「離欲」論解脫

於《阿含經》中所論述之解脫義,其所指涉之內容可以有不同之多面向,顯然,論「解脫」可以依不同之義涵而論

---

[3] 《長阿含經》卷 2〈遊行經〉:「修戒獲定,得大果報;修定獲智,得大果報;修智心淨,得等解脫,盡於三漏-欲漏、有漏、無明漏。已得解脫,生解脫智;生死已盡,梵行已立,所作已辦,不受後有。」(大正 1‧12 上)。

述之,而以「離欲」、「諸漏盡」論解脫,可謂是論解脫之最
基本之義涵。解脫是依煩惱盡而證得,於《阿含經》中雖立
具內涵不同之解脫,但諸漏盡不僅是證解脫之根本,亦是不
受後有之依據,如《雜阿含經》所云:「世尊告諸比丘:有
七處善、一種觀義,盡於此法得漏盡,得無漏心解脫、慧解
脫,現法自知身作證具足住:我生已盡,梵行已立,所作已
作,自知不受後有。」[4] 依行持與觀照得諸漏盡,而心解脫、
慧解脫即是緣於行持與觀照所證之果德,而無漏心解脫、慧
解脫,亦是如來成就智行能轉法輪之依憑,亦是如來十力之
一,如《雜阿含經》所云:

> 如來諸漏已盡,無漏心解脫慧解脫,現法自知身作
> 證:我生已盡,梵行已立,所作已作,自知不受後有,
> 是名第十如來力。若此力成就如來、應、等正覺,得
> 先佛最勝處智,能轉梵輪,於大眾中師子吼而吼。[5]

無漏心解脫、慧解脫,於如來是十力之一,是如來成正等正
覺之重要依據,而如來心解脫、慧解脫之證得,亦必依現比
丘出家相,能於色、受、想、行、識生厭離、滅盡、不取以
終證得解脫,如是之過程,皆在明示:依解脫之證得而論,
如來、阿羅漢於五蘊之離欲修行上皆必具之。[6]

---

[4] 《雜阿含經》卷2〈第42經〉,大正2‧10上。

[5] 《雜阿含經》卷26〈第684經〉,大正2‧187上-中。

[6] 《雜阿含經》卷3〈第75經〉:「比丘於色厭、離欲、滅、不起、解脫,
是名如來、應、等正覺;如是受、想、行、識,厭、離欲、滅、不起、

　　《阿含經》以論五蘊終究無常、苦、無我爲要旨，論五
蘊無常實然亦是在明示：一切煩惱亦終究是空；若依一切法
其本是空，則所謂欲得證解脫實亦不可得。《阿含經》依不
同義涵而有種種解脫之異說，然解脫實然是依結縛而論，結
縛是起於自執而有，若執除則結縛本不存在。解脫既依有漏
煩惱之去除而論，唯煩惱是依因緣和合而成；換言之，煩惱
在因緣法則之觀照下，本是無常、空。若以諸漏盡而論解脫，
則首先要去捨因「味」所產生之「過患」，不論是令人愉悅
或令人痛苦之「味」，只要執於貪欲，即處於「味」之狀況，
即使是令人喜好之味，亦終究在無常之變化下而轉爲苦味、
禍患，故於「味」之釋義是：「緣色生喜樂，是名色味。若
色無常、苦、變易法，是名色患。」[7]又云：「於此五欲之中，
起苦、樂心，是謂欲味。」[8]顯然，於「味」之欲貪終成「欲
過」，故於「色味」當調伏、當斷，此即所謂離、斷、盡之
意義。[9]

　　解脫，是名如來、應、等正覺。比丘亦於色厭、離欲、滅，名阿羅漢
　　慧解脫；如是受、想、行、識，厭、離欲、滅，名阿羅漢慧解脫。」
　　（大正2·19中）。又《雜阿含經》卷26〈第684經〉：「爾時，世尊
　　告諸比丘：若比丘於色生厭、離欲、滅盡、不起、解脫，是名阿羅訶
　　三藐三佛陀；受、想、行、識亦如是說。若復比丘於色生厭、離欲、
　　不起、解脫者，是名阿羅漢慧解脫；亦如是說。」（大正2·186中-
　　下）。

[7] 《雜阿含經》卷2〈第58經〉，大正2·14下。
[8] 《增壹阿含經》卷12〈三寶品〉，大正2·605上。
[9] 《增壹阿含經》卷12〈三寶品〉：「辛苦而獲財業，是爲欲爲大過。現
　　世苦惱，由此恩愛，皆由貪欲；作此勤勞，不獲財寶，便懷愁憂苦惱；
　　獲財貨，恐後亡失；費散財貨，心意錯亂；共相攻伐，死者眾多。緣
　　此欲本，不至無爲。復次，欲者亦無有常，此欲變易無常者，此謂欲

　　解脫主要是以「離欲」而論，此中又特與持戒有必然之關係。依《阿含經》所論，阿羅漢盡諸有漏、有結，正智心解脫，而有「解脫六處」：「離欲解脫、離恚解脫、遠離解脫、愛盡解脫、離取解脫、心不忘念解脫」，此六處解脫，一皆立於貪、恚、癡盡而論；換言之，亦可言是：「樂於無欲、樂於遠離、樂於無諍、樂於愛盡、樂於取盡、樂心不移動」，[10]顯然，釋尊所論之解脫，並非是一種神秘經驗，更非是一種入定或神通之展現而已，而是一種遠離貪、瞋、癡煩惱之苦迫後所得之境界。雖言，於不同之人所擁有之解脫境界或有不同，唯能依於釋尊所論之修習方法而行持，則一般凡夫眾生即使一時無法臻至如佛陀、聖者之境界，但以「遠離」為修行之主要方向，則亦能於趣向解脫之境有所領會。

　　《阿含經》以論五蘊入手，而釋尊即以分散五蘊為其法

為大患。」（大正 2・605 上-中）。又《雜阿含經》卷 2〈第 58 經〉：「若於色，調伏欲貪、斷欲貪、越欲貪，是名色離。」（大正 2・14 下）。

[10]《雜阿含經》卷 9〈第 254 經〉：「爾時，尊者二十億耳白佛言：世尊！於世尊法中得阿羅漢，盡諸有漏，所作已作，捨離重擔，逮得己利，盡諸有結，正智心解脫，當於爾時解脫六處。云何為六？離欲解脫、離恚解脫、遠離解脫、愛盡解脫、離取解脫、心不忘念解脫。……貪、恚、癡盡，是名真實離欲解脫、是名真實遠離解脫，亦名離愛，亦名離取，亦名離忘念解脫。」（大正 2・62 下-63 上）。又《中阿含經》卷 29〈沙門二十億耳經〉：「爾時，尊者二十億耳白佛言：世尊！若有比丘得無所著，諸漏已盡，梵行已立，所作已辦，重擔已捨，有結已解，自得善義，正智解脫者，彼於爾時樂此六處：樂於無欲、樂於遠離、樂於無諍、樂於愛盡、樂於取盡、樂心不移動。」（大正 1・612 中）。

義核心，此正爲說明：當一切自我之中心、主宰、傲慢、黏
著等斷除後，則所剩之寂靜、清涼、真實即是解脫，而解脫
實代表一切之五蘊將不再聚集、生起，而欲求修行解脫，即
重於不再添加助長五蘊之材薪；換言之，當能於五蘊「遠
離」，且「後不相續，無所復受」時，此即爲修證解脫之第
一正慧、正行。[11]

戒、定、慧於解脫之獲致皆同具重要，但依修學之比重
而論，戒之修學是決定正趣菩提、究竟苦邊之關鍵，故《阿
含經》強調：「比丘重於戒、戒增上。若彼戒隨順梵行、饒
益梵行，如是比丘戒堅固、戒師常住、戒常隨順生。如是知、
如是見，斷三結，謂身見、戒取、疑。」[12]以學增上戒，可
斷三結，於纖芥罪能常懷畏怖，此乃立足在持戒清淨是心解
脫之最重要依據，故欲求解脫，當以戒行爲重、爲本。

依《阿含要略》於論戒、定、慧學一皆是以「增上」爲
其標目，此乃說明：三學之義涵與修證重點方法雖各有不
同，但戒、定、慧各具有增上諸法之作用則爲同然，三學之
修證其目標在證得解脫；換言之，以解脫而論，實然已是一
種究竟證實之表現，故論解脫則標目是：「正解脫學
sammāvimuttisikkhā」。[13]顯然，依修持而論，解脫之證成是

---

[11] 《中阿含經》卷 42〈分別六界經〉：「譬如燃燈，因油因炷。彼若無人
更增益油，亦不續炷，是爲前已滅訖，後不相續，無所復受，是謂第
一正慧，成就第一真諦處。」（大正 1・692 上）。

[12] 參見《雜阿含經》卷 29〈第 820 經〉，大正 2・210 中。

[13] 參見楊郁文《阿含要略－阿含學與阿含道》，（台北：法鼓文化公司，

代表人格之具足完美，於世人而言即是聖人、覺者之境地。

就解脫而論，其雖是一種於證實境地之呈現，然依釋尊演法重分析、階次之特色，所謂解脫，其義涵與名目雖有種種異說，然大抵不離依戒、定、慧而證得，顯然，欲論解脫則終需立於修證所要降伏之對象。於《清淨道論》論解脫之證得有五：[14]

（1）彼分解脫：乃意旨依修證之過程與階次，可臻至各不同之諸見解脫；[15]依於不同之修證而有不同之諸見解脫，此中在顯修證（戒、定、慧）之重要性，而禁戒之修習，

是守護諸見解脫之入門。[16]

（2）鎮伏解脫：鎮伏是依習定以降伏諸蓋而然，此中

1997 年），頁 433。

[14] 覺音著，葉鈞譯《清淨道論》〈說神通品〉：「證得彼分解脫、鎮伏解脫、正斷解脫、安息解脫、遠離解脫的心是『解脫心』（這五種在《解脫道論》作彼分解脫、伏解脫、斷解脫、猗解脫、離解脫），不證得這五種解脫的心是『不解脫心』。」（高雄：正覺出版社，2002 年），頁 415。

[15] 《解脫道論》卷 1〈因緣品〉：「現修達分定諸見解脫，此謂彼分解脫。」（大正 32・399 下）。

[16] 《長阿含經》卷 2〈遊行經〉：「修戒獲定，得大果報；修定獲智，得大果報；修智心淨，得等解脫，盡於三漏－欲漏、有漏、無明漏。」（大正 1・12 上）。又《中阿含經》卷 5〈成就戒經〉：「修習禁戒，守護從解脫，又復善攝威儀禮節，見纖芥罪，常懷畏怖，受持學戒。」（大正 1・449 上）。

重在以定論鎮伏解脫，顯然，入禪定、三昧是證解脫之必備條件。[17]

（3）正斷解脫：斷有斷除、捨離之義，此乃依於修出世間道能滅除一切餘結而然；[18]依斷除而論，依於修戒可斷三結、不墮惡趣，以達究竟苦邊；除此，就阿含觀五蘊終究無常、無我、苦之慧，則可得「斷五下分結」。[19]

（4）安息解脫：安息是就於修習中所證得之果樂而論；[20]依「安息」之義，亦可能在顯明：於漸次修持過程中，一切之我見、我慢等結縛煩惱已漸得解脫，以是於身心所產生輕息安然之感受。[21]

（5）遠離解脫：此是無餘涅槃之證得，[22]至此，一切

---

[17] 《解脫道論》卷 1〈因緣品〉：「現修行初禪伏諸蓋，此謂伏解脫。」（大正 32・399 下）。

[18] 《解脫道論》卷 1〈因緣品〉：「修出世間道能滅餘結，此謂斷解脫。」（大正 32・399 下-400 上）。

[19] 《雜阿含經》卷 3〈第 64 經〉：「多聞聖弟子，不見色、受、想、行、識，是我、異我、相在，亦非知者，亦非見者；是無常、是苦、是無我、非當有、壞有，故非我、非我所，我、我所非當有。如是解脫者，則斷五下分結。」（大正 2・16 下）。

[20] 《解脫道論》卷 1〈因緣品〉：「如得果時樂心猗，此謂猗解脫。」（大正 32・400 上）。

[21] 《雜阿含經》卷 10〈第 263 經〉：「精勤修習，隨順成就，一切結縛、使、煩惱、纏，漸得解脫。」（大正 2・67 中）。

[22] 《解脫道論》卷 1〈因緣品〉：「離解脫者，是無餘涅槃，此謂離解脫。」（大正 32・400 上）。

之愛欲、執著等已不再起塵、熾然。[23]

以上所論之五種解脫,是《清淨道論》依於神通之「他心智」而證得,其雖是他心智通之證得功德,但此中重點在他心智上,所謂他心智,是一種以己心而知他心之過程,顯然,論他心智,實然是在知心之種種差別,故云:「有貪心而知有貪心,離貪心而知離貪心。等持心而知等持心,不等持心而知不等持心。解脫心而知解脫心,不解脫心而知不解脫心。」[24]此中之重點在:己心之修證,依佛法之修證解脫而論,此是一種如人飲水,冷暖自知之事,解脫是依於修證所得之果,亦唯有己心之確然實證,才能再依同理心以引導他人。

對於解脫之證得與三學之關係,《解脫道論》於開宗即有詳述:

> 戒定智慧,無上解脫,隨覺此法,有稱瞿曇。
> 若人脫眾難,已得離諸著,成就於勝分心,畏生老死,樂善樂解脫,令到涅槃樂。未到有彼岸,亦令得具足。
> 廣問修多羅毘曇毘尼事,此解脫道,我今當說:

---

[23] 《雜阿含經》卷35〈第985經〉:「云何不起塵?謂無我、無我欲,乃至十八愛不起,是名不起塵。云何不熾然?謂無我所、無我所欲,乃至無外十八愛行,是名不熾然。」(大正2‧256下)。

[24] 覺音著,葉鈞譯《清淨道論》〈說神通品〉:「彼如是心得等持,安住不動時,引導其心傾向於他心智。彼以己心,悉知其他有情及其他補特伽羅之心。」(高雄:正覺出版社,2002年),頁412-413。

　　　戒者威儀義，定者不亂義，慧者知覺義，解脫者離縛
　　　義，無上者無漏義，隨覺者知得義，此法者四聖法義。
　　　以戒定慧解脫殊勝功德，能到最勝名稱無量。此解脫
　　　道為得解脫，是具足道，以戒定慧謂解脫道。[25]

「以戒定慧謂解脫道」，此乃意旨：戒、定、慧之修證是成
就解脫之關鍵；換言之，重點在三學之修證，依三學之修習
可證得之解脫內涵，列之如下：

戒－鎮伏：犯戒垢、惡業垢、諸欲著、惡趣。
　　成就：戒清淨、初善（精進→不退→喜→踴躍→身猗→
　　　　　樂→心定）、無過樂。

定－鎮伏：纏垢、身羸、欲界。
　　成就：心清淨、中善（以定如實知見）、寂滅樂。

慧－鎮伏：無知垢、使垢、一切有。
　　成就：見清淨、後善（已如實知見厭患→離欲→解脫→
　　　　　成自知）、分別四諦、正覺樂。[26]

戒、定、慧之修習可證得解脫，然若於解脫之法不能確然了

---

[25]《解脫道論》卷1〈因緣品〉，大正32・399下-400上。
[26] 以上有關戒、定、慧之鎮伏與成就之內容，參見於《解脫道論》
　　卷1〈因緣品〉，大正32・400上-中。

知，亦將因微細塵勞與不聞法故而退轉，顯然，於解脫道之修證義涵、目標亦需確然明曉，才能使三學真正產生增上以完成正解脫之作用。

2. 以「去執」論解脫

戒、定、慧是一種修學方法，實亦可言是一種對治方法，此乃源於不同之煩惱故有不同之對治法產生，以是而言，則對治法亦可謂是修行方法。當使用某種對治法產生奏效時，若因此而執之，反成為一種法執，如是則如造筏是為過河，一旦渡河後卻又不能棄捨船筏，則船筏反成為一種障礙，故釋尊強調：「當以捨是法，況非法耶！」[27]如是之觀點亦見於《金剛經》：「知我說法如筏喻者，法尚應捨，何況非法！」[28]此乃言明：所謂真解脫，是於一切法（正法）尚當不可執取，況非法也。亦可言：以「去執」論解脫，此中則當包含於一切對治法亦皆需完全去執。如是之觀點即是立於無常法印而論之，法之使用在一時一機，亦可言是一人一事而已，適於昔，不定適於今；適於彼，不定適於此，故於一切對治之修行方法皆當不可執取。顯然，執著是一切煩惱之源，若起於惡念、貪念等，應當去之，但執著更需斷除，故云：「貪

---

[27] 《中阿含經》卷54〈阿梨吒經〉：「（猶如）縛作桴筏，乘之而度，安隱至彼。彼便以筏著右肩上，或頭戴去。於意云何？彼作如是意，能為筏有所益耶？如是，我為汝等長夜說筏喻法，欲令棄捨，不欲令受。若汝等知我長夜說筏喻法者：當以捨是法，況非法耶？」（大正1·764 中-下）。

[28] 大正 8·749 中。

亦惡、著亦惡，彼斷貪、亦斷著。」[29]一切執著悉當斷盡，
此正是般若慧之作用，能將般若慧行於持戒、習定上，一方
面可止貪、除煩惱，但所謂於戒法與定境不可執之，並非是
要棄捨戒律與定境之修持，而是一位真正解脫者之心境，
戒、定已是融入其日常生活中，而非自執爲某一法門而已，
亦唯歷經般若空慧之滌淨，才能臻至確然之解脫境，此即爲
真智慧、真解脫。

　　解脫是依染著去除而論之，染著即是執有，故如何才能
於世不染世，是意指行事於世間，但心卻不染著，如是所論
之解脫境界，是於眾生染著之生活型態能深具智慧觀照而得
之，而如是之解脫，顯然是依慧而得解脫，故名「慧解脫」。
[30]以「慧解脫」而言，是於「七識住及二處」心不染著，而
七識住及二處正是執我眾生之生命世界，而一慧解脫者，是
於此染著能超越之；以是而言，所謂慧解脫，是指心不染著，
但並未有入定之能力。相較於慧解脫之心不染著然尚不具入
定之能力，則所謂「俱解脫」，是除心不染著外，尚具有入
甚深禪定之能力。[31] 顯然，雖對於解脫之內涵或有不同之

---

[29] 《中阿含經》卷 22〈求法經〉：「念欲惡，惡念欲亦惡。彼斷念欲，亦
斷惡念欲。如是，恚、怨結、堅嫉、欺誑、諛諂、無慚、無愧、慢、
最上慢、貢高、放逸、豪貴、憎諍，貪亦惡、著亦惡，彼斷貪，亦斷
著。」（大正 1・571 上-中）。

[30] 《中阿含經》卷 24〈大因經〉：「若有比丘，彼七識住及二處知如真，
心不染著，得解脫，是謂比丘阿羅訶（漢），名慧解脫。」（大正 1・
582 上）。

[31] 《中阿含經》卷 24〈大因經〉：「若有比丘，彼七識住及二處知如真，
心不染著，得解脫，及此八解脫，順逆身作證成就遊，亦慧觀諸漏盡

闡述，然一切煩惱永盡是修行最終之目標，此是與智慧有深度密切之關係；然煩惱永盡是需經於世間生活中，能持續修行觀照、反省後，才可能臻至之境界，而修定之學習，則攸關達成目標之重要過程。依對「四果」證悟之內容而觀之：

> 何等為須陀洹果？謂三結斷。
> 何等為斯陀含果？謂三結斷，貪、恚、癡薄。
> 何等為阿那含果？謂五下分結盡。
> 何等為阿羅漢果？謂貪恚癡永盡，一切煩惱永盡。[32]

須陀洹果是初果，凡、聖之別自此區分，而「三結斷」（三結：身邪結、疑結、戒盜結）是證初果之必要條件，而三結可謂是對邪見之執著；若能修學至初果，亦代表必會朝向解脫而行。若以終境之解脫而言，是一總體智慧之呈現，然能對三結之思惟、觀照與反省，如是之過程，則必於定中生慧以成之。[33]

　　雖然，習定僅是得證解脫之過程，然《阿含經》對依定

者，是謂比丘阿羅訶，名俱解脫。」（大正 1‧582 中）。

[32] 《雜阿含經》卷 29〈第 797 經〉，大正 2‧205 下。

[33] 《增壹阿含經》卷 16〈高幢品〉：「身邪結：計身有我，生吾我之想，有眾生想，有命、有壽、有人、有士夫、有緣、有著。疑結：所謂有我耶？無我耶？有生耶？無生耶？有我人壽命耶？有父母耶？有今世、後世耶？有沙門、婆羅門耶？世有阿羅漢耶？有得證者耶？戒盜結：我當以此戒，生大姓家、長者家、婆羅門家，若生天上及諸神中。有此三結，繫縛眾生，不能從此岸至彼岸。猶如兩牛，同一軛，終不相離。」（大正 2‧630 上）。

所得之「定解脫」內涵，有甚多之論述，如「九刺滅」[34]、
「八解脫」[35]「三三昧（解脫）」[36]等，一切定解脫之修習，
其目的皆在爲求「得不動心」[37]之心解脫；簡言之，心之淨、
心之定，以至心解脫，於釋尊而言，正是於一切欲、惡、不
善法之堪忍、堪耐之修習，[38]此是淨行之成就，亦是定力之
表現。[39]

---

[34]《長阿含經》卷9〈十上經〉：「若入初禪，則聲刺滅。入第二禪，則
覺觀刺滅。入第三禪，則喜刺滅。入第四禪，則出入息刺滅。入空處，
則色想刺滅。入識處，則空想刺滅。入不用處，則識想刺滅。入有想
無想處，則不用想刺滅。入滅盡定，則想受刺滅。」（大正1‧56下
-57上）。

[35] 參見《大集法門經》卷下：「八解脫是佛所說，謂內有色想觀外色解
脫，內無色想觀外色解脫，淨解脫，具足住空無邊處解脫，識無邊處
解脫，無所有處解脫，非想非非想處解脫，想受滅解脫。」（大正1‧
232下）。

[36]《雜阿含經》卷3〈第80經〉：「佛告比丘：若比丘觀察彼陰無常、磨
滅、不堅固、變易法，心樂、清淨、解脫，是名爲空。……復有正思
惟三昧，觀察色相斷，聲、香、味、觸、法相斷，是名無相。……觀
察貪相斷，瞋恚、癡相斷，是名無所有。」（大正2‧20中）。

[37]《中阿含經》卷40〈黃蘆園經〉：「我（世尊）已得如是定心清淨，無
穢無煩，柔軟善住，得不動心，覺憶宿命智通作證。我得如是定心清
淨，無穢無煩，柔軟善住，得不動心，學於生死智通作證。我已得如
是定心清淨，無穢無煩，柔軟善住，得不動心，學於漏盡智通作證。」
（大正1‧679下-680上）。

[38]《中阿含經》卷52〈調御地經〉：「世尊告曰：若聖弟子至得第四禪成
就遊者，如是弟子則隨如來住不移動。彼於爾時則能堪忍、堪耐諸不
可樂。彼於爾時調御、善調御，得上調御、最上調御，得上息、最上
息，除諸曲惡、恐怖、愚癡及諛諂，清淨止塵，無垢無穢，可呼可請，
可敬可重，實可供養，爲一切天人良福田也。」（大正1‧758下）。

[39]《雜阿含經》卷27〈第743經〉：「比丘！心與慈俱多修習，於淨最勝。」
（大正2‧197下）。又《長阿含經》卷11〈阿菟夷經〉：「世尊自言：

　　解脫是起於種種結縛而說，若無結縛則本清淨自在，亦
無所謂欲證解脫之論。顯然，即或解脫之內涵有種種之差
別，亦或如各經論於探究解脫有不同之類分與名目，但解脫
本依於結縛而論則爲是然。至此，則當要再進一步思慮：結
縛從何而生？又當如何而滅？依《阿含經》之基本理論：一
切事物皆因緣和合，故終究無常、無我、苦、空，此爲由觀
一切現象皆當如是，以是而思之結縛，則一切結縛亦是因緣
和合而生，同理，亦將因緣而滅，於由生至滅，或由滅至生，
如是之過程僅是一種形式之轉化而已；換言之，於結縛而
論，其本無有實體，而不執之態度，正是觀照因緣法則之慧，
以是能持不執之態度與觀空之慧，正爲破除結縛之重要關
鍵。

　　觀《阿含經》中，論種種結縛之解脫（滅法），有所謂
「十上法」，於中僅列舉「十滅法」，如云：

> 舍利弗告諸比丘：有十上法，除眾結縛得至泥洹，盡
> 於苦際。
> 一滅法：我慢。
> 二滅法：無明、愛。
> 三滅法（三愛）：欲愛、有愛、無有愛。
> 四滅法（四受）：欲受、我受、戒受、見受。
> 五滅法（五蓋）：貪欲蓋、瞋恚蓋、眠睡蓋、掉戲蓋、

我弟子入淨解脫，成就淨行，彼知清淨，一切遍淨。」（大正1・70
上）。

　　　　　　　疑蓋。

　　　　六滅法（六愛）：色愛、聲愛、香愛、味愛、觸愛、
　　　　　　　　　　　　法愛。

　　　　七滅法（七使法）：欲愛使、有愛使、見使、慢使、
　　　　　　　　　　　　瞋恚使、無明使、疑使。

　　　　八滅法（八邪）：邪見、邪思、邪語、邪業、邪命、
　　　　　　　　　　　　邪方便、邪念、邪定。

　　　　九滅法（九愛本）：因愛有求、因求有利、因利有用、
　　　　　　　　　　　　因用有欲、因欲有著、因著有嫉、
　　　　　　　　　　　　因嫉有守、因守有護。

　　　　十滅法（十邪行）：邪見、邪思、邪語、邪業、邪命、
　　　　　　　　　　　　邪方便、邪念、邪定、邪解脫、
　　　　　　　　　　　　邪智。[40]

　　於上所列述之各滅法，實然是就結縛之滅除以論，觀所有之
結縛亦終不離因無明與愛、欲等所起之偏執。論滅法是立於
已成之事實以觀照，當順流緣起，則將產生由無明至老、死
之層層鉤鎖；而滅法是逆轉緣起，促使無明能滅除之反向突
破。顯然，結縛與滅法（解脫）是立於同一線上之相反兩方，
以是而知：欲趣向解脫道，則當思結縛之滅除法，若結縛已
斷，則解脫自然證得。

　　就解脫道之內涵而論，或有各種名目，此乃因應眾生之
執各有不同所致，然形成結縛之根源則不離愛染執著，而愛

---

[40] 參見《長阿含經》卷9〈十上經〉，大正1‧52下-57中。

染執著正起於觀現象不明所致，因無明則結縛煩惱即生。在因緣法則之下，一切現象事物無一刻是靜止，亦可言是剎那生滅，如是剎那生滅之現象事實，如以另一角度思惟則是生生不息。依觀照因緣法其目的是爲破無明、愛染與執著，然結縛去除後之解脫，是一種自在境地，此中所展現即是一生生不息之修證；換言之，當結縛滅除後，則對解脫之證得亦不能住之、執之。[41]

《阿含經》之基調在論無常、無我、苦，此中最易造成結縛之源是「我」，亦可言：欲證得解脫，實然需由自我於身心與五蘊之執入手。佛法強調如實知見，觀一切現象在剎那變化中，則一切現象亦可言皆是虛妄，言虛妄並非否定或看不見事物之存在，而是觀知一切之現象皆是暫時性之存在，此即是如實知見。一切現象皆本虛妄，此爲現象界之事實存在；換言之，造成執著與結縛之因是「我」，而非事物本身，故《阿含經》強調證悟「無我」[42]之重要性。「我」是造成一切執著之本，證得無我，實則亦連帶能證「無明觸滅」，依緣起法：無明觸滅於前，則明觸集起必於後，此亦是無惑之證得，[43]能無惑則能如實觀察世間皆無所有、無所

---

[41] 釋體方《解脫之道－四聖諦與緣起與大乘不共慧》：「解脫，從體悟真性而來。體悟，是要離妄執，離一切分別的。在修行趣證的過程中，合理的分別是必要的。但在臨近悟入的階段，善的與合理的分別，都須離卻才行。」（桃園：菩提廣講堂，2007年），頁263。

[42] 《雜阿含經》卷10〈第270經〉：「聖弟子住無我想，心離我慢，順得涅槃。」（大正2‧71上）。

[43] 《雜阿含經》卷3〈第63經〉：「多聞聖弟子住六觸入處，而能厭離無

取、無所著，[44]以至終能無所復作（有漏）業而無苦，[45]以得安隱、寂靜、涅槃。顯然，有執、有爲是形成惑、業、苦輪迴之源，當能觀照「我」是緣起之刹那生滅，則不執、不凝滯，正是無爲法、無爲道跡[46]之實證境地。

3. 以「證果」論解脫

就修行之最終證得而言，果德之內涵是有淺深之別（如來正覺解脫、阿羅漢慧解脫），然依「解脫」之境（煩惱止息）論之，則阿羅漢與如來則無有差別，如《中阿含經》所云：

> 梵志瞿默目揵連即問曰：阿難！若如來、無所著、等正覺解脫及慧解脫、阿羅訶解脫，此二解脫有何差別？有何勝如？尊者阿難答曰：目揵連！若如來、無所著、等正覺解脫及慧解脫、阿羅訶解脫，此二解脫

明，能生於明。彼於無明離欲而生於明，不有、不無、非有無、非不有無、非有我勝、非有我劣、非有我相似，我知、我見。作如是知、如是見已，所起前無明觸滅，後明觸集起。」（大正 2・16 中-下）。

[44] 《雜阿含經》卷 2〈第 33 經〉：「比丘！多聞聖弟子於此五受陰非我、非我所，如實觀察。如實觀察已，於諸世間都無所取，無所取故無所著，無所著故自覺涅槃。」（大正 2・7 下）。

[45] 《中阿含經》卷 7〈象跡喻經〉：「尊者大拘絺羅曰：若有比丘無明已盡，明已生，無所復作。」（大正 1・464 中）。

[46] 《雜阿含經》卷 31〈第 890 經〉：「世尊告諸比丘：云何無爲法？謂貪欲永盡，瞋恚、愚癡永盡，一切煩惱永盡，是無爲法。云何爲無爲道跡？謂八聖道分，正見、正志、正語、正業、正命、正方便、正念、正定，是名無爲道跡。」（大正 2・224 上-中）。

無有差別，亦無勝如。[47]

依此經義之所述，是僅就「解脫」之證得而論之，以是凡依
各種修證方法皆可證得解脫，於此立基點上，則如來與阿羅
漢之解脫則無有差異，此乃在肯定依佛法義之修證方法，皆
可促使一切學人證得解脫之境，此乃是予佛法之最高肯定。
然就佛果而言，或依十法界而思之，此中又完全呈顯佛與菩
薩不同，更異於緣覺與聲聞；換言之，即使阿羅漢擁有與佛
相同之解脫境，然佛德所具有之內涵，又確然不同於阿羅
漢，如《雜阿含經》所云：

> 如來、應、等正覺者，先未聞法，能自覺知，現法身
> 知，得三菩提，於未來世能說正法，覺諸聲聞，所謂
> 四念處、四正斷、四如意足、五根、五力、七覺分、
> 八聖道分，是名如來、應、等正覺。所未得法能得，
> 未制梵行能制，能善知道、善說道，為眾將導；然後
> 聲聞成就隨法隨道，樂奉大師教誡、教授，善於正法，
> 是名如來應等正覺、阿羅漢慧解脫種種別異。復次五
> 學力（阿羅漢）、如來十力。[48]

就解脫境之得證，則阿羅漢與佛無異，此之立足點在自度上
而言，顯然，依正觀思惟無常、力持定力以至貪欲煩惱永盡，
如是之修證過程、結果，則阿羅漢與佛無有不同。當在自度

---

[47] 《中阿含經》卷36〈瞿默目揵連經〉，大正1‧655下-656上。

[48] 《雜阿含經》卷26〈第684經〉，大正2‧186下。

上已臻至解脫境後，如何再度他亦能契入解脫，此中則涉及
欲度他時所要具有之善權方便與智慧，而此部分亦即是佛與
阿羅漢等之差異。佛之修證果德是「無上正等正覺」，此中
若以覺爲最高智慧之象徵，則唯有佛才堪稱正覺，而正覺正
是表彰佛之智慧能依人治人、依法治法，應對不同眾生之
機，佛所給予開導亦將不同，此乃說明佛本無定法，如是之
應對智慧實與緣起、無常義正相契入，正因是緣起、是無常，
則一切亦只是當下方便適合某眾生而已，故執一切法則反成
滯礙。如上之引文中所述：「先未聞法，能自覺知」，此乃說
明如來之智慧是一種自覺知，顯然，智慧與法之關係，若於
一般人而言，聞法之多寡，將對見聞之開展有某一程度之影
響，而見聞之知亦將有助於處世接物；然於如來而言，其智
慧已然超越因聞法而累積之知識而已，其智慧可謂即是一種
正覺之智，能因不同時、地、人、事而演暢諸法，以至有「未
得法能得，未制梵行能制」，此正顯佛不執定法之智，而如
是之智慧亦可謂即是一種般若智，而「自覺知」亦代表佛爲
一切法之悟導者，故能覺諸聲聞，爲一切眾生之大導師。於
法而言，本爲權便而已，故法華有開三乘終歸一乘之旨，此
即在破除學人執法之定見，而佛之正覺即是彰顯佛所具有智
慧與自覺知之領悟是不同於凡人，然佛由人成，當眾生將自
覺知能充分開展時，亦將如佛能開法、制梵行，而自覺知是
否能完全被呈顯，亦即是佛與一切學人不同之處。

　　欲求解脫證果是修行佛法之目的，唯對於「解脫」之義
涵，當如何界定則各有不同，如《雜阿含經》所論：「念覺

支，擇法、精進、猗、喜、捨覺支。此七法修習滿足，淨信
者謂心解脫，智者謂慧解脫。離貪欲者，心解脫；離無明者，
慧解脫。若彼比丘離貪欲，心解脫，得身作證；離無明，慧
解脫；是名比丘斷愛縛、結、慢、無間等，究竟苦邊。」[49]
有關「心解脫」之義涵有：「淨信心解脫」[50]、「正智心解脫」
[51]、「漏盡無餘心解脫」[52]、「無礙心解脫」[53]、「心正善解脫」
[54]、「無漏心解脫慧解脫」[55]等。依遠離貪欲為「心解脫」，
則「心」所以能名之為解脫，其義重在：淨信、正智、漏盡、
無礙、正善等，顯然，心解脫是一種於心理或心神之清淨、
無礙，此中尚未涉及至智慧觀照之部分；換言之，在修持淨
戒上能有得成，則是心解脫之獲證。

　　佛法重修行階次，修行既有階次，則解脫之獲致亦理應

---

[49]《雜阿含經》卷26〈第710經〉，大正2・190中。

[50]《雜阿含經》卷4〈第90經〉，大正2・23上。

[51]《雜阿含經》卷9〈第254經〉：「於世尊法中得阿羅漢，盡諸有漏，所作已作，捨離重擔，逮得己利，盡諸有結，正智心解脫；當於爾時，解脫六處。」（大正2・62下）。

[52]《中阿含經》卷60〈八城經〉：「若聖弟子住漏盡無餘得心解脫。」（大正1・802中）。

[53]《長阿含經》卷9〈十上經〉：「云何一證法？謂無礙心解脫。」（大正1・53上）。

[54]《雜阿含經》卷20〈第552經〉：「若沙門、婆羅門無上愛盡解脫，心正善解脫，究竟邊際，究竟無垢，究竟梵行，畢竟清淨。」（大正2・144下）。

[55]《雜阿含經》卷15〈第393經〉：「若一切漏盡，無漏心解脫慧解脫，見法自知作證：我生已盡，梵行已立，所作已作，自知不受後有；彼一切悉知四聖諦。」（大正2・106中）。

有內涵階次之不同。依心解脫而論,是依修持淨戒以成,然
願意持戒則必由淨信入手,是以,即或論三無漏學爲修習之
主要內容,實然,一切皆須立足於增上信學。依心解脫之義
在:淨信、離貪欲與得身作證,其中「信」是最大之力量,
能使信仰堅定、清淨與成就,再加之離欲之身作證,則才能
使淨信成就爲心解脫;換言之,所謂心解脫,又絕非僅是一
種心理、心神之想像狀態而已,實然是依行持才可證得。

　　有關「慧解脫」之義涵,則重在「知見有漏斷」[56]、「慧
見諸漏已盡、已知」[57]等,顯然,所謂慧解脫,是無明去除
後之智者表徵。依佛法而論,「信」爲一切道德之源,聖弟
子於佛、法、僧一向淨信,然此佛、法、僧三寶,其中佛爲
開法者,僧爲行持佛法者,故亦可言之‧所謂淨信佛、法、
僧,實然即是「信法」。《阿含經》強調:「聞善法、善思惟,
趣向法次法」,[58]由親近善知識、聞思法,乃至依法實踐,
如是之過程,即是由凡入聖之修持方法,而法(智慧)即是

---

[56] 《雜阿含經》卷33〈第936經〉:「聖弟子一向於佛清淨信,於法、僧
　　一向淨信,於法利智。……乃至決定智慧,不得八解脫身作證具足住,
　　然彼知見有漏斷,是名聖弟子不墮惡趣,乃至慧解脫。」(大正2‧
　　240上)。

[57] 《中阿含經》卷51〈阿濕貝經〉:「云何比丘有慧解脫?若有比丘八解
　　脫身不觸成就遊,以慧見諸漏已盡、已知,如是比丘有慧解脫。」(大
　　正1‧751中)。

[58] 《中阿含經》卷38〈鬚閑提經〉:「有四種法,未淨聖慧眼而得清淨;
　　云何爲四?親近善知識,恭敬承事,聞善法,善思惟,趣向法次法。」
　　(大正1‧672下)。又《增壹阿含經》卷17〈四諦品〉:「世尊告諸
　　比丘:有四法多饒益人;云何爲四?第一法者當親近善知識,第二者
　　當聞法,第三者當知法,第四者當法法相明。諸比丘!當求方便成此
　　四法。」(大正2‧631中)。

最重要之依據，若能依法不依人，即可得正信、證得慧解脫。

　　遠離貪欲是心解脫，離卻無明是慧解脫，此兩者之不同，乃因對治之對象不同所致。貪欲是起於心念之愛執，因愛執故流轉生死不得解脫，若能斷除愛縛，則因愛執所產生之苦終將解除。無明乃是因智慧觀照不深徹所導致理性上之錯誤，又因無明所產生之知見以至造業，此即形成惑、業、苦之輪迴，一旦智慧呈朗則無明自然消退。不論是依離貪欲而言心解脫，或斷無明而論慧解脫，雖對治之對象有所不同，但同為遠離苦（究竟苦邊）則為一致，此亦是論解脫最重要之內涵。顯然，解脫是對應於苦而論，唯因不同之執故有不同之苦，故釋尊開演甚多之修行方法，而一切修行方法皆為幫助學人通向解脫之道，此亦是立修行法門之目的。

　　即或有甚多不同之解脫名目，但如何轉苦為解脫是立解脫義之真正用意。若言苦為煩惱，解脫為菩提，此兩者之轉化，則如一體之兩面，唯當苦轉為解脫時，如是之解脫即是菩提之充分呈顯，此時已然無有苦、煩惱之存在。依解脫之究竟義是為離苦、煩惱，此乃以苦、煩惱為一總體論之，唯緣於煩惱所產生之苦則難以計數，以致對解脫亦有類別之界分。以心解脫、慧解脫而論，離欲為心解脫，離無明為慧解脫；於心解脫之證得，則主要在能去除貪、瞋、癡與一切之愛執等，而慧解脫則要依觀照苦、集、滅、道四聖諦，且能如實知之而證得。亦因所要對治之對象不同，又因修行方法之主要契入點不同，以是依不同之對治與修行方法，故有種

種不同內涵之解脫出現。[59]

　　依據不同之對治而有不同之解脫，此亦是在顯示：佛法之解脫可以僅是意指某一種無明、煩惱、苦之離卻，以是在修行上，亦應是一一解脫之積累，唯能臻至佛之無上正等正覺境才是究竟圓滿解脫。《阿含經》有種種不同之解脫，且不同之解脫皆依不同修行而證得，此乃是應於當世間之行證，唯就現實世間煩惱、雜染之開啓，則六根相應於六塵是第一道關卡，而一切苦源亦皆由此而產生，故六根之調御、守護，顯然是離苦之初步，[60]而聖人與凡夫之差別，煩惱與解脫之異向，亦由是守護六根而分焉。

　　如來為最究竟之等正覺，其於諸漏之盡除與心、慧解脫之證得，當是最具圓滿。然於諸漏之盡滅而證得阿羅漢，其在心、慧解脫上，是異於如來，此即如《雜阿含經》所云：

　　　須深白佛言：世尊！彼眾多比丘於我面前記說：我生

---

[59] 《雜阿含經》卷 37〈第 1027 經〉：「佛告比丘：如是如是，汝正應為離貪故，於我所修梵行；離瞋恚、愚癡故，於我所修梵行。比丘！於欲離欲心解脫，離無明故慧解脫。」（大正 2・268 中）。又《增壹阿含經》卷 42〈結禁品〉：「云何比丘心善得解脫？於是，比丘愛已除盡，如是比丘心善得解脫。云何比丘智慧解脫？於是，比丘觀苦諦，集、滅、道諦，如實知之，如是比丘智慧解脫。」（大正 2・776 上）。

[60] 《中阿含經》卷 38〈鬚閑提經〉：「不調御六根，不密守護而不修者，必受苦報。」（大正 1・670 下）。又《增壹阿含經》卷 3〈阿須倫品〉：「弊魔波旬，恆在汝後，求其方便，壞敗善根；波旬便化極妙奇異色、聲、香、味、細滑（觸）之法，欲迷亂（汝）。」（大正 2・560 下）。

已盡，梵行已立，所作已作，自知不受後有。我即問
彼尊者：得離欲、惡不善法，乃至身作證，不起諸漏，
心善解脫耶？彼答我言：不也，須深！我即問言：所
說不同，前後相違；言不入正受，而復記說自知作證。
彼答我言：得慧解脫。作此說已，各從座起而去。我
今問世尊：云何彼所說不同，前後相違；不得正受，
而復說言自知作證？佛告須深：彼先知法住，後知涅
槃。[61]

阿羅漢之證得是先知法住，此法住即指於五蘊之厭離、滅
盡、不起而論，能於五蘊離欲、盡除，實則是依五蘊之無常、
苦、空、無我而觀照，亦可言是依四聖諦而得五蘊之離欲，
阿羅漢之記說不受後有，乃是立於四聖諦法住而證得，如是
之證得顯然是依智慧觀照而然，故言是得慧解脫。由先知法
住之慧解脫，才能再後知涅槃，如是之歷程，則是在說明：
知法住之慧解脫為修行之立基點，必當再力持實證至諸漏已
盡，是謂心善解脫，且當以慧解脫、心解脫才能終證涅槃。
以心解脫、慧解脫論之於如來與阿羅漢，如來是諸漏已盡，
能自證知、自作證，且同具足住於無漏之心解脫、慧解脫；
而阿羅漢則是由慧解脫而心解脫之歷程以證涅槃，此兩者之
差異是在：佛是圓滿同具足住之象徵，而阿羅漢則彰顯修證
之階次，惟如來於歷劫之修持中，亦必如阿羅漢之行持修證
而得成。 果德不同實來自於修證之不同所致，故有云：「於
戒多修，於定、慧少修，成須陀洹、斯陀含。於戒、定多修，

---

[61]《雜阿含經》卷 14〈第 347 經〉，大正 2‧97 上-中。

於慧少修,成阿那含。修三種滿,成阿羅漢無上解脫。」[62]
此正可明示修證與解脫之相互關聯性,以是論解脫之道,實
則亦是在探究三學修證之內涵。

三、解脫之證實方法

佛陀之教示,其最終目的在使學人能得證解脫,解脫之
主要義涵是諸漏盡與去執,然如何才能得證解脫,則主要在
修證之方法上。於《阿含經》中,論述各依不同之道品,皆
可證得解脫,然重要關鍵在「心」,而對涅槃之態度,亦攸
關著於解脫之究竟與否。

1. 心之守護

依《阿含經》之論,可依各種修習方法而證得解脫,然
不同之道品修證,實則皆不離於「心」之觀照;換言之,任
何之修證道品,皆只是一過程,其終究皆不可執,而如何達
至心不染著,則是證得解脫之主要條件。

釋尊深觀緣起法則而開演佛法,依緣起法所體悟之真理
即是無常,而無常即是否定事物有永恆、不變之存在,因一
切之緣起條件皆是剎那生滅,此中並沒有一指揮或控制者,
故由無常可得至無我、空之結論,此為《阿含經》一貫之立

---

[62] 《解脫道論》卷 1〈因緣品〉,大正 32・400 中。

論，以至修行方法亦由此入手。能觀察無常，即可破除對永恆、擁有之追求，既知一切本無我、無我所，故貪愛實是因執著所產生之錯誤，而對無常之體悟亦是在導正我見無明。依《阿含經》之無常立論所開展之修行方法，其目的亦爲遠離因無明所產生之痛苦，以至終證得解脫，惟當修習何種方法才能證得解脫，如《阿含經》之論述內容，其涵蓋範圍甚廣，僅揀擇若干條列如下：

得信善法、持戒、布施、多聞、智慧，修習善法。[63]

五根增上、明利滿足。[64]

於佛、法、僧一向淨信。[65]

修七覺分。[66]

修八正道。[67]

增上三學。[68]

正智觀察五陰、六六法處、六界。[69]

知、見、現觀四聖諦。[70]

無我見、我慢盡。[71]

---

[63] 參見《中阿含經》卷1〈水喻經〉，大正1‧424中。

[64] 參見《雜阿含經》卷26〈第653經〉，大正2‧183中。

[65] 參見《雜阿含經》卷33〈第936經〉，大正2‧240上。

[66] 參見《雜阿含經》卷27〈第740經〉，大正2‧197上。

[67] 參見《雜阿含經》卷29〈第797經〉，大正2‧205下。

[68] 參見《雜阿含經》卷29〈第820、821經〉，大正2‧210中。

[69] 參見《雜阿含經》卷31〈第892經〉，大正2‧224中。

[70] 參見《雜阿含經》卷15〈第393經〉，大正2‧106上。

[71] 參見《中阿含經》卷2〈善人往經〉，大正1‧427上。

如上所論之修行方法，總括則不離依戒、定、慧而成就之，而解脫之證得實然亦由觀無常（慧）、努力行持（定）以至厭離貪欲（戒）而臻至，當欲貪之主（我、擁有）、客（被擁有）皆散滅時，此即解脫之境。

　　對「解脫」義之內涵論說，可有甚多之面向，例如：若以色身而言，死亡可以代表是一種解脫，此乃因有色身即必須面對各種寒、暑、風、熱等侵擾，且色身之無常性更是無法阻擋與避免，故依色身而言，由生有至散滅之結果，實然對色身而言確可謂是一種解脫。然人終究無法真實揣測死亡後之情況，且死後是否有另一世界可供轉化，此亦非一般人所能思議及之。顯然，如何在現實人生中能得心自在，此較為一般人所願努力達至之方向，故心之自在亦可謂是一種解脫。佛法之修證是為求現實人生之當下自在，唯人生所要面對之情事是無法盡數，且又因個人而有甚大之差異，然佛法之修證是可通用於不同時、地等因緣之全體眾生，此乃因佛法之解脫重在心境之自在，而如何調心轉境則全繫於自己本身；換言之，所謂心之解脫則全是個人之工夫。就心解脫而言，心可遍及無量廣大，此於《阿含經》之論說中有：「大心解脫」與「無量心解脫」，大心解脫著重在心能遍滿一切而不受拘限之自由自在；而無量心解脫，是依慈、悲、喜、捨之四無量心，則能善修遍滿一切。[72]此兩解脫義或有內涵

---

[72]《中阿含經》卷 19〈有勝天經〉：「大心解脫者，若有沙門、梵志在無事處，或至樹下空安靜處，依一樹，……當依此大地乃至大海，意解大心解脫遍滿成就遊，彼齊限是，心解脫不過是，是謂大心解脫。云

之不同，但皆著重在心之遍修、無限、解脫則爲相同之特點。

《阿含經》於四念處之修行中，有「觀心如心念處」，於初學者而言，四念處是一種依著身、受、心、法能如實覺察其變化，其中又以於身之觀照較爲具體不抽象。而相對於身之觀照，則心念之覺察顯然更爲細微與複雜，依心念之覺察，除覺察心之各種狀態：如是否有欲念、動怒、沮喪、散亂或精進等外，於心之觀照修行，尚需包含是否解脫。而如是於心之觀照修行，皆需不離於個己貪、瞋、癡之去除；換言之，於心之觀照，當如《阿含經》所論：「云何爲正身自重，一其心念，不顧聲、色，攝持一切心法，住身念處？如是身身觀念住，精勤方便，正智正念，調伏世間貪憂；受；心；法法觀念住，亦復如是。專心正念，護持油缽，自心隨護，未曾至方。」[73]是以「調伏世間貪憂」爲覺照修行之目的，亦唯有能去除煩惱，才能與解脫有關，否則，僅學習到專注與覺察，終未達究竟。

釋尊於修行法之論述中，強調步驟、次第，以心念處而論，如何在修安那般那念中而完成觀心如心，其過程是：

有時，聖弟子心覺知；心悅；心定；心解脫覺知入息

何無量心解脫？若有沙門、梵志在無事處，或至樹下空安靜處，心與慈俱，遍滿一方成就遊。……如是（心與）悲、喜，心與捨俱，無結無怨，無恚無諍，極廣甚大，無量善修遍滿一切世間成就遊，是謂無量心解脫。」（大正 1・550 上）。

[73]《雜阿含經》卷 24〈第 623 經〉，大正 2・174 下。

念時，如入息念學，心解脫出息念時，如心解脫覺知
出息念學。是聖弟子爾時，心心觀念住，若有異心者，
彼亦隨心比思惟。[74]

於心之覺察過程是：心念→心趣於喜悅→心專注一境而入定
→遠離貪瞋癡等念頭而清淨解脫。以安那般那念再配合心念
處之修習，其目的亦不離覺察心念之飄移實無有一永恆之依
住處，故一切之執取實然已不具有任何意義。且依《阿含經》
所論：心（識）是依於名、色而輾轉相依生長，此三者若去
除其一，則其二亦不存在，此乃意謂：心（識）、名、色三
者之關係，是互為一體，缺一不可。[75]

於心之修行上，透由「觀心如心念處」，可以總結是為
求心靈之淨化，此是一項自己獨挑大樑之比賽，是一場以自
己來克服自己之修行。於心靈淨化之修行過程中，只能腳踏
實地、勤習精進，待得綿密工夫具成，則自然有所證得。於
《阿含經》中，則有以耕田與孵化為例說明；[76]換言之，心

---

[74] 《雜阿含經》卷 29〈第 810 經〉，大正 2・208 中。
[75] 《雜阿含經》卷 12〈第 288 經〉：「譬如三蘆，立於空地，輾轉相依，
而得豎立。若去其一，二亦不立。若去其二，一亦不立。識緣名、色，
亦復如是，輾轉相依，而得生長。」（大正 2・81 中）。
[76] 《雜阿含經》卷 29〈第 827 經〉：「譬如田夫，隨時耕磨，隨時灌溉，
隨時下種已，不作是念：欲令今日生長，今日果實，今日成熟，若明
日、後日也。而彼種子已入地中，則自隨時生長，果實成熟。譬如伏
雞生卵，隨時消息，冷暖愛護，彼伏雞不作是念：我今日，若明日、
後日，當以口啄爪刮，令其兒安隱得生。然其伏雞，善伏其子，愛護
隨時，其子自然安隱得生。」（大正 2・212 上-中）。

靈淨化之修行無法一蹴可幾，需點點滴滴待時、待機之累積，才能證得清淨解脫，故有云：「**善學三學，隨其時節，自得不起諸漏，心善解脫。**」[77]解脫之證得是因緣具足（隨其時節）之結果，而如何應用三學於心之修持上，此即攸關修行所採用之方法。

影響心之清淨，除外在客塵之引誘外，其最重要處在自我之內心，一顆染著之心，即是內魔；換言之，身外客塵若無內魔與之相呼應，則終無法產生作用，故於客塵所存在之事實，心若能不起染著，將其返歸於事物之本來，則客塵本無染著之事，染著僅能依「心」而論。[78]

釋尊以要求心之清淨，其目的在：當心中無有染著，則能觀照世間一切皆依因緣之條件而變化著，「無常」代表事實之真理，此中本無有一永恆之我存在，故意圖擁有或想依住任何事物，則終將落空，此即是苦之開端。顯然，於心之守護上，不在於傷害六根，而在於要「不思惟亂想」，且更強調要：「念欲明達，守護念心」，而「不受相、不味色」，即是不再憶想所覺知之影像，或回味美好、甜蜜之感覺，讓

---

[77]《雜阿含經》卷29〈第827經〉，大正2‧212中。

[78]《增壹阿含經》卷33〈力品〉：「凡夫之人，若眼見色，便起染著之心，不能捨離；彼已見色，極起愛著，流轉生死，無有解時；六情亦復如是。若世尊賢聖弟子，眼見色已，不起染著，無有污心，即能分別此眼是無常之法，苦、空、非身之法；六情亦復如是。」（大正2‧728中）。

六根所相應之客塵，皆能在心之警覺中而常保清淨。[79]

　　欲求六根不接觸客塵，此爲不可能之事，亦與清淨解脫不相符。修行是一種全面性之行爲，一切之食、衣、住、行、坐、臥等皆是修學之道場。惟行爲通常與認知有關，而認知是建立於過往累積之經驗；換言之，認知是一重要關鍵，將影響著情緒之感受、價值判斷與行爲之表現。顯然，欲求心不染著、心得解脫，則應在認知（觸）之當下，不以自我主觀爲中心，亦可言：不以自我成見爲出發點；唯能如是行修於六觸，才能合於己意時，則修習厭離，不合於己意時，則修習不厭離，而「非我、非異我、不相在」是捨離一切執著而行之於正念、正智、正行之根本。[80]

　　《阿含經》是以論述五蘊爲要旨之一，五蘊代表五種不同性質之聚集，亦可言：五蘊是人之另一代名詞。惟五蘊之「受、想、行、識」，可總括爲「心」：「受」是心情之覺受，

---

[79] 《增壹阿含經》卷49〈非常品〉：「寧長眠寐，不於覺寤之中思惟亂想；寧以燒鐵烙眼，不以視色興起亂想；寧以錐刺壞耳，不以聽聲興起亂想；寧以熱鉗壞鼻，不以聞香興起亂想；寧以利劍截舌，不以惡言麁語墮三惡趣。」（大正2‧819上）。《中阿含經》卷49〈說智經〉：「守諸根，常念閉塞，念欲明達，守護念心，而得成就，恆欲起意：若眼見色，然不受相，亦不味色，守護眼根，心中不生貪伺、憂慼、惡不善法，趣向彼故，守護眼根；如是，耳、鼻、舌、身、意。行住坐臥，眠寤語默，皆正知之。」（大正1‧733下）。

[80] 《雜阿含經》卷8〈第209經〉：「於此眼、耳、鼻、舌、身、意觸入處，非我、非異我、不相在，作如是如實知見者，不起諸漏，心不染著，心得解脫。是名六觸入處，已斷已知，斷其根本，如截多羅樹頭，於未來世，欲不復生。」（大正2‧52下-53上）。

「想」是心思之判斷,「行」是心志之展現。以是論述心解脫,則心是一涵義甚廣之概括性意義,於修行中,又特注重心之修行,有云:「心將世間去,心為染著,心起自在。多聞聖弟子非心將去,非心染著,非心自在,不隨心自在,而心隨多聞聖弟子。」[81]唯有瞭解自己當下之心,確能明白自己心之所思、所惱,再進而約束自己之心(不隨心自在),才能掌握自己之一切行為所將帶來之結果。釋尊要學人觀察自己之心,實因「心」主導著個人之氣質、行為以至相貌,而「相由心生」、「心生法生」等義涵,在在透顯心與解脫有著密切之關係。

依釋尊之意,最後之供養是實踐佛法,能於五蘊、六入之日常身、心活動中,領悟無常、苦、無我,才是離卻煩惱趣向解脫之要徑,唯如是才真謂供養如來,[82]此為釋尊臨入滅前對阿難之囑咐。顯然,釋尊於其一生之演法過程中,雖一再強調行持佛法可證得解脫,然果德則來自於行持,故能行法則是在因地上用工夫,一旦因正則果成,不必思量解脫是否能證得,更不必擔心隔世之迷,重要在:「鄙法不應近,放逸不應行,不應習邪見」上,[83]能去除邪見才是修行之重點,而破除邪見則在正覺之思惟,故正見又有「正盡苦邊,

---

[81] 《中阿含經》卷45〈心經〉,大正1‧709上。

[82] 《長阿含經》卷3〈遊行經〉:「阿難白言:云何名為供養如來?佛語阿難:人能受法,能行法者,斯乃名曰供養如來。」(大正1‧21上)。

[83] 《雜阿含經》卷28〈第788經〉:「鄙法不應近,放逸不應行,不應習邪見,增長於世間。假使有世間,正見增上者,雖復百千生,終不墮惡趣。」(大正2‧204下)。

究竟苦邊前相者」之謂。[84]同理，於來世之轉生因緣亦不需罣慮，能轉變習性才是轉生因緣之重要關鍵，而改習性則在於是否能「心、意、識，久遠長夜正信所熏，戒、施、聞、慧所熏」，[85]釋尊自證不受後有，但其對弟子之期盼是在正見、行法上；換言之，解脫之證得無法憑理論演說而成，要在確然實證上。

2. 涅槃之趣入

《阿含經》所論述之三法印，其目標在證得寂靜涅槃，涅槃是一種生命境地，亦可謂是一種於生活中所展現之修證結果；惟於涅槃之態度與心境，終將決定著解脫之證得。

釋尊由觀照一切法皆無常、苦、無我、空，其目的是為證寂靜涅槃，惟對於有關「涅槃」之義涵或其境界當如何了解？據《雜阿含經》所言：「世尊覺一切法，即以此法調伏

---

[84] 《雜阿含經》卷28〈第748經〉：「如日出前相，謂明相初光。如是，正盡苦邊，究竟苦邊。前相者，所謂正見。彼正見者，能起正志、正語、正業、正命、正方便、正念、正定。」（大正2‧198中）。

[85] 《雜阿含經》卷33〈第930經〉：「摩訶男白佛言：我自恐與此諸牛，俱生、俱死，忘於念佛、念法、念比丘僧。我自思惟：命終之時，當生何處？佛告摩訶男：莫恐！莫佈！命終之後，不生惡趣，終亦無惡。譬如大樹，順下、順注、順輸，若截根本，當墮何處？摩訶男白佛：隨彼順下、順注、順輸。佛告摩訶男：汝亦如是，所以者何？汝已長夜修習念佛、念法、念僧，若命終時，此身若火燒，若棄塚間，風飄日曝，久成塵末。而心、意、識，久遠長夜依正信所熏，戒、施、聞、慧所熏，神識上昇，向安樂處，未來生天。」（大正2‧237中-下）。

弟子，令得安隱、令得無畏，調伏寂靜，究竟涅槃；世尊為
涅槃故，為弟子說法！」[86]此是以證涅槃之果而向弟子開演
法義，如是亦說明：釋尊演法絕非在法義敷陳上而已，而是
指向「調伏寂靜，究竟涅槃」是可依法義修行而證得；而能
令得安隱、無畏之寂靜涅槃之義是：「涅槃者，貪欲永盡、
瞋恚永盡、愚癡永盡，一切諸煩惱永盡，是名涅槃。」[87]涅
槃是一種諸煩惱永盡所得身心皆安然自在之境界，釋尊是
「為涅槃故，為弟子說法」；換言之，釋尊所開演之法，皆
是為趣向涅槃境界；唯就釋尊演法之內容觀之，實可謂甚深
廣大，其中是否有趣向涅槃之主要方法，依《阿含經》之論
有十法可趣向涅槃：「正見、正志、正語、正業、正命、正
方便、正念、正定、正解脫、正智。」[88]此「十法」顯然是
一總體之修行論，實然於涅槃而言，是一甚深之法，以甚深
而論之涅槃，是為彰明涅槃之證得亦是一緣起法：即彼滅則
此滅，能斷諸一切之取、愛、欲等，即是清涼、寂靜、涅槃
之證得；換言之，涅槃是一種使相續法（緣起）滅止之境界，
釋尊依緣起而論一切法皆無常，亦引導弟子能滅於相續，即
能契入清涼、涅槃。[89]

---

[86] 《雜阿含經》卷5〈第110經〉，大正2·37上。

[87] 《雜阿含經》卷18〈第490經〉，大正2·126中。

[88] 《長阿含經》卷10〈三聚經〉：「云何十法向涅槃？謂十直道：正見、
正志、正語、正業、正命、正方便、正念、正定、正解脫、正智；諸
比丘！如是十法得至涅槃。」（大正1·60上）。

[89] 《雜阿含經》卷12〈第293經〉：「此甚深處，所謂緣起；倍復甚深難
見，所謂一切取離、愛盡、無欲、寂滅、涅槃。……因集故苦集，因
滅故苦滅；斷諸逕路，滅於相續，相續滅滅，是名苦邊。比丘！彼何
所滅？謂有餘苦；彼若滅止、清涼、息沒，所謂一切取滅、愛盡、無

　　釋尊以其親證而演法，其演法之目的是爲引領學人能契入如其親證之境地；換言之，所謂涅槃之證得，並非在理論敷陳上，當然，涅槃證得之可能依據，乃立於依四聖諦之修持。顯然，釋尊論解脫境之獲得，不在廣學多聞上，雖釋尊依不同之時、地、人、事因緣而開演甚多之法義，此乃爲應契不同眾生而然，實際上釋尊並非要學人堆疊法義，故強調：「雖誦千章，不義何益？不如一句，聞可得道。」[90]能如實受益於法義才是重點，並能依聞法而得道才能使學人實際受用，而一切法義皆只是助緣，是爲增上學人能確然於自、他身心淨化上用工夫。而苦、集、滅、道是身心淨化與契入涅槃境地之重要依據，唯苦、集、滅、道是重在修證上，而非在法義理論上，故於修證上，肯面對自我之煩惱並如法修證，此即是「義相應、法相應，是梵行本，是趣智、趣覺、趣涅槃」，[91]而此即爲佛一向所說之苦、集、滅、道之真實用意；換言之，能行持四聖諦即是通向趣涅槃之路，反之，若先探究四聖諦之種種來歷詳細後才肯力行之，則恐已時不

欲、寂滅、涅槃。」（大正 2‧83 下）。

[90]《增壹阿含經》卷 23〈增上品〉：「雖誦千章，不義何益？不如一句，聞可得道。雖誦千言，不義何益？不如一義，聞可得道。千千爲敵，一夫勝之；未若自勝，已忍者上。」（大正 2‧673 中）。

[91]《中阿含經》卷 60〈箭喻經〉：「猶如有人身被毒箭，作是念：未可拔箭，我應先知彼人如是姓、如是名、如是生？彼人竟不得知，於其中間而命終也。世有常，我不一向說此，以何故，我不一向說此？此非義相應，非法相應，非梵行本，不趣智、不趣覺、不趣涅槃，是故我不一向說此。何等法我一向說耶？此義我一向說：苦、苦集、苦滅、苦滅道跡，我一向說。以何等故，我一向說此？此是義相應、是法相應、是梵行本，趣智、趣覺、趣於涅槃。」（大正 1‧804 下-805 下）。

我與，此爲釋尊言法、義、福時，一皆以「行」冠其首爲「行法、行義、行福」，此亦說明：行在法先，法又重於人。

　　涅槃是貪、瞋、癡永盡之境界，如是之涅槃境界是依修持而可證得之心境，以此心境而處世，即能如釋尊所言：「生世間而不爲世間著」之悠然態度，此爲實際生活中所能達至之涅槃境地。涅槃除是煩惱止息之義外，於另一方面亦是生命圓滿結束之象徵，此於釋尊而言，入滅即是涅槃，如《長阿含經》所言：

　　　時，魔波旬復白佛言：佛昔於鬱鞞羅尼連禪水邊，阿
　　　遊波尼俱律樹下初成正覺，我時至世尊所，勸請如來
　　　可般涅槃：今正是時，宜速滅度。爾時，如來即報我
　　　言：止！止！波旬！我自知時，如來今者未取涅槃，
　　　須我弟子集，乃至天人見神變乃取滅度。[92]

釋尊是依人證成佛，依人而論，則色身必有毀有滅，故釋尊亦終將入滅，唯釋尊是覺者之心境，其入滅非僅代表色身之散壞，亦是涅槃境界之表徵。顯然，以佛之滅度而言涅槃，則如是之涅槃亦即是「漏盡般涅槃」，[93]此亦在說明：緣起之色身，終將完盡，一切之俗數法皆將還滅，當一切之生死、

---

[92]《長阿含經》卷2〈遊行經〉，大正1・15下。
[93]《雜阿含經》卷46〈第1227經〉：「修習勝妙道，漏盡般涅槃。如來及緣覺，佛聲聞弟子，會當捨身命，何況俗凡夫！」（大正2・335下）。

憂苦皆止息時，此亦是「第一義空」。[94]於釋尊而言，其滅度、其涅槃，則代表釋尊之修證佛德，然於緣起法而言，則無有窮盡；換言之，所謂緣起法並非由釋尊所創，釋尊只是一覺悟者，且不論覺悟與否，此緣起之真理，皆將「法界常住」。[95]依緣起則有不斷之生滅，此於現實人生而言，則是有錯綜複雜之煩惱，但亦應能深觀覺悟緣起法，則還滅、涅槃之證得亦是在此世間即可實踐之，如是之色身生命終盡，即是入滅涅槃。

佛是覺者之尊稱，是於現實人生中能自覺覺他以至色身終盡之行持者，如是之一生，於生死已無罣礙；唯釋尊之入滅不能僅以一般凡夫一世死亡視之。釋尊之入滅，是代表佛亦無法長久住世，此一方面可警惕眾生：當掌握佛住世之因緣；於另一方面是提示眾生：修證終將依憑自己之努力，無法完全仰賴佛之促成。對於佛入滅之敘述，因《阿含經》是著重在以煩惱永盡爲涅槃之主調，故強調欲免死，當思惟無常、無我、苦，並以求證滅盡爲涅槃。惟佛陀之入滅並非僅是個人生命之結束，而是更攸關著一切學人於法義受納之問題，以是佛陀終將待眾弟子雲集後，於自知時而取入滅，如是之過程，正表顯佛陀對眾弟子之殷切深盼，而在眾弟子圍

---

[94]《雜阿含經》卷 13〈第 335 經〉：「云何爲第一義空經？眼生時，無有來處；滅時，無有去處。如是，眼不實而生，生已滅盡，有業報而無作者，此陰滅已，異陰相續，除俗數法。俗數法者，謂：此有故彼有，此起故彼起；此無故彼無，此滅故彼滅。」（大正 2・92 下）。

[95]《雜阿含經》卷 12〈第 299 經〉：「緣起法者，非我所作，亦非餘人作，然彼如來出世及未出世，法界常住。」（大正 2・85 中）。

遠之下而取入滅之佛陀,亦象徵佛法義將隨眾弟子之發揚而流傳久遠,故佛色身雖有入滅終盡時,但法身將因遍傳天下而使如來功業「萬世而常存,百劫而彌固」。[96]

涅槃一方面是煩惱永息之境界,於另一方面又是指生命之入滅,此兩者之結合才可謂是涅槃之最終盡,即不沾染一絲之煩惱而入滅,如是之境界即是佛法義所稱之「無餘涅槃」,如《雜阿含經》云:「一時,佛住俱夷那竭國力士生處堅固雙樹林中,爾時,世尊涅槃時至,告尊者阿難:此為世尊於雙樹間敷繩床,北首,如來今日中夜於無餘涅槃而般涅槃。」[97]釋尊之入滅是「於無餘涅槃而般涅槃」,如此之境,唯覺者能臻至。

因於煩惱斷盡之不同,故涅槃區分為有餘與無餘,如《增壹阿含經》所云:

> 爾時,世尊告諸比丘:有此二涅槃界。云何為二?有餘涅槃界、無餘涅槃界。彼云何名為有餘涅槃界?於是,比丘滅五下分結,即彼般涅槃,不還來此世,是謂名為有餘涅槃界。彼云何名為無餘涅槃界?如是,比丘盡有漏成無漏,意解脫、智慧解脫,自身作證而自遊戲:生死已盡,梵行已立,所作已辦,更不受有,

---

[96] 僧肇《肇論》〈物不遷論〉:「如來功流萬世而常存,道通百劫而彌固。」（大正45・151下）。

[97]《雜阿含經》卷35〈第979經〉,大正2・253下。

如實知之；是謂為無餘涅槃。此二涅槃界，當求方便，
至無餘涅槃界。如是，諸比丘！當作是學！[98]

將涅槃區分為有餘與無餘，[99]則能相較出於修證過程中努力
精進之不同；釋尊能於無餘涅槃而般涅槃，是來自於其平日
之精進，顯然，若能依循釋尊之修持，則必將契近於無餘涅
槃之證得。於《增壹阿含經》有云：「八大人念：少欲、知
足、閑居、持戒、三昧、智慧、多聞、精進。諸佛世尊皆同
一類：同其戒律、解脫、智慧，唯有精進不同。」[100]釋尊是
一先覺者，是令人敬崇之大人，其持戒、修定、習慧等修證，
與諸佛世尊同然，唯精進不同，則可超越成佛，亦可言之：
無餘涅槃之契入，實依不放逸、精進而證得。

　　釋尊法義之入手是緣起，依緣起而證空，其目的則在不
執，顯然，佛法之解脫煩惱並非是採捨棄法，而是能觀空以

---

[98] 《增壹阿含經》卷7〈火滅品〉，大正2・579上。

[99] 有關涅槃之分類尚有，如：《中阿含經》卷2〈善人往經〉：「世尊言：
我者無我，亦無我所；當來無我，亦無我所。已有便斷，已斷得捨，
有樂不染，合會不著。如是行者，無上息跡，慧之所見，然未得證。
比丘行如是，往至何所？譬如燒麩，纔燃便滅。當知比丘亦復如是，
少慢未盡，五下分結已斷，得中般涅槃，……得生般涅槃，……得
行般涅槃，得上流阿迦貳吒般涅槃。」（大正1・427上-下）。又《雜
阿含經》卷27〈第740經〉：「若比丘修習此七覺分，多修習已，當
得七果。何等為七？謂現法智有餘涅槃。及命終時。若不爾者，五
下分結盡，得中般涅槃。若不爾者，得生般涅槃。若不爾者，得無
行般涅槃。若不爾者，得有行般涅槃。若不爾者，得上流般涅槃。」
（大正2・197上）。

[100] 《增壹阿含經》卷37〈八難品〉，大正2・754中。

致於當下所面對之任何狀況皆能不執，因不執則能解脫自在。由緣起、觀空以至不執，如是之態度，於世法是如此，於解脫修證亦然如是：

> 若彼比丘漏盡阿羅漢，所作已辦，捨於重擔，盡生死原本，平等解脫，彼能分別地種，都不起想著。地種、人、天、梵王，乃至有想無想處，亦復如是。至於涅槃，不著涅槃，不起涅槃之想。所以然者，皆由壞淫、怒、癡所致也。[101]

於涅槃而不著涅槃，更不起涅槃之想，此即是依緣起而不執之態度；顯然，所謂涅槃之證得，並非僅止於一種清涼、寂靜之境界而已，實然更是一種處世不執之自在生活態度，如是皆在彰明涅槃是確然可於世法中證得。釋尊以其親證之涅槃經驗爲眾生說法，而其法義之引導，則在世法之觀照與面對處理上，此爲釋尊重現實世間之一貫態度，亦唯有對世法能有深刻之悟入，才能反轉緣起爲緣滅，涅槃即依此而證得，如《雜阿含經》之偈頌所云：「世尊善顯示，日種苗胤說，爲生盲眾生，開其出要門：苦苦及苦因，苦滅盡作證，八聖離苦道，安樂趣涅槃。善義善句味，梵行無過上，世尊善顯示，涅槃濟眾生。」[102]釋尊是以涅槃爲可證得而開示眾生，知苦因是觀照智慧，能證滅則得解脫涅槃，爲「涅槃濟眾生」是釋尊之悲心，而「安樂趣涅槃」則待眾生之修證。

---

[101] 《增壹阿含經》卷 40〈九眾生居品〉，大正 2・766 中。
[102] 《雜阿含經》卷 45〈第 1217 經〉，大正 2・332 上。

　　釋尊引領學人依戒、定、慧修習而入於解脫，此是釋尊制訂修持之核心與目的。依解脫、涅槃，縱或可有甚多之內涵意義，然色身終將入滅，此爲釋尊亦必然面對之問題，唯如何確立依法不依人，才能使釋尊之教誡傳續下去，此則攸關對佛法真理尊重之態度，而依法不依人，旨在借人而知法，故其所重在法，而不是人。[103]依《阿含經》所論，判斷是否合乎佛法之基本標準有四：「契經、律、阿毘曇（論）與戒」，[104]顯然，在經、律、論、戒之衡量下，此中皆是以法爲核心，並無涉入「人」之因素，如是之態度亦在明示：修行是依法而行持，並非在依人（師）之一切作爲。人與法之關係甚爲微妙，人能弘法，此爲確然，唯一旦眾生因慕人而景仰法時，若有朝此人之典範破滅，則往往亦因對人之失望，而導致對法義追求之熱誠減退，雖言如此，然親近善知識、多思惟法，此兩者亦同爲《阿含經》所重視。[105]人與法有密切之關係，爲度脫他人能入於正法故，則當於多聞中而改造、淨化自己，使自己合乎正法，[106]如是才能彰顯對「人身難得」之肯定，使人與法確然相契入。[107]

[103]《中阿含經》卷36〈瞿默目揵連經〉：「尊者阿難答曰：我等不依於人，而依於法。」（大正1‧654中）。

[104]《增壹阿含經》卷20〈聲聞品〉：「有四大廣演之義：所謂契經、律、阿毘曇、戒。」（大正2‧652中）。

[105]《增壹阿含經》卷25〈四諦品〉：「當親近善知識，當聞法、當知法、當法法相明。此四法，多饒益人。」（大正2‧631中）。

[106]《增壹阿含經》卷43〈善惡品〉：「猶如有人自己沒溺，復欲度人者，終無此理。己未滅度，欲使他人滅度者，此事不然。」（大正2‧784上）。

[107]《雜阿含經》卷42〈第1147經〉：「人身難得，唯當行法、行義、行

四、解脫者之修行境地

依《阿含經》所論，解脫是一種心境，此乃意謂：即使已證得解脫，其後如何繼續保持之，此則攸關於解脫後之修持；換言之，於解脫者而言，持續修行是必須的。若言解脫是一種圓滿境地之表達，則解脫後之修行，實爲說明解脫後之生活態度與處世心境。

1. 道次第與解脫之關係

《阿含經》之一貫精神，是以人間爲善趣，強調由人而修證成佛；換言之，修行當著重珍惜、把握爲人之因緣，且經由修行才有轉變業障之可能性，並非感於人生苦短而欲求脫離人間，顯然，以人爲本，能信持戒、定、慧之修學並依之證成解脫，正是釋尊時代之教團風格。依人證得解脫，是學人在修行過程中能盡除煩惱後所得之境，然解脫之證成後，於法之行持上又當如何？此可觀於《雜阿含經》所論：

> 阿那律語比丘言：若比丘諸漏已盡，所作已作，捨離重擔，離諸有結，正智心善解脫，彼亦修四念處也。所以者何？不得者得，不證者證，為現法樂住故。[108]

福，於佛法教，專精方便。」（大正2・305中）。
[108] 《雜阿含經》卷20〈第543經〉，大正2・141上。

此乃意謂：即或已證得解脫之聖者，仍不離四念處之實踐；此一方面是在強調四念處之重要性，但實然是在肯定唯有法才是修行之依憑，故於修行之路上，只能依憑個人於法之把握與行持，除此，則無其他（異）可爲依憑。[109]解脫是依法之修持而證得煩惱盡除之境，雖言於解脫之證得後，亦當不離四念處之實踐，但解脫又必於法之不執上而論，故解脫之聖者於日常四念處之專注觀察時，若能結合緣起法，則將體認實然無一恆常之安住依止處，至此，才能了脫於一切法之執，顯然，般若空慧爲證得解脫之必然要件。[110]

依修行之內容，可以有次第之分別，然各次第間又彼此多具有交錯乃至轉爲增上之情形，此乃意謂：修行次第要強劃分恐不恰當。依戒、定、慧三無漏學而論，是解脫道上之主要修學內容，此三學是可以依次第而成：初由修習淨戒入手，漸次進趣於定以至慧，後終證得究竟涅槃。顯然，所謂修行次第是依修行之過程而有界分，但於最後之證成而言，則各修行項目或次第，皆需待終竟圓滿才能算是完成；換言

---

[109] 《雜阿含經》卷 24〈第 638 經〉：「當作自洲而自依，當作法洲而法依，當作不異洲、不異依。云何自洲以自依？法洲以法依？不異洲、不異依？身身觀念處，精勤方便，正智、正念，調伏世間貪憂；如是，外身、內外身；受；心，法法觀念處，亦如是說。」（大正 2・177 上）。

[110] 《雜阿含經》卷 24〈第 609 經〉：「何等爲四念處集，四念處沒？食集則身集，食滅則身沒。觸集則受集，觸滅則受沒。名、色集則心集，名、色滅則心沒。憶念集則法集，憶念沒則法沒。隨集、滅法觀身、受、心、法住，則無所依住，於諸世間則無所取。」（大正 2・171 上-中）。

之，修行方法可由不同面向入手，此乃因於個人之因緣不同，唯一切之修學內容，皆是爲圓成最終之涅槃，此於三無漏學是如此，於四聖諦之修學與觀五蘊皆空亦然如是。如《雜阿含經》所云：

> 譬如以四階道，昇於殿堂，要由初階，然後次登第二、第三、第四階，得昇殿堂。如是，若言：於苦聖諦無間等已，然後次第於苦集聖諦、苦滅聖諦、苦滅道跡聖諦無間等者，應作是說。[111]
>
> 於色、受、想、行、識，向厭、離欲、滅盡，是名法、次法向。[112]

由感苦之現象（苦），並能探知其因（集），以至欲斷除（滅），而終至證成（道），或向厭、離欲、滅盡，此中皆有其前後相關之因緣次第，故又謂「法、次法，向（趣向）」，此乃說明各次第間之學習過程是互爲關係的；然待至無間等（現證），即徹底完成時，則厭欲、離欲，即成爲所有解脫聖者必經之歷程，而解脫則是一純然之境界。

修行次第雖彼此互有關聯，很難劃分很明確之界線，但此並非在否定修行之次第；於《阿含經》中亦深刻強調修行無法一蹴可幾，必依循法之指引，漸漸修習，且對於法更要能思惟、評量、觀察以至親身實踐，而如是之歷程亦可謂即

---

[111] 《雜阿含經》卷 16〈第 436 經〉，大正 2・113 上。
[112] 《雜阿含經》卷 1〈第 27 經〉，大正 2・5 下。

是修行之次第。顯然,縱或修行之目的是為得智慧以證解脫,但釋尊仍以修行次第而許勉弟子,並非重於預說當得究竟智,此如《中阿含經》所云:

> 我不說一切諸比丘得究竟智,亦復不說一切諸比丘初得究竟智。然漸漸習學趣跡,受教受訶,然後諸比丘得究竟智:或有信者,便往詣、奉習、一心聽法、持法、思惟、評量、觀察、身諦作證、慧增上觀。彼做是念:此諦我未曾身作證,亦非慧增上觀,此諦令身作證,以慧增上觀。如是漸漸習學趣跡,受教受訶,然後諸比丘得究竟智。[113]

佛法強調智慧,更強調依法不依人,唯對法之掌握在己,故於初學者而言,除仰賴善知識之引導外,更重要在法之親證與智慧之觀照。唯對法之修行,當抱持何種態度?於《阿含經》提出「但法自然」之原則,此乃在強調:能隨順正法之特性,自會步步自我提昇,以至自然完成解脫之證得;於「但法自然」之下,則修行之過程並非在先思惟此法可令己得到如何之效果(如:不悔、歡悅、止、樂、定心等),[114]此乃依於因果相應之理,修行次第即是因,當水到渠成

---

[113] 《中阿含經》卷51〈阿濕貝經〉,大正1‧752上-中。

[114] 《中阿含經》卷10〈不思經〉:「持戒者不應思:令我不悔。但法自然,持戒者便得不悔。有不悔者不應思:令我歡悅。但法自然,不悔者便得歡悅。有歡悅者不應思:令我喜。但法自然,有歡悅者便得喜。有喜者不應思:令我止。但法自然,有喜者便得止身。有止者不應思:令我樂。但法自然,有止者便得覺樂。有樂者不應思:

時，解脫貪、瞋、癡之果必然可得。

　　釋尊以緣起法為其法義之核心，依緣起義，則一切事物之生與滅，皆具有其所在之各種條件。正因如此，以業報而論，則業報是因貪、瞋、癡與我執而起，亦將因修行而使業報減輕。簡言之，業報是自己之行為產生對自己之影響，唯業報之深重，將隨修行之精進程度而有不同之影響性。依緣起法而觀因果業報，則業報並非固定不變，實隨自己之修行（包括：修身、修戒、修心、修慧及修行時間長短）而有淨化、轉變之期。[115]於業報之遠退過程，真誠之悔過是第一步，此乃是決心與毅力之展現，當悔過、決心再加上時間之增長，業報之影響力將漸復轉薄，甚至於此世即可完全消失。[116]正因業報皆起於自己，若自己不作惡業，則惡業亦將不生，而修行之目的即為遠離業報，惡業除退，則解脫境自能

　　　令我定心。但法自然，有樂者便得定心。有定者不應思：令我見如實、知如真。但法自然，有定者便得見如實、知如真。有見如實、知如真者不應思：令我厭。但法自然，有見如實、知如真者便得厭。有厭者不應思：令我無欲。但法自然，有厭者便得無欲。有無欲者不應思：令我解脫。但法自然，有無欲者便得解脫一切淫（貪）、怒、癡。」（大正1・485中-下）。

[115] 《中阿含經》卷3〈鹽喻經〉：「隨人所作業，則受其報。不修身，不修戒，不修心，不修慧，壽命甚短，是謂有人作不善業，必受苦果地獄之報，猶如有人以一兩鹽投少水中，能令少水鹹叵飲。修身，修戒，修慧，壽命極長，是謂有人作不善業，必受苦果現法之報，猶如有人以一兩鹽投恆水中，不能令恆水鹹叵飲。」（大正1・433上-中）。

[116] 《增壹阿含經》卷51〈大愛道般涅槃品〉：「雖為極惡原，悔過漸復薄；是時於世間，根本皆消滅。莫為父母、妻子、沙門、婆羅門施行於惡，習其惡行。」（大正2・829中）。

證得。[117]顯然，解脫境之證得，需仰賴種種之修行方法，但不習行於惡業只能是一部分，若能再多開發善行，不僅可淡化惡業，亦將更能趨近於解脫之證得。

於《阿含經》中，釋尊是以法義演說與實踐為主，而涅槃境是水到渠成之證得。顯然，法義之請益與問難，是佛陀與弟子間最重要之互動，而此即是求道之過程。對於修證需有次第，不可能一躍而上，此為《阿含經》所強調，而解脫更是修學完整性之一種表現；換言之，修行是一種點點滴滴、聚沙成塔之工夫，若戒、定、慧、解脫缺乏任何一個，皆無法證得無餘涅槃。強調修證次第，而不真從涅槃經驗入手，此乃可導正傾向禪定神祕經驗之道風，顯然，依釋尊原始之樸實遺教，修行即是從現實之身心觀照入手，並依苦、集、滅、道之道次第而修證，若不依五蘊、十二因緣之體驗，實無法通往涅槃解脫之路。

依《阿含經》義，必先知法並依法修行，而後即能知涅槃之境，如是以法為先，以涅槃為後，亦如中觀學派所強調之依世俗諦，才能證得第一義，是有異曲同工之妙。正因先知法而後知涅槃，然法是具有因緣性，故釋尊是依緣設教，亦可言是因材施教，以是為引領學人修行某種法門，不宜以主觀自我之體驗而強推銷予人，因我之執見所產生之法執，

---

[117]《中阿含經》卷 3〈思經〉：「若有故作業，必受其報：或現世受，或後世受。若不故作業，此不必受報。自不作惡業，惡業何由生？是以男女在家、出家，常當勤修慈、悲、喜、捨心解脫。」（大正 1・437 中-438 上）。

將使自己再陷入煩惱迷障中，於正法尚不可執，更何況是非法，此爲佛教對一切法之態度。法或可有其因緣性、限制與適應性，但修證佛法是爲證得涅槃解脫，此爲佛法之究竟處則無有變動。論修道次第不僅是爲說明修行不能一蹴可幾，但由次第法至整體涅槃解脫之證得，亦在說明：即或有道次第，但亦不可執之，此於戒、定、慧修學亦是如此，因一切之道次第皆爲助成解脫之得，以是法與解脫之關係是互成而無礙的。

論道次第，若以另一角度思之：則是在說明眾生之根性不同，於佛法而言，聖與凡是依不同之根性（種子）而成，即使是輪迴於法界之眾生，尚有趣入之差異。依十法界之聖、凡之分，凡夫眾生只具有世間有漏種子，雖言如是，然以緣起無我而論，則一切眾生皆是不定性，不定性則意謂是有薰習改變之可能性；換言之，一切眾生終有由世間有漏種子薰轉成出世無漏種子之可能。同理，於聖界之聲聞與緣覺亦有轉成菩薩，以至證得阿耨多羅三藐三菩提之期，此即如《雜阿含經》所論：「若比丘於四念處，修習、多修習，未淨眾生令得清淨，已淨眾生令增光澤。如淨眾生，如是未度彼岸者令度、得阿羅漢、得辟支佛、得阿耨多羅三藐三菩提。」[118] 經由修習（道次第）可證得成佛，此爲阿含所肯定。[119]

---

[118] 《雜阿含經》卷24〈第635經〉，大正2・176上。

[119] 林崇安《佛法之源－阿含經的源流與核心思想》：「『無種性者』只有世間的有漏種子，尚未定型；已具種性之聲聞種性、獨覺種性、菩薩種性（佛種性），幾乎已定型，所以，聲聞種性、獨覺種性要轉爲菩薩種性（佛種性）是不易的，這便是『究竟三乘』的基本觀點。

　　依道次第可證得解脫，此爲釋尊開演法義之正面積極義，唯《阿含經》之核心理論是緣起、無常、無我；換言之，依無明所造成之惡業（非福行）亦本是無常、無我，同理，一切有漏之善業（福行），雖有果報，但仍是無常、無我，終不能解決生死苦惱。[120]在緣起法則之下，善、惡之業皆是無常、無我，一皆因無明之我執而產生，亦由於眾生無始無明，故無法如實觀照緣起無常，以是執五蘊爲我而輪迴生死不已。顯然，欲超越生死輪迴，則首先需破除執善、惡法之無明。

　　如何由無明轉明，正是佛法提供生命向上之價值意義，以是釋尊提出八聖道、四念處等修證方法，亦可言佛法提出之思惟是：導致無明之一切因素本是無常、無我，而根性更可藉由薰習而轉，至此則知：緣起法不但是觀現象界之如實知見，實然亦是爲證得解脫開出一條明路。在緣起無常之下，凡夫有證得解脫之可能性，唯當欲逆轉緣起爲還滅時，則除自身之警覺與振作外，仰靠善知識之引導亦佔重要之部分，[121]以是釋尊終其一生之演法示現並成立僧團，如是皆在

　　但是若從緣起性空的觀點來看，聲聞種性、獨覺種性仍有轉爲菩薩種性的可能性，這便是『究竟一乘』的觀點。」（台北：大千出版社，2007 年），頁 195-196。

[120] 《雜阿含經》卷 12〈第 292 經〉：「比丘！思量觀察正盡苦，究竟苦邊時，思量彼行何因、何集、何生、何轉？彼福行無明緣，非福行亦無明緣，非福不福行亦無明緣。是故，當知彼行無明因、無明集、無明生、無明轉。」（大正 2・83 中）。

[121] 《雜阿含經》卷 28〈第 779 經〉：「世尊告諸比丘：於外法中，我不見一法，能令未生善法生，已生善法重生令增廣，如說善知識、善

展現:解脫之道需藉助於各種道次第之不斷修持與增廣才能
臻至圓滿。

2. 解脫者之修行境地－見法不見我

　　釋尊是覺者,其處世態度是:於世間而不著世間;而如
是之態度正是一解脫者行於世間之心境。於一解脫者而言,
亦無法避免面對人事之得與失,唯如何才能永保不執於貪、
憂之染著,實然仍不離依緣起法而觀世間一切皆因緣和合,
以致得亦不欣喜,失亦不憂慼,此並非言修行者沒有情緒反
應,而是不會因個人之情執而忘失本然之單純,當具有如實
觀察緣起之能力時,修行者才能確然保有解脫不染著之處世
態度。[122]而對緣起觀照之正確態度理應是:於緣起之當下能
坦然接受、面對,於緣起散滅之時亦能釋懷,此即是對緣起
法之正見。顯然,一位解脫之聖者,於享受世間之每一時刻,
只見正法(因緣之生滅),而無有我之執著,亦即是:「不復
見我,唯見正法」之處世心境。[123]以見法不見我之態度,面

　　伴黨、善隨從。諸比丘!善知識、善伴黨、善隨從者,能令未生正
　　見生,已生正見重生令增廣。如是未生正志、正語、正業、正命、
　　正方便、正念、正定令生,已生者重生令增廣。」(大正2‧202上)。
[122]《雜阿含經》卷38〈第1072經〉:「來者不歡喜,去亦不憂慼,於世
　　間和合,解脫不染著。」(大正2‧278中-下)。如是之心境,亦見
　　於《莊子》之論中,如〈養生主〉:「安時而處順,哀樂不能入也,
　　古者謂是帝之縣解。」〈應帝王〉云:「至人之用心若鏡,不將不迎,
　　應而不藏,故能勝物而不傷。」
[123]《雜阿含經》卷10〈第262經〉:「世人顛倒,依於二邊:若有、若
　　無。世人取諸境界,心便計著。若不受、不取、不住,不計於我,

對執染深重之眾生，亦非在法上與之強爭辯，有時過於在法義上論諍，不但無法平息紛爭，有時反造成執著之加深，更是無法攝受度化。

佛陀於入滅前之最後教誡是：以法爲師，經、戒即是佛陀所留下之法；換言之，於修證解脫者而言，當常自我觀照是否一切如法，始可謂是護持佛法。依「見法不見我」之論，其目的是爲摒除「我執」，釋尊論五蘊無常，即是爲論證「我」本不存在，於《阿含經》中，特有將「五蘊」與「如來」作一比較論述：

> 舍利弗言：云何焰摩迦！色爲常耶？爲非常耶？
> 答言：無常。
> 復問：若無常者，是苦不？答言：是苦。
> 復問：色若無常、苦，是變易法，多聞聖弟子，寧於中見我、異我、相在不？答言：不也，尊者舍利弗！受、想、行、識亦復如是。
> 復問：色是如來耶？受、想、行、識是如來耶？異色

此苦生時生，滅時滅。於此不疑、不惑，不由於他而能自知，是名正見。如實正觀世間集者，則不生世間無見；如實正觀世間滅，則不生世間有見。如來離於二邊，說於中道：所謂此有故彼有，此生故彼生，謂緣無明有行，乃至生老病死、憂悲惱苦集。所謂此無故彼無，此滅故彼滅，謂無明滅則行滅，乃至生老病死、憂悲惱苦滅。尊者阿難說是法時，闡陀比丘遠塵、離垢，得法眼淨，言：我今聞如是法，於一切行皆空，皆悉寂，不可得，愛盡，離欲，滅盡，涅槃，心樂正住解脫，不復轉還；不復見我，唯見正法。」（大正2．66下-67上）。

有如來耶？異受、想、行、識有如來耶？色中有如來
耶？受、想、行、識中有如來耶？如來中有色耶？如
來中有受、想、行、識耶？焰摩迦比丘言：不也，尊
者舍利弗！[124]

如來本為佛尊號之一，其義在：能往來自由，但於釋尊時代，
「如來」此稱又常易與有一不變之「我」相混淆，[125]故將如
來與五蘊作一比較，實為論證如來並非是一固定之我，而如
來無有色、受、想、行、識，是為說明：於一切現實之人生
中，確無有任何一永恆不變之事物，我是如此，如來亦是如
此，於修證而言，之所以無法解脫，其因唯在「執我」之作
祟。

以我為執，此為眾生之常態，釋尊為破眾生之執，故論
緣起無常，惟論因緣之延續，則眾生有生死、有前世與來生，
此乃基於因緣立場而觀照得知；然或者正因論述累世之相續
流轉，故又極易令眾生誤以為有一主體我在輪迴生死，此正
如《阿含經》所云：

世尊為彼說苦、集、滅、道：汝當知色、覺（受）、
想、行、識生滅。於是，諸摩竭陀人而作是念：若使

---

[124] 《雜阿含經》卷5〈第104經〉，大正2·31上。

[125] 參見印順《如來藏之研究》〈如來與我〉，（台北：正聞出版社，1968
年），頁41-59。於《金剛經》有云：「若以色見我，以音聲求我，
是人行邪道，不能見如來。」（大正8·752上）。

> 色、覺、想、行、識無常者，誰活？誰受苦樂？
> 世尊知摩竭陀人心之所念，便告比丘：愚癡凡夫不有
> 所聞，見我是我，而著於我。但無我、無我所，空我、
> 空我所，法生則生，法滅則滅，皆由因緣會生苦。若
> 無因緣，諸苦便滅。
> 眾生因緣會相連續，則生諸法。如來見眾生相連續生
> 已，便作是說：有生有死，往來善處及不善處。隨此
> 眾生之所作業，見其如真。[126]

論因緣相續流轉，此是因緣法則；論無常則否定有一主體我
之存在，此兩者，是佛法之一體兩面。論因緣則說明前後際
之關係，而此正可論證因緣相續間是具有可變動性之因子存
在，論五蘊無常則否定有一不變之實我存在；換言之，正因
緣起無常，故一切皆有轉變之可能性，而以五蘊無常以破執
我，故亦無有一實我在受苦，此正是離苦解脫之關鍵。

　　《阿含經》於論述五蘊之相關問題，是佔有甚大之篇
幅，於探究五蘊終是無常、苦、空，其目的在說明：五蘊是
依緣起而不斷地變化著，並無有一永恆不變之「我」存在。
釋尊之法義，除五蘊外，亦論及業報之說，依眾生之見，理
應有一「我」之存在，才有我在受業報之事，若一切終歸無
常、無我，則受業報者又將是何人？此爲眾生之惑，於此，
釋尊之回答是：「若色無我，受、想、行、識無我，作無我
業，於未來世，誰當受報？世尊：色無常，是苦，是變易法，

---

[126]《中阿含經》卷11〈頻鞞娑邏王迎佛經〉，大正1·498上-中。

彼一切非我、非我所。如是見者，是為正見，受、想、行、
識亦復如是。」[127]是否有一「我」在受業報，釋尊並未正面
回答，而是以「正見」（五蘊是無常、變易法）為入手，指
明一切皆非我、非我所；換言之，「我見」是一不存在之事
實，以是若問誰當受報？亦是一錯誤之提問。釋尊並未直接
就此問題而提出正面回答，實亦在表明釋尊之不執立場；因
依於惑、業、苦所產生之業報，是眾生之執見而有，唯執本
不具有固定形體，若放下則執本不存在，以是受業報之苦亦
是依執而然，若執一旦泯除，實然亦無誰在受業報之事。以
之推至涅槃解脫亦然，涅槃解脫之證得是斷除一切結、使、
執束縛後之寂靜，一切束縛本不存在，故實然無有一我在受
業報，以是亦無有一我在享受涅槃解脫之境。釋尊之法義是
由觀五蘊皆空為入手，此是核心，此是第一觀照處，於此若
能知法而行，則一切之我見、我在本不需再思及之，至此，
有關業報之受及涅槃解脫之證得，更不與「我」有任何關聯。

　　於解脫者而言，解脫是一種自我自在之心境，當面對
人、事、物之紛擾時，能以緣起法為觀照，此是自我自在心
境保有之良方，而緣起法之實際妙用在知無常故不執，顯然
「不執」是面對紛爭之最佳方法。眾生之執著必有其執著之
因緣，一旦執著之因緣起時，若再與之起爭執，如是將造成
以執加執之困境，於此，釋尊提出「止諍」之方法在「忍」。
[128]當面對於法不明、於執著習染重之人，唯有耐心待時，若

---

127 《雜阿含經》卷 3〈第 58 經〉，大正 2‧15 上。
128 《中阿含經》卷 17〈長壽王本起經〉：「若以諍止諍，至竟不見止。

再陷入於是非長短之論爭中，終將是怨怨相報無了時，故唯有無怨才能勝怨，無鬥才能無諍，[129]顯然，於解脫者而言，其心境之自在實本自於無怨、無諍，而無怨、無諍並非是不理睬外在之一切事物，更非是麻木不仁，而是能以緣起而觀察執染之生滅，不使自己入於勝、敗之對立中，此乃因不論是勝或敗，皆各有其不同之壓力或挫折。[130]解脫者之不怨、不諍之修行，並非是於一切人、事、物皆無可、無不可，更非成為一鄉愿，而是當以五個原則為考量：事實之確定、時機之適當、於他有益、態度溫和、不懷瞋恨，使彼此能互相糾舉缺失以求改進，以是而知：止諍並非是消極面對事情，而是促成因緣改變之積極態度。[131]

就現實人生而言，由生至死是一段落之人生，且在剎剎那那、生生滅滅之下，整個生命之歷程是無法有一刻停止的。但對生命而言，死亡（呼吸停止）即代表生命之結束，而任何生命，皆在時間之遷流變化下，終將有完盡之時，此為色身生命真實之呈現。釋尊是依人而證得成佛，以依解脫

唯忍能止諍，是法可尊貴。」（大正 1・532 下）。

[129] 《增壹阿含經》卷 16〈高幢品〉：「莫見長，莫見短，怨怨不休息，自古有此法；無怨能勝怨，此法終不朽。無鬥無有諍，慈心愍一切；無患於一切，諸佛所歎譽。是故，當修行忍辱。」（大正 2・627 中 -629 上）。

[130] 《雜阿含經》卷 46〈第 1236 經〉：「戰勝增怨敵，敗苦臥不安，勝敗二俱捨，臥覺寂靜樂。」（大正 2・338 下）。

[131] 《雜阿含經》卷 18〈第 497 經〉：「五法得舉他罪：實；非不實。時；不非時。義饒益；非義饒益。柔軟；不麤澀。慈心；不瞋恚。」（大正 2・129 中-下）。

聖者而言，亦必須面對個己生命終將結束之事實，唯對於一
解脫者而言，是以何種思惟、態度而面對之。於《增壹阿含
經》中有一段論說：

> 四梵志皆得五通，修行善法。爾時，一梵志飛在空中，
> 第二梵志復入大海水底，第三梵志入須彌山腹中，第
> 四梵志入地至金剛際，欲得免死，復即彼而命終。爾
> 時，世尊告諸比丘：欲得免死者，當思惟四法本：一
> 切行無常、一切行苦、一切法無我、滅盡為涅槃。[132]

即或是已入甚深禪定而得神通者，亦無法「免死」，或可言
之：「死」代表一切具有形體之最後結果，此於「諸佛形體」
而言，亦終不離老、病、死之過程。[133]顯然，於有形有相而
言，亦終必有毀有滅，此即是真理，而若欲超越生死，唯有
在無常、苦、無我、空之生命上思惟、體證才能臻至；換言
之，有生必有死，此為不可改變之事實，唯有不生才有不死
（滅）之可能，而釋尊之法義，即是在引眾生永滅貪、瞋、
癡，亦唯有此滅（涅槃），才是究竟，若欲求色身常住不死，
或證神通以求免死，如是不但背反「一切行無常」之法印，
更無法脫越生死之束縛。[134]

---

[132] 《增壹阿含經》卷23〈增上品〉，大正2・668中-下。

[133] 《增壹阿含經》卷18〈四意斷品〉：「云何？世尊！諸佛形體，皆金
剛數，亦當有老、病、死乎？世尊告曰：如是，大王！如大王語，
如來亦當亦此生、老、病、死。我今亦是人數，父名真淨，母名摩
耶，出轉輪聖王種。」（大正2・637中）。

[134] 《增壹阿含經》卷18〈四意斷品〉：「一切行無常，生者當有死；不

　　正念思惟觀照死亡，即是面對自我內心之問題。依無常義，死亡正彰顯一切行無常之真理，然對死亡之恐懼與無奈，此乃爲人所需面對之事情。於人世而言，或者有些事物可以不去碰觸，但「老、病、死、無常」則無法避免，如《增壹阿含經》所云：

> 一切眾生皆歸於死，一切變易之法，欲令不變易者，終不有此事。人身之法，猶如雪揣，要當歸壞；亦如土坯，同亦歸壞，不可久保；亦如野馬幻化，虛偽不真；亦如空拳，以誑小兒。是故，莫懷愁憂，恃怙此身。當知有四大恐怖，來至此身，不可障護，亦不可以言語、咒術、藥草、符書所可除去。云何為四？老、病、死、無常。[135]

釋尊在引導眾生當以坦然心態面對人世一切變易之事，人由生歷經老、病以至死，此是人世之鐵律，無人可以避免，即使是釋尊示現八十年之人生，亦同樣要面對死亡；換言之，無人可以躲避老、病、死與無常，更無法依任何方式而欲求免死，若能依「無常」真理而面對死亡，則將使人逐漸釋懷對死亡之憂愁。死亡雖是無奈之事，但於一解脫聖者而言，除了坦然面對死亡，更要積極於修持之事上，此即如《增壹阿含經》所云：「生死長遠，多諸畏難，無有救者。有此之難，誰堪代者？唯有布施、持戒、語常和悅，不傷人意，作

生不復滅，此滅最第一。」（大正 2・641 上）。

[135]《增壹阿含經》卷18〈四意斷品〉，大正 2・638 下。

眾功德,行諸善本。」[136]死亡不可替代,更無人可經驗之,與其憂慮、恐怖死亡,不如修持無量功德,顯然,欲超越死亡,唯有真修實行一途,而能對無常具有正念思惟,正是通向解脫之徑。

五、結語

釋尊是依人證得成佛,以至對於有關佛之義,或所謂成佛所代表之意境究竟為何?此顯然是吸引人極欲探究之處。然釋尊既示現人間,且是在人間而成佛,以是而知,所謂成佛是於世間可成之事,更明確地說:成佛是象徵為人處世之心態與意境。在《阿含經》中對於解脫者處於世間之描述是:「如來出現世間,又於世界成佛道,然不著世間八法,猶與周旋,猶如淤泥出生蓮華,極為鮮潔,不著塵水,諸天所愛敬,見者心歡。」[137]又云:「猶如青蓮華、紅、赤、白蓮花,水生水長,出水上,不著水。如是,如來世間生、世間長,出世間行,不著世間法。」[138]生世間而不為世間著,正是解脫聖者於世間之最佳寫照,若喻之則似蓮華出淤泥而不染。依於世間而成佛之論述,實與釋尊法義重現實人生是為一致,故所謂成佛之境,是一種心境,將此心境行之於世間,即是在紛繁世法中而仍保有一份清涼與自在,如是即謂之解

---

[136]《增壹阿含經》卷51〈大愛道般涅槃品〉,大正2・829上。
[137]《增壹阿含經》卷39〈馬血天子品〉,大正2・746中。
[138]《中阿含經》卷23〈青白蓮華喻經〉,大正1・575上。

脫成佛。此中，是否具有依三昧而證得神通，皆不在此論述裡，此亦說明：成佛並非是一種神秘經驗，而是一種實實然之處世態度。

結論

釋尊一生之貢獻，在其行誼典範，具體流傳迄今則爲教理法義，而《阿含經》可代表較早期法義之結集。釋尊之法義是爲人生解脫煩惱而設，此亦說明佛法是重視現實層面；就現實人生而言，於苦之感受通常較深刻，故大抵感嘆人生是苦多樂少。《阿含經》即以無常、苦、無我爲主要之法義內容，釋尊以緣起而論證諸法皆無常，因深觀一切法皆無常，以是終究成空，既能知空，若執之則爲不明智，故由緣起而見空以至不執，此爲釋尊演法之真正目的。顯然，如何能在現實感苦之人生中而不執以證解脫，此即是《阿含經》之內涵深意，唯如何才能離苦證涅槃，此則涉及修證之方法。釋尊是以戒、定、慧爲無漏學，而戒是爲息惡，此爲證解脫之初步，而釋尊之施戒，並非爲施戒而施戒，實然是爲防範造惡所引發煩惱故而施戒；換言之，戒律清淨是解脫煩惱之基本要素。由戒律持守之清淨，將使煩惱減少，以至修定、入三昧才有可能；雖定境是以契入寂靜涅槃爲究竟，但定境是一種於般若慧深觀所悟得之境。且依定境所悟徹之般若慧，更是滅除惑、業、苦最究竟之方法。顯然三無漏學個別觀之，則各有其作用，但皆爲證得解脫則爲一致。《阿含經》雖是以探究無常、苦、無我爲主，此爲《阿含經》之法義核心，但阿含法義最終目的在解脫，爲證解脫則待修行，故於另一方面觀之：則《阿含經》又深涵戒、定、慧修證之內容。釋尊之法義本是應機施設，法義爲因應不同之時、空

間而有遷變，此爲發展所產生之必然現象，但要求實證不落戲論則爲佛法之核心價值此爲必受肯定。

由對《阿含經》解脫之道－增上戒、定、慧三無漏學之探究，約可總論於此論題上所揭示而出之意旨如下：

◎ 宇宙為萬法之源

釋尊覺悟緣起法，所謂「緣起」，即意指一切事物之呈現皆非單一，即或看似單一，亦是由多個單一所聚合而成；換言之，單一之中亦有多個單一，凡是由各種看似單一所聚合以成之任何物質，亦因個個單一在不斷變化之中，故一切事物之呈現絕無法永恆不變，不但無法永恆不變，更可言是處於刹那生生滅滅之狀態下。緣起法義重點在無常，觀宇宙緣起而生滅無常，於釋尊而言不僅僅是一種悟得宇宙之智慧而已，釋尊更將其置入生滅之生命與生活中：於生命而言，由生至死之歷程，正是宇宙所呈現之定律，於一年而言，即是由春、夏至秋、冬；於一日而言，則是由晨、午至黃昏、深夜，顯然，由宇宙緣起無常之道，再觀之於生命，則生命所需歷經由生至死之過程，無疑即是一種既成之規律，亦可言是緣起無常法義具體之表現。釋尊依緣起無常而看待生命，則生命所透顯之無常，實然就是生命之真理常道。於生活而言，緣起代表無常，此刹那生滅之無常之理，亦即是宇宙之定律；換言之，緣起之刹那生滅雖是無常，但此無常即

是宇宙之常。釋尊以緣起無常爲宇宙常道而落實於具體生活
上，則生活是有其規律性，而人類所奉爲圭臬之「日出而作，
日落而息」之習慣，更說明生活秩序之安排，於生命而言是
一重要之課題。即或隨著今時環境之變遷，各種職業所導致
之作息或有不同，但正常作息之提醒或生理時鐘之理論，皆
在在說明「常」之重要性。釋尊依宇宙緣起現象所悟得之無
常，並觀無常爲宇宙之常，以如是之理爲其演法核心並教之
學人，顯然，若以釋尊演法之歷程而返歸其本，則重點在如
何體悟宇宙所透顯之真理；換言之，人類可依宇宙而悟得智
慧並尋求解決之道。

◎ 法義之本懷在人

　　釋尊所悟之緣起法是觀宇宙現象而得，此緣起法適用於
一切現象事物，於人事上亦然，唯釋尊將緣起法爲其教義核
心，其所關懷之對象是人，以是，於人所產生之煩惱、不安
與痛苦等，則爲釋尊所極欲解決之問題。顯然，釋尊依緣起
法則，是爲告曉眾生：無常、無我、苦是人生終將產生之事
實，若能徹悟一切行無常、無我與苦後，且能不執有一永恆
不變之我時，則本於人間所感受之苦業，終將在觀悟緣起法
義時而漸次了然放下，此即爲釋尊演法是爲解苦之目的。釋
尊依所悟緣起法教之學人而終其一生，其對象是以人爲主，
亦因在此以人爲本之精神下，釋尊之法義並不涉及形上學之
探究，乃至宇宙究竟能窮盡否或有邊、無邊等問題，於釋尊

而言,如是之問題探究,皆與解脫煩惱無關,故釋尊皆不予答覆。此不究及宇宙相關之問題,反而是以人為本之精神,並非代表釋尊所建構之法義理論有所不足,而是唯有先立於人之問題之解決,則於宇宙探究所得之真象與意義,才能於人獲致真正之實效。以人為本之精神,是釋尊演法之本懷,如是之情懷亦見之於孔子思想以人需踐履實證仁德,可謂有相為呼應之處,正因價值自覺在自身上,故人才是一切之關鍵處,以是於天道之論述上,孔子所云是:「天何言哉!四時行焉,百物生焉,天何言哉!」[1]天道自有其規律與定理,人唯有在參贊天地時而返身於人事之自覺,才能不造作危害大自然而遭反噬,今時人類於環保之自覺,正可明證:欲求人自然和諧之道,其根本要處在人。

◎ 制戒是依宇宙之規律

緣起則無常,無常則意謂無片刻之停歇,故無常實亦代表生生不息,生生不息是大自然所呈現之現象事實,然在看似生生不息之中,又似乎蘊藏著一種規律性,如:日昇月落,潮漲潮退,如是之規律與循環確實展現在生生不息之大自然現象中,萬物萬類亦即是在此規律中而繁衍不息。釋尊法義精神是以人為本,人與人有一定之倫理,此不變之綱常,正提供一種思惟:人類之秩序維護,乃至人與大自然相處之道,皆必遵循著某一種規範,而規範之制訂,需以己身以至

---

[1] 《論語》〈陽貨〉。

他人之立場皆考量之；換言之，在人群互往越頻繁之過程中，規範守則之制訂，則不僅僅是保護著自己與他人，亦兼及整個社會、國家與國際間之安全維護。即或在現今民主意識極度高彰之際，所謂自由亦意指以不侵犯他人之自由爲自由；換言之，自由不代表能隨心所欲與侵擾他人，自由雖受維護，但自由更要受到制約。以是而言：爲使更全面性之人類得以獲得自由，則自由之規約與制訂，則要更謹慎思慮與強制遵守，顯然，任何法律條文之制訂，皆是一種保障，更是一種制約，而制約是爲爭取更多元與全面性之自由，如是之思惟與自覺已爲國際間大多數國家與人民所遵循。釋尊所領導之和合僧團，亦是建立在爲求和諧之立場上而制訂戒規，並依戒規內容而有不同身份者所要遵守確行之，於僧團而言，越是領導階層，其更要具備典範之作用，以是有「具足戒」之制訂要求，而釋尊本身更是正行、法行之代表者。顯然，戒之制訂與遵守，實代表所要保護之範圍與影響層面，若言持戒是一種發於自覺要遵循之常行，則正與大自然之常道不謀而合。

◎ 持戒需以心志爲主導

　　釋尊法義之開演，是爲促使眾生皆能由信受而奉行，故佛法強調：信（信受佛教）、理（理解佛法）、行（奉行佛法）、果（成佛），信是由聞而入手，此大抵以情感爲主導；理則重在思，此乃由知而得；行就是修行實證，此代表意志之堅

定；換言之，信、理、行亦可謂是聞、思、修，此顯然是動用所有人格之特性，才有得成佛果之期。由佛法所動用之人格特性中，正可彰明佛法以信、知見爲主導之特色，而爲真正能使人信受、聞思以達修慧，此中所需具有之各種因緣條件甚多，若以純理性或純客觀恐難達成，須配合感情與意志，只是在比例上以理性爲重，而受情意指導之部分應較輕。以感性爲入手，以理性爲了手，此乃說明：佛教亦不離宗教之信仰特質，但佛法重在解脫煩惱，而持戒是實證之入門，唯持戒是否能持續深固，其重點並非是外在之戒規而已。簡言之，戒規只是一種外在之束縛，唯有心中有一把不可逾越之尺，如是之持戒，才能由持戒清淨轉而爲心境安然，如是才是釋尊制戒之真正目的。觀釋尊於日常所顯出之正行、法行，其所示現從容不迫、穩重安詳之氣質，此中已直顯一訊息：持戒之境地必由心起，以致釋尊所論之三無漏學，看似是一種漸次工夫歷程，實則是互爲增上作用，故由戒而言：是意指戒之持守若能由心起，則此中早已蘊涵意志靜定之作用；反之，由定中之澄慮，必能於心戒之持守上具有加分之效果；換言之，佛法之修證是以理性爲重，其總體根本必由心志爲一切之主導。

◎ 定靜是宇宙之展現

宇宙是瞬息萬變與生生不息，此爲宇宙生命力之展現。萬物萬類在大自然中各安其位、各得其所，以展現其生生不

息之活動力，如是之生命活力提供萬物萬類繁衍之動源。然當細觀大自然之瞬息萬變，其每一變化之當下，於刹那或瞬息間，實則亦可謂是一種靜。試觀一棵種子，其被埋入土壤時，其表面看似定靜，但當其由土裡冒出之刹那，真可謂是全盡其動能；換言之，一切生命之源動力，實來自於深靜。大自然中之萬物萬類，其作息或有不同，但皆需仰賴休養生息以維持其動能，而定靜是一重要前提，是爲生命活力展現之前奏曲，且通常定靜工夫之潛深與否，是決定生命活力之再發展與精彩度；而所謂蓄勢待發，正是在明示：靜之蓄勢在前，動之發揮在後，此中是有靜、動與前、後之因果關係。儒學雖不特言靜坐之實證工夫，但亦要求學人要由定、靜、安以至慮、得，顯然，定靜不僅是大自然之現象，更是生命與生活之必須。以人類而言：大抵一日需八時之睡眠，此約佔生活中三分之一之定靜休息，是爲使身與心能得一調和重整，亦唯有在定靜之潛修中，才能使生命有再向前發展之無限可能。觀照大自然之理以反思人生之道，此中最具代表之著作是《易經》，其中於〈乾卦〉之六爻辭，其依次順序是：初九「潛龍勿用」，再九二「見龍在田」，才能展現九五「飛龍在天」之勢，如是皆在明證：潛修之定靜，是一切未來發展之根基。若以大自然之道以觀於佛法之靜坐澄慮，無疑正是提供生命與生活上之智慧泉源，以是，所謂靜坐，則不必落爲神秘經驗，更不是在進行神通比賽，靜坐就是爲使生命之智慧觀照能更深入周全，於生活之安排秩序能更自在無礙。

◎ 修定之工夫主要在心

　　依大自然之運行而論，由靜而動，再由動而靜，如是之循環作息，大自然早已明明白白在上演著，而最明顯之展現即是日、夜之輪轉，此中即已蘊藏動、靜之指示。唯於人而言：身之止息較易，心之澄慮較難，身之疲倦其所主需在睡眠，然心之煩累則恐非僅是睡眠即可復原。於常人而言，身與心本是互有影響關係，且據醫學或心理學之研究，心又更具主導關鍵之作用；換言之，有時心之堅毅與意志之提振，是能帶動身之狀，以是，有意志戰勝病魔之事例出現，如是皆在說明：心更具有主導性。於修定而言，靜坐之表象是於身之一種止息狀態，除此，靜坐之修定，其重要在觀照心之起伏，其間所需運用之方法與步驟將因人而異，然不變的是，修定之目的是為使心能澄靜，將一切紛然雜思放下，亦唯有歷經如是之過程，才可能有新之觀照思惟出現，此則恍若是將本為滿杯之水滌空，使杯子再重新復其本有蓄積之作用。顯然，修定非僅是佛門之修證工夫而已，其更適用於一般人，於常人而言，定靜是一切新活力之源；唯佛法所講究之定靜工夫，更強調在思慮之定靜與觀照，以致若於靜坐中，落為昏沉與掉舉，皆需再為之調整與修正。觀釋尊於修定有由早夜、中夜以至晚夜持續精進之示現，此中除凸顯釋尊之正定工夫外，更可明示：靜坐工夫若足夠，於人之色身亦是一種休息，以是，臥寐之時間亦理應可減少，且精神奕奕；如是亦可理解為：於心若無煩擾憂鬱時，於身實然具有

某一程度增輝之效，故所謂相由心生，則爲確然可信。觀大自然之夜，看似靜悄悄，然一切之生機皆由此而蓄養，於宇宙如是，於人亦然，定靜是爲展現更美好和諧之生命與生活，此正是修定之眞實作用。

◎ 智慧是證果之根據

由戒而定，以終至慧，此爲三無漏學之序，而此中「定」之地位，可謂是一過程；換言之，由定之深持可影響於戒之守護，亦能攸關智慧之開發，但不能僅以入深定爲旨趣。由戒、定、慧之次第而論，顯然，慧是最重要之證得。而如是重慧之特點，亦能看出：佛法雖是宗教，但其理論內涵卻深具分析性，如是之特點，使所謂佛學研究可成爲佛教之重要一環；如是之言，是肯定佛學研究可獨立成爲一門學術研究，但佛學研究之範疇，仍隸屬於佛教之一部分，顯然，宗教之部分，使佛教並不能僅於理論分析與佛學研究而已。所謂佛教之宗教部分，當指其講求戒律並注重實踐上而言之，此使佛教終必是宗教之意向十分明確。佛教擁有豐富之理論，然一切理論之開演，終是爲使人人能依一切之修證工夫，成就其佛道之圓滿菩提果。能肯定人人皆具如來之智慧德相，此是立足在一切眾生皆平等上，如是使一切眾生欲求證得菩提佛果則成爲可能；然一切眾生雖皆具如來智慧德相，然眾生與佛之差距又何在？則在眾生有妄想執著而已，顯然，眾生與佛之不同，並非在立足點上不同，而是在因妄

想執著而造成眾生不同於佛。以是釋尊之開演佛法，其根本
立論則在使眾生如何去除妄想執著，若妄想執著能捨，則眾
生即佛；然妄想執著因何而有，實因以一切法爲實有而固執
之。顯然，佛與眾生之別唯然在智慧，而智慧之內涵即是覺
悟緣起無常之理，此是決定人生趣向之關鍵，亦可言：智慧
之淺深高下將決定人生煩惱問題之解脫與否，以是，於佛法
而言，智慧不僅是證果之根據，更是離苦得樂之源頭活水。

◎ 智慧源於對宇宙之深觀

　　在最能代表早期釋尊根本法義之《阿含經》，其理論中
心，則是環繞在觀一切法皆無常上，觀無常是爲破除常法，
以顯一切法皆空而不可執，且不僅是不可執，而是本來就無
可執之。然如何知一切法無常、空而能力求實踐之，此則攸
關智慧之深淺，而重智慧且需以智慧而觀照一切法，此爲佛
法除以立論一切法皆無常、無我、苦之外，可謂是佛法另一
重要核心。因一切修證工夫本爲破除執有，若眾生不能具有
深觀之智慧，則法執必將會產生，一旦以我、法爲實有，則
皆是執著，此皆需仰賴智慧而徹底破除之。佛法以智慧爲
重，此爲誠然，依立足點之平等，或依一切眾生本爲佛，本
具如來之智慧德相等，則本無佛與眾生之不同，唯佛知見與
眾生知見之差別既已形成，則眾生將如何證得佛之知見，如
是之答案，可由釋尊之身上即能獲得：釋尊由出家以至覺悟
緣起無常之理，其所仰賴之智慧是源於修證工夫之靜心深觀

思惟，顯然，智慧之呈顯是立足在心定、靜慮之狀況下，於宇宙之觀照所產生而然。如是之心境與智慧透悟之歷程，正說明人唯有在與大自然臻至物我一如之境時，則人類不僅可由宇宙間擷取智慧與解決人生問題之答案，若能再反觀至自我五蘊聚合之身，則所謂宇宙緣起法則之真理，同樣是相應於人身之上，至此，於另一方面而言，宇宙所示現之現象，正是提供人類自身之自處、處人或與宇宙相處之道。顯而得見，佛法所謂之智慧，絕非只是個己之世智辯聰，或個人之才智顯露而已，人唯有先去除私己之執，此即是空慧之表現，人才能於己、於人、於萬物、於宇宙臻至和諧之道，而此才是佛法所謂之真智慧。

◎ 解脫之道在實證

釋尊開創佛教，其開法之目的甚為明確，是為解脫人生之苦，顯然，釋尊是引導學人將法義具體實證，以使人生能轉苦為清淨，因此其所站立之立場，並非是以救濟者之身份出現，其較適宜以人生導師稱之。釋尊是以出家之身份而行遊度化，出家之形象是代表其生活態度，是去捨愛欲之象徵之一，以難捨而捨之行，以證愛欲雖難割棄，但堅定於法義之信仰者則可臻至，而釋尊即是最佳之示範者。釋尊將法義落實在生命與生活上，此即是實證之精神，強調實證是佛法之核心價值，以實證則可明證釋尊所演之法義是於人可具體實證而出；換言之，當法義精神以人為主時，則人是否能將

法義具體示現在生命與生活上,此即攸關佛法義是具有解決人類煩惱與痛苦之作用。緣起無常是宇宙一切事物之現象,如是之現象不言即是存在,唯人是否能將此緣起無常之義,以觀之於現象生活中之點點滴滴,此則是欲求實證之精神。若謂緣起無常是一隨順因緣自然而得之結果,力行實證則是爲使本爲自然飄零之生命,能有向上提昇之可能趣向;換言之,依緣起則由無明至老死,此是生命隨緣而流之示現;而實證雖於色身生命不能逆轉以成不老死,但實證所形成之生命力,是一股無形之力量,其將使生命遠離煩惱與痛苦,使心靈在成、住、壞、空之色身中而能獲致自在安然,此即是實證所能顯發之意義。實證於無限心靈所產生之自在安然,必能再出心而身,以致亦較能擁有健康舒泰之身體,此於心之安然與身之舒泰,雖無法保證人生之絕然美好,但於某一程度而言,於人生之觀照與態度皆應較具有正向之光明面。

◎ 解脫是依現實人生而論

以真實人生而言,釋尊確然已入滅二千五百多年,不論後人是以如何之角度而陳述有關佛陀涅槃之事,但以釋尊重現實人生之無常性,涅槃(或曰一世生命之結束)就是真理,而釋尊亦不可能再以同樣之身再示現現實人生一次,然釋尊之法義至今仍繼續引領覆護著後人,而此即是其所留下之經與戒;[2]換言之,依釋尊法義而行並謹持戒律,即是代表佛

---

[2] 《長阿含經》卷 4〈遊行經〉:「佛言:阿難!汝謂佛滅度後,無復覆護,

陀之法身長住。[3]釋尊一生所留下之典範，除法義外，最重要在其依法實證，而實證之首步在「戒」，而戒即是爲治人性之貪欲與攀緣。[4]釋尊之所以重戒，乃立足於人性之立場而論之，因眾生之苦皆源於愛欲，且又習與貪、瞋、癡糾纏一起，以致長夜流轉於生滅之執取中而痛苦，而釋尊之施戒即是在引領學人能由人性之惡習中而超脫。雖言人因習性而易生煩惱痛苦，但釋尊亦讚嘆人身難得，曾言：「當知：三十三天著於五欲，彼以人間為善趣；於如來法得出家為善利，而得三達。所以然者：諸佛世尊，皆由人間，非由天而得也。」[5]以人間爲善趣，並重視人生爲修行之機會，此是釋尊法義之基本精神，亦說明佛法之根本著眼點在把握現實之人生，而非一味要求脫離人間以往生天界。釋尊於引領弟子之修行，特強調解、行並重，而如是之方法至今依然。若以「解」而言，則四《阿含經》可代表現存最早之佛典，亦是最近於釋尊教理之原型。然如釋尊之智慧，法義之目的在解苦，能引領學人由當世、當下之煩惱而得以超脫，此爲佛法最大之目的；換言之，佛法教義雖深具哲理性，但如何實證才是重點。法義隨時空而不斷演變，此正是真實之人生，

失所持耶？勿造斯觀！我成佛來所說經、戒，即是汝護，是汝所持。」（大正 1・26 上）。

[3] 《佛垂般涅槃略說教誡經》：「自今以後，我諸弟子展轉行之，則是如來法身常在而不滅也。」（大正 12・1112 中）。

[4] 《雜阿含經》卷 12〈第 289 經〉：「心、意、識，日夜時刻，須臾轉變，異生異滅。猶如獼猴遊林樹間，須臾處處，攀捉枝條，放一取一。」（大正 2・81 下。）又《雜阿含經》卷 10〈第 267 經〉：「長夜心爲貪欲所染，瞋恚、愚癡所染故。」（大正 2・69 下）。

[5] 《增壹阿含經》卷 26〈等見品〉，大正 2・694 上。

而釋尊之根本法義即是無常、苦、無我，顯然，於釋尊之思想是以一切皆是不確定性之觀照，如是之理至今依然。依佛法之立場而論，無常是真理，然人性之內心期盼是要求確定甚至永恆，此兩者是互爲矛盾的，而佛法即是要引領學人深觀如實相，並依修行方法而解苦以得致一智慧之人生。

由以上所列之意旨可總述曰：佛法之興設是因人而起，而人之生命養成所涉及之因素甚爲複雜，以是在不同時空之下，應當代之思考，佛法義之內容亦有不同，因此，即或佛法有發展之不同，然依佛法義而論，實無大、小乘經之分，若能以《阿含經》代表根本佛教，而以大乘佛法代表是大乘者之行解，一皆以「人」爲思考之核心，而所謂佛法亦即是由人成佛之法。佛法隨時空之流轉，其中之法義有甚大之差異，此乃基於釋尊之演法是應機而施設，故即或後代所興起之各宗派彼此雖有互爭，但在統稱爲佛法之下，則亦顯示佛法之內涵是廣大的。然佛法雖有各經論法義之多元性，但其必有一主旨以涵蓋全體之法義；換言之，佛法之所以稱其爲佛法，則必有一共同性，此即依人修證成佛之宗旨。釋尊一生之示現，由出生至涅槃，即是一段落之人生，此亦是最真實之人生；雖於佛法經義上亦有論述：佛陀之入滅只是肉身之是住一世，實則佛陀之壽量是甚大久遠，但爲教化眾生觀知色身無常，故示現涅槃，然不論如何，且觀釋尊一生之歷程，實則代表爲人是可以依腳踏實地修行而成佛，此爲釋尊一生示現之最大貢獻。佛法由釋尊所創、所開起，其後之發展，於理論上有甚豐富且多元之不同內涵，而分宗別派更見

紛然多采，然以整體而言，其皆是佛法之一部分。在以佛法為一大目標方向上，即使理論再多元不同，諸宗各派即或有互爭，但在以佛法為一總意趣上，理應有一殊途同歸之主旨，此即是站在佛法之所以稱之為佛法，或佛教之所以為佛教之立場上而論。佛教之發展容或因時、空諸因緣而各有不同，以是隨其發展當有內涵之差異在，然佛法理應有其最大之代表性，或稱之為根本思想。在論述佛法之根本思想時，多以三法印、四聖諦為代表，此為釋尊早期思想之最基本核心，而其中三法印是對一切事物現象觀察所得，而四聖諦則是依三法印而開演之修證真理。唯對現象事物之觀照所得，必仰賴智慧，而不同之智慧，對現象事物所產生之覺照，其所得之體悟亦將因人而產生差異，顯然，智慧之覺照，是決定佛法之根本立場，而釋尊之智慧，稱之為佛智，亦代表圓滿之智。依佛教之立場，在以眾生為平等立足點上，智慧理應人人皆同，然眾生之所以有不同之智慧，並非是在根本智慧上有差異，而是智慧在不同眾生身上有不同之呈顯，而不同之呈顯則是說明眾生各有不同執著之故。在以一切眾生皆本具佛智之立論上，眾生要如何修學才能將佛智充分之呈顯與開發，此中無有捷徑，完全要仰賴修證，言修證則以戒、定、慧為佛法之三無漏學，顯然，智慧之開發，必先依憑戒、定以成，而智慧之深觀覺照，亦終將決定修證之成果，如是皆可看出：以佛法之根本旨趣在解脫修證。

參考書目

【佛教典籍】

一、《大正新脩大藏經》，大藏經刊行會編輯，台北：新文
　　豐出版公司，1996 年。

《長阿含經》	後秦・佛陀耶舍共 竺佛念譯	第 1 冊
《佛般泥洹經》	西晉・白法祖譯	第 1 冊
《大般涅槃經》	東晉・法顯譯	第 1 冊
《大集法門經》	宋・守護譯	第 1 冊
《佛說法海經》	西晉・法炬譯	第 1 冊
《中阿含經》	東晉・瞿曇僧伽提婆譯	第 1 冊
《雜阿含經》	劉宋・求那跋陀羅譯	第 2 冊
《別譯雜阿含經》	失譯	第 2 冊
《增壹阿含經》	東晉・瞿曇僧伽提婆譯	第 2 冊
《大般若波羅蜜多經》	唐・玄奘譯	第 5、6、7 冊
《聖八千頌般若波羅蜜多一百八名真實圓義陀羅尼經》		
	宋・施護譯	第 8 冊
《金剛般若波羅蜜經》	後秦・鳩摩羅什譯	第 8 冊
《般若波羅蜜多心經》	唐・玄奘譯	第 8 冊
《大乘理趣六波羅蜜多經》	唐・般若譯	第 8 冊
《妙法蓮華經》	後秦・鳩摩羅什譯	第 9 冊

《大方廣佛華嚴經》（60卷）東晉・佛馱跋陀羅譯　第9冊

《大方廣佛華嚴經》（80卷）唐・實叉難陀譯　　第10冊

《大方廣佛華嚴經》（40卷）唐・般若譯　　　　第10冊

《大般涅槃經》　　　　北涼・曇無讖譯　　第12冊

《佛垂般涅槃略說教誡經》　後秦・鳩摩羅什譯　第12冊

《佛說阿彌陀經》　　　　後秦・鳩摩羅什譯　第12冊

《維摩詰所說經》　　　　後秦・鳩摩羅什譯　第14冊

《持世經》　　　　　　　後秦・鳩摩羅什譯　第14冊

《解深密經》　　　　　　唐・玄奘譯　　　第16冊

《彌沙塞部和醯五分律》劉宋・佛陀什共竺道生等譯
　　　　　　　　　　　　　　　　　　　　第22冊

《四分律》　　　　　後秦・佛陀耶舍共竺佛念譯　第22冊

《梵網經》　　　　　後秦・鳩摩羅什譯　　第24冊

《菩薩瓔珞本業經》　　後秦・竺佛念譯　　第24冊

《優婆塞戒經》　　　　北涼・曇無讖譯　　第24冊

《大智度論》龍樹菩薩造，後秦・鳩摩羅什譯　第25冊

《阿毘達磨法蘊足論》大目乾連造，唐・玄奘譯　第26冊

《阿毘達摩大毘婆沙論》唐・玄奘譯　　　　第27冊

《中論》　　　　　　　龍樹菩薩造，梵志青目釋
　　　　　　　　　　　後秦・鳩摩羅什譯　第30冊

《瑜伽師地論》　　彌勒菩薩說，唐・玄奘譯　第30冊

《十八空論》　　　龍樹菩薩造，陳・真諦譯　第31冊

《解脫道論》　　優波底沙造，梁・僧伽婆羅譯　第32冊

《妙法蓮華經玄義》　　隋・智顗　　　　　第33冊

《妙法蓮華經文句》　　隋・智顗　　　　　第34冊

《妙法蓮華經玄贊》　　　唐・窺基　　　　　第34冊
《大方廣佛華嚴經疏》　　唐・澄觀　　　　　第35冊
《大方廣佛華嚴經隨疏演義鈔》唐・澄觀　　　第36冊
《注維摩詰經》　　　　　後秦・僧肇　　　　第38冊
《大乘義章》　　　　　　隋・慧遠　　　　　第44冊
《肇論》　　　　　　　　後秦・僧肇　　　　第45冊
《華嚴一乘教義分齊章》　唐・法藏　　　　　第45冊
《華嚴五教止觀》　　　　隋・杜順　　　　　第45冊
《摩訶止觀》　　　　　　隋・智顗　　　　　第46冊
《止觀輔行傳弘決》　　　唐・湛然　　　　　第46冊
《止觀大意》　　　　　　唐・湛然　　　　　第46冊
《修習止觀坐禪法要》　　隋・智顗　　　　　第46冊
《四念處》　　　　　　　隋・智顗　　　　　第46冊
《觀心論》　　　　　　　隋・智顗　　　　　第46冊
《觀心論疏》　　　　　　隋・灌頂　　　　　第46冊
《釋摩訶般若波羅蜜經覺意三昧》隋・智顗　　第46冊
《南宗頓教最上大乘摩訶般若波羅蜜經六祖惠能大師於詔
　　州大梵寺施法壇經》　唐・法海　　　　　第48冊
《六祖大師法寶壇經》　　元・宗寶　　　　　第48冊
《翻譯名義集》　　　　　宋・法雲編　　　　第54冊

二、《卍續藏經》，中國佛教會影印卍續藏經會印行，台北：
中國佛教會，1967 年。

《華嚴經行願品疏鈔》　　唐・澄觀別行疏、

	唐・宗密	第 7 冊
《華嚴普賢行願修證儀》	宋・淨源	第 95 冊
《授菩薩戒儀》	唐・湛然	第 105 冊
《受菩薩戒法》	宋・延壽	第 105 冊

三、《佛光大藏經・阿含藏》，佛光大藏經編修委員會主編，高雄：佛光出版社，1995 年。（共 17 冊）

《雜阿含經》第 2-5 冊。

《中阿含經》第 6-9 冊。

《長阿含經》第 10-11 冊。

《增壹阿含經》第 12-15 冊。

《附錄》第 16-17 冊。

四、《漢譯南傳大藏經》，元亨寺漢譯南傳大藏經編譯委員會編，高雄：元亨寺妙林出版社，1990-1998 年。（共 70 冊）

《律藏》第 1-5 冊。

《長部經典》第 6-8 冊。

《中部經典》第 9-12 冊。

《相應部經典》第 13-18 冊。

《增支部經典》第 19-25 冊。

《小部經典》之《無礙解道》第 43-44 冊。

《彌蘭王問經》第 63-64 冊。

《清淨道論》第 67-69 冊。
《攝阿毘達磨義論》第 69 冊。

五、南傳五部《尼柯耶》
（Pāli Pañca Nikāya, London：The Pali Text Society）

《長部經》Digha-Nikāya
《中部經》Majjhima-Nikāya
《相應部經》Saṃyutta-Nikāya
《增支部經》Aṇguttara-Nikāya
《小部經》Khuddaka- Nikāya

【專書、論文集】

A.Christina Albers
　　2004 年，印海（譯）：《佛教徒信仰的是什麼》，台北：嚴
　　　　寬祜文教基金會。
A.K.Warder
　　1988 年，王安世（譯）：《印度佛教史》，台北：華宇出版
　　　　社。
Bruce R.Reichenbach
　　1991 年，The Law of Karma, Honolulu: University of Hawaii
　　　　Press.

Charles N.E.Eliot

  1987 年，李榮熙（譯）:《印度思想與宗教》，台北：華宇
    出版社。

D.J.Kalupahana

  1986 年，The Philosophy of the Middle Way, New York:
    State University of New York Press.

Edward J.Thomas

  1992 年，The Life of Buddha－as Legend and History, New
    Delhi: Munshiram Manoharial Publishers Pvt.
    Ltd.

Genjun H.Sasaki

  1992 年，Linguistic Approach to Buddhist Thought, Delhi:
    Motilal Banarsidass Publishers.

G.S.P.Misra

  1984 年，Developement of Buddhist Ethics, New Delhi:
    Munshiram Manoharial Publishers Pvt. Ltd.

Hammalawa Saddhatissa

  1987 年，Buddhist Ethics:The Path to Nirvāna,
    London:Wisdom Publications.

Kewal Krishan Mittal

  1990 年，Perspectives on Karma and Rebirth, Delhi: Delhi
    University.

R.H.Robinson

  1996 年，郭忠生（譯）:《印度與中國的早期中觀學派》，
    台北：正觀出版社。

R.W. Giebel（英譯）

2004 年，印海、顯炯（合譯）：《大藏經入門》，台北：嚴
寬祜文教基金會。

山口益等

1988 年，一平等（譯）：《佛典研究初編》，台北：華宇出
版社。

川田熊太郎等

1989 年，李世傑（譯）：《華嚴思想》，台北：法爾出版社。

中村元

1995 年，陳信憲（譯）：《原始佛教其思想與生活》，嘉義：
香光書鄉出版社。

木村泰賢

1999 年，歐陽瀚存（譯）：《原始佛教思想論》，台北：臺
灣商務印書館。

水野弘元

1984 年，如實（譯）：《原始佛教》，台北：普門文庫。

1986 年，許洋（主譯）：《巴利文法》，台北：華宇出版社。

1990 年，郭忠生（譯）：《原始佛教》，台北：菩提樹雜誌
社。

2000 年，釋惠敏（譯）：《佛教教理研究》，台北：法鼓文
化公司。

2002 年，香光書鄉編譯組（譯）：《佛教的真髓》，嘉義：
香光書鄉出版社。

田上太秀
　1990 年，《菩提心の研究》，東京：東經書籍株式會社。
瓜生津隆真等
　1985 年，許洋（主譯）:《中觀與空義》，台北：華宇出版
　　　　　社。
宇井伯壽等
　1988 年，王進瑞等（譯）:《禪宗論集，華嚴學論集》，台
　　　　　北：華宇出版社。
竹村牧男
　2003 年，蔡伯郎（譯）:《覺與空－印度佛教的展開》，台
　　　　　北：東大圖書公司。
赤沼智善
　1986 年，世界佛學名著譯叢編委會（譯）:《漢巴四部阿
　　　　　含互照錄》，台北：華宇出版社。
佐籐泰舜
　2004 年，印海（譯）:《中國佛教思想論》，台北：嚴寬祜
　　　　　文教基金會。
佐藤密雄等
　2004 年，印海（譯）:《四分戒律與大乘戒之研究》，台北：
　　　　　嚴寬祜文教基金會。
佐藤達玄
　1997 年，釋見憨、鍾修三、歐先足、林正昭（譯）:《戒
　　　　　律在中國佛教的發展》，嘉義：香光書鄉出版
　　　　　社。
長井真琴

1975 年，《南方所傳佛典の研究》，東京：國書刊行會。

和遷哲郎

1985 年，《佛教倫理思想史》，東京：岩波書店。

1988 年，世界佛學名著譯叢編委會（譯）:《原始佛教的實踐哲學》，台北：華宇出版社。

高峰了州

1969 年，釋慧嶽（譯）:《華嚴思想史》，台北：中華佛教文獻編撰社。

高崎直道等

1986 年，李世傑（譯）:《如來藏思想》，台北：華宇出版社。

高楠順次郎等

1984 年，世界佛學名著譯叢編委會（譯）:《南傳大藏經解題》，台北：華宇出版社。

朴山雄一

1989 年，許洋（主譯）:《般若思想》，台北：法爾出版社。

1990 年，吳汝鈞（譯）:《空之哲學》，台北：彌勒出版社。

1995 年，臧世俊（譯）:《空的智慧－般若經的現代詮釋》，台北：圓明出版社。

鄉幸也

1998 年，廖為智（譯）:《另外一種生活禪－成佛的逆向思考》，台北：新雨出版社。

德田明本

2004 年，印海（譯）:《律宗概論》，台北：嚴寬祜文教基金會。

關口真大等
　　2005 年，印海（譯）：《止觀方法及其實踐之研究》，台北：
　　　　嚴寬祜文教基金會。
鎌田茂雄
　　1993 年，慈怡法師（譯）：《華嚴經講道》，高雄：佛光出
　　　　版社。

于凌波
　　2000 年，《原始佛教基本教理的探討》，高雄：妙林雜誌
　　　　社。
方立天
　　2004 年，《中國佛教哲學要義》，高雄：佛光文化公司。
方東美
　　2005 年，《方東美全集・中國大乘佛學》，台北：黎明文
　　　　化公司。
　　2005 年，《方東美全集・華嚴宗哲學》，台北：黎明文化
　　　　公司。
王志成等
　　2004 年，《覺醒的力量》，台北：世界宗教博物館附設出
　　　　版社。
印　順
　　1986 年，《如來藏之研究》，台北：正聞出版社。
　　1986 年，《原始佛教聖典之集成》，台北：正聞出版社。
　　1986 年，《初期大乘佛教之起源與開展》，台北：正聞出

版社。

1987 年，《中國禪宗史》，台北：正聞出版社。

1987 年，《法海微波》，台北：正聞出版社。

1987 年，《空之探究》，台北：正聞出版社。

1988 年，《唯識學探源》，台北：正聞出版社。

1991 年，《雜阿含經論會編》，台北：正聞出版社。

2003 年，《佛法概論》，新竹：正聞出版社。

2003 年，《以佛法研究佛法》，新竹：正聞出版社。

2003 年，《我之宗教觀》，新竹：正聞出版社。

2003 年，《華雨香雲》，新竹：正聞出版社。

2003 年，《無諍之辯》，新竹：正聞出版社。

2003 年，《般若經講記》，新竹：正聞出版社。

2003 年，《中觀論頌講記》，新竹：正聞出版社。

2003 年，《性空學探源》，新竹：正聞出版社。

2003 年，《佛在人間》，新竹：正聞出版社。

2003 年，《印度佛教思想史》，新竹：正聞出版社。

2004 年，《中觀今論》，新竹：正聞出版社。

2005 年，《成佛之道》，新竹：正聞出版社。

平　實

2003 年，《心經密意－心經與解脫道、佛菩提道、祖師公
　　　案之關係與密意》，台北：正智出版社。

2006 年，《阿含正義》，台北：正智出版社。

牟宗三

2003 年，《佛性與般若(上)》（收錄於《牟宗三先生全集
　　　3》），台北：聯經出版公司。

2003 年,《佛性與般若(下)》(收錄於《全集 4》)。

2003 年,《心體與性體(一)》(收錄於《全集 5》)。

2003 年,《心體與性體(二)》(收錄於《全集 6》)。

2003 年,《心體與性體(三)》(收錄於《全集 7》)。

2003 年,《智的直覺與中國哲學》(收錄於《全集 20》)。

2003 年,《現象與物自身》(收錄於《全集 21》)。

2003 年,《圓善論》(收錄於《全集 22》)。

2003 年,《中國哲學十九講》(收錄於《全集 29》)。

宏印(主編)

2006 年,《印順導師著作導讀篇》,新竹:印順文教基金會。

2007 年,《印順導師著作聞思篇》,新竹:印順文教基金會。

2007 年,《印順導師著作正聞篇》,新竹:印順文教基金會。

呂勝強(編)

1998 年,《妙雲華雨的禪思—印順導師止觀開示集錄》,台北:佛教青年基金會。

呂　澂

1982 年,《印度佛學思想概論》,台北:新文豐出版公司。

1983 年,《印度佛教史略》,台北:新文豐出版公司。

1984 年,《佛教研究法》,台北:長春藤書坊。

1985 年,《中國佛學源流略講》,台北:里仁書局。

2003 年,《印度佛學源流略論》,台北:大千出版社。

李世傑

1982年，《印度大乘佛教哲學史》，台北：新文豐出版公司。

李慶餘

2003年，《大乘佛學的發展與圓滿－牟宗三先生對佛家思想的詮釋》，台北：臺灣學生書局。

杜松柏

2002年，《佛學思想綜述》，台北：新文豐出版公司。

吳汝鈞

1997年，《龍樹中論的哲學解讀》，台北：臺灣商務印書館。

2000年，《佛教的概念與方法》，台北：臺灣商務印書館。

2006年，《佛學研究方法論》，台北：臺灣學生書局。

東　初

1997年，《般若心經思想史》，台北：法鼓文化公司。

林明亮

1997年，《般若法門成佛次第》，新竹：蓮華出版社。

林岱雲等

2004年，《佛學思想譯叢》，台北：嚴寬祜文教基金會。

林崇安

2001年，《阿含經的中道與菩提道》，台北：大千出版社。

2004年，《林崇安佛學論文選集》，桃園：內觀教育基金會。

2004年，（編輯）：《原始佛典中的菩薩道》，桃園：內觀教育基金會。

2007年，（編著）：《止觀法門的實踐》，台北：大千出版

社。

2007 年,《佛法之源－阿含經的源流與核心思想》,台北:
大千出版社。

林煌洲等

2004 年,《聖嚴法師思想行誼》,台北:法鼓文化公司。

空　海

2006 年,《阿含解脫道次第》,台北:大自然真理學會。

毘瑪拉蘭希

1999 年,林崇安(譯):《定慧禪修法》,桃園:內觀教育
基金會

高柏園

2001 年,《禪學與中國佛學》,台北:里仁書局。

高振農(釋譯)

2002 年,《華嚴經》,高雄:佛光出版社。

袁煥仙、南懷瑾(合著)

1990 年,《定慧初修》,台北:老古文化公司。

麻天祥等

2007 年,《禪與人間佛教－2007 年佛學研究論文集》,高
雄:佛光文教基金會。

郭　朋

1993 年,《中國佛教史》,台北:文津出版社。

郭良均

1997 年,《佛陀和原始佛教思想》,北京:中國社會科學
出版社。

勞政武

1999 年，《佛律與國法》，台北：老古文化公司。

張曼濤

1976 年，（主編）：《六祖壇經研究論集》，（收錄於《現代佛教學術叢刊 1》），台北：大乘文化出版社。

1978 年，（主編）：《唯識學概論》（收錄於《叢刊 23》）。

1978 年，（主編）：《唯識思想論集一》（收錄於《叢刊 25》）。

1978 年，（主編）：《唯識思想論集二》（收錄於《叢刊 26》）。

1978 年，（主編）：《中國佛教的特質與宗派》（收錄於《叢刊 31》）。

1978 年，（主編）：《華嚴學概論》（收錄於《叢刊 32》）。

1978 年，（主編）：《華嚴思想論集》（收錄於《叢刊 33》）。

1978 年，（主編）：《華嚴宗之判教及其發展》（收錄於《叢刊 34》）。

1978 年，（主編）：《華嚴典籍研究》（收錄於《叢刊 35》）。

1978 年，（主編）：《佛教哲學思想論集一》（收錄於《叢刊 36》）。

1978 年，（主編）：《佛教哲學思想論集二》（收錄於《叢刊 37》）。

1979 年，（主編）：《般若思想研究》（收錄於《叢刊 45》）。

1978 年，（主編）：《中觀思想論集》，（收錄於《叢刊 46》）。

1979 年，（主編）：《禪宗思想與歷史》（收錄於《叢刊 52》）。

1978 年，（主編）：《佛教根本問題研究（一）》（收錄於《叢刊 53》）。

1978 年，（主編）：《佛教根本問題研究（二）》（收錄於《叢刊 54》）。

1979 年，（主編）：《天臺學概論》（收錄於《叢刊 55》）。

1979 年，（主編）：《天臺宗之判教與發展》（收錄於《叢刊 56》）。

1979 年，（主編）：《天臺思想論集》（收錄於《叢刊 57》）。

1979 年，（主編）：《佛教各宗比較研究》（收錄於《叢刊 70》）。

1978 年，（主編）：《律宗概述及其成立與發展》（收錄於《叢刊 88》）。

1979 年，（主編）：《律宗思想論集》（收錄於《叢刊 89》）。

1979 年，（主編）：《佛教與中國思想及社會》（收錄於《叢刊 90》）。

1978 年，（主編）：《原始佛教研究》（收錄於《叢刊 94》）。

1979 年，（主編）：《大乘佛教之發展》（收錄於《叢刊 98》）。

1979 年，（主編）：《大乘佛教的問題研究》（收錄於《叢刊 99》）。

1998 年，《涅槃思想研究》，高雄：佛光出版社。

道　善

2003 年，《佛教史與戒律學》，台北：大乘精舍。

2003 年，《從人至成佛》，台北：大乘精舍。

黃夏年（釋譯）

1998 年，《解脫道論》，台北：佛光文化公司。

黃懺華

1979 年，《魏晉南北朝佛教小史》，台北：大乘文化出版社。

1996 年，《佛教各宗大綱》，台北：天華出版公司。

　　2000 年，《佛教各宗大意》，台北：佛陀教育基金會。

楊政河

　　1980 年，《華嚴經教與哲學研究》，台北：慧炬出版社。

楊郁文

　　1997 年，《阿含要略－阿含學與阿含道》，台北：法鼓文
　　　　　　化公司。

楊惠南

　　2006 年，《當代佛教思想展望》，台北：東大圖書公司。

楊維中

　　2004 年，《新譯華嚴經入法界品》，台北：三民書局。

廖明活

　　2006 年，《中國佛教思想述要》，台北：臺灣商務印書館。

蔡耀明

　　2006 年，《佛學建構的出路－佛教的定慧之學與如來藏的
　　　　　　理路》，台北：法鼓文化公司。

賴永海等

　　2006 年，《禪與人間佛教－2006 年佛學研究論文集》，高
　　　　　　雄：佛光文教基金會。

賴賢宗

　　2003 年，《佛教詮釋學》，台北：新文豐出版公司。

　　2006 年，《當代佛學與傳統佛學》，台北：新文豐出版公
　　　　　　司。

聶秀漢

　　1987 年，《原始佛教四諦思想》，台北：佛光出版社。

藍吉富（編）

1989 年,《印順導師的思想與學問》,台北:正聞出版社。

覺　音

2002 年,葉均譯:《清淨道論》,高雄:正覺學會。

釋大寂

1996 年,《菩薩修行次第》,台北:大乘精舍印經會。

2000 年,《成佛必經之路》,台北:佛陀教育基金會。

釋大願

1991 年,《阿含道的人間關懷》,台南:和裕出版社。

釋昭慧

1999 年,《律學今詮》,台北:法界出版社。

2003 年,《佛教規範倫理學》,台北:法界出版社。

2006 年,《人菩薩行的歷史足履》,台北‧法界出版社。

釋昭慧、江燦騰（編著）

2002 年,《世紀新聲－當代台灣佛教的入世與出世之
　　　　爭》,台北:法界出版社。

釋開仁

2005 年,《印順導師初期大乘菩薩觀之抉擇探源》,高雄:
　　　　正信佛教青年會。

釋從信

1991 年,《戒律學疑難》,台北:阿含精舍。

釋惠敏

1988 年,《中觀與瑜伽》,台北:東初出版社。

1999 年,《戒律與禪法》,台北:法鼓文化公司。

2005 年,（主編）:《佛教與二十一世紀》,台北:法鼓文
　　　　化公司。

釋聖嚴

　　1999 年，《律制生活》，台北：法鼓文化公司。

　　1999 年，《菩薩戒指要》，台北：法鼓文化公司。

　　2000 年，《戒律學綱要》，台北：法鼓文化公司。

釋繼夢

　　1993 年，《華嚴宗哲學概要》，台北：圓明出版社。

　　2004 年，《十大願王－華嚴經普賢行願品講記》，台北：
　　　　　空庭書苑公司。

釋體方

　　2007 年，《解脫之道－四聖諦與緣起與大乘不共慧》，桃
　　　　　園：菩提廣講堂。

護　　法、陳水淵（合著）

　　1997 年，《涅槃的北二高－清淨道論導讀》，台南：法源
　　　　　中心。

【期刊論文】

吳汝鈞

　　1984 年，〈龍樹之論空、假、中〉，《華岡佛學學報》第 7
　　　　　期，頁 101-111，1984 年 9 月。

　　1985 年，〈《般若經》的空義及其表現邏輯〉，《華岡佛學
　　　　　學報》第 8 期，頁 237-256，1985 年 7 月。

　　1993 年，〈《金剛經》研究〉，《圓光佛學學報》創刊號，
　　　　　頁 3-46，1993 年 12 月。

李昌頤

　　1984 年,〈《中論》空無思想、中道思想之探源及其與現
　　　　　　代的關係—兼述《中論》辯證法的研究〉,《華
　　　　　　岡佛學學報》第 7 期,頁 355-400,1984 年 9
　　　　　　月。

周柔含

　　2001 年,〈四無量心初探〉,《正觀雜誌》第 16 期,頁
　　　　　　93-127,2001 年 3 月。

周慶華

　　2003 年,〈後佛教倫理學〉,《正觀雜誌》第 25 期,頁
　　　　　　181-199,2003 年 6 月。

姚衛群

　　1991 年,〈古印度宗教與哲學中的「我論」〉,《世界宗教
　　　　　　研究》第 2 期,頁 27-33,1991 年。

唐紹宏

　　1998 年,〈論印度宗教對印度哲學思想形成發展的獨特作
　　　　　　用〉,《宗教哲學》第 4 卷第 3 期,頁 166-172,
　　　　　　1998 年 7 月。

陳玉蛟

　　1990 年,〈「發心」在漢藏佛學中之意義及其在宗教實踐
　　　　　　上之心理功能〉,《中華佛學學報》第 3 期,頁
　　　　　　209-234,1990 年 4 月。

溫宗堃

　　2003 年,〈漢譯《阿含經》與阿毘達磨論書中的「慧解脫」
　　　　　　－以《雜阿含經‧須深經》爲中心〉,《正觀雜

誌》第 26 期，頁 1-51，2003 年 9 月。

黃俊威

　　1988 年，〈自我觀念的癥結〉，《諦觀》第 53 期，頁 37-75，
　　　　1988 年 4 月。

游祥洲

　　1993 年，〈《大智度論》所述「大空」與「無始空」之研
　　　　究〉，《圓光佛學學報》創刊號，頁 51-84，1993
　　　　年 12 月。

楊郁文

　　1980 年，〈南、北傳十八愛行之法說及義說〉，《中華佛學
　　　　學報》第 3 期，頁 1-23，1980 年 4 月。

　　1996 年，〈緣起之「此緣性」（idappaccayata）〉，《中華佛
　　　　學學報》第 9 期，頁 1-34，1996 年 4 月。

楊惠南

　　2001 年，〈《金剛經》的詮釋與流傳〉，《中華佛學學報》
　　　　第 14 期，頁 185-230，2001 年 9 月。

蔡耀明

　　1999 年，〈《大般若經‧第二會》的嚴淨／清淨〉，《台大
　　　　佛學研究中心學報》第 4 期，頁 1-41，1999 年
　　　　7 月。

賴顯邦

　　1994 年，〈古印度的生死輪迴觀〉，《哲學雜誌》第 8 期，
　　　　頁 156-172，1994 年 4 月。

羅耀明

　　1999 年，〈《解脫道論》九心輪與《清淨道論》十四作用

之比較〉，《正觀雜誌》第 11 期，頁 116-149，
1999 年 12 月。

釋聖嚴

1995 年，〈十善業道是菩薩戒的共軌論〉，《中華佛學學報》
第 8 期，頁 17-40，1995 年 7 月。

【學位論文】

阮氏雪（釋行光）

2002 年，《《雜阿含經》無我說及無我止觀禪修之研究》，
華梵大學東方人文思想研究所碩士論文。

邢東風

1990 年，《南宗禪學研究》，中國人民大學哲學系博士論
文。

呂凱文

2002 年，《初期佛教「緣起」概念析論》，輔仁大學哲學
研究所博士論文。

何孟玲

2001 年，《《中部‧念處經》四念處禪修方法之研究》，華
梵大學東方人文思想研究所碩士論文。

恆　毓

2000 年，《佛道儒心性論比較研究》，南京大學哲學系博
士論文。

侯文地

　　2001 年，《《長阿含經》中佛陀教育之研究》，華梵大學東
　　　　方人文思想研究所碩士論文。

柳庚姃

　　2000 年，《以《阿含經》的緣起法探討佛教的認識及其認
　　　　識對象》，華梵大學東方人文思想研究所碩士論
　　　　文。

徐文明

　　1994 年，《中土前期禪學思想研究》，北京大學哲學系博
　　　　士論文。

高正哲

　　1996 年，《中阿含經之業論初探－以〈業相應品爲中
　　　　心〉》，中華佛學研究所畢業論文。

陳水淵

　　2001 年，《南傳上座部《攝阿毘達磨義論》的哲學思想研
　　　　究》，東海大學哲學研究所博士論文。

陳平坤

　　1999 年，《論慧能會通般若與佛性的頓教禪法》，華梵大
　　　　學東方人文思想研究所碩士論文。

陳仕蘋

　　2004 年，《《阿含經》與《大般若經・第二會》裡的無明
　　　　觀：從聲聞乘到菩薩乘的銜接與超越》，國立
　　　　政治大學宗教研究所碩士論文。

陳利權

　　1997 年，《禪宗與心學》，南京大學哲學系博士論文。

陳麗彬（釋見寰）
　　2005 年,《《阿含經》中佛陀對病苦的教示之研究》,華梵
　　　　大學東方人文思想研究所碩士論文。

黃雪梅
　　1999 年,《慧解脫所依二智及定地之研究》,華梵大學東
　　　　方人文思想研究所碩士論文。

楊素英
　　2000 年,《《阿含經》中有關佛陀教學之研究》,華梵大學
　　　　東方人文思想研究所碩士論文。

楊琇惠
　　2001 年,《《阿含經》業論研究》,台灣師範大學國文系碩
　　　　士論文。

黃俊威
　　1993 年,《華嚴「法界緣起觀」的思想探源》,台灣大學
　　　　哲學研究所博士論文。

黃美英
　　2002 年,《初期教法弘傳之開展－以漢譯《雜阿含經》之
　　　　「信」為趣向解脫道之修學》,玄奘大學宗教學
　　　　研究所碩士論文。

曾惠畊
　　2003 年,《論「第一義空」與「涅槃」－以《雜阿含經·
　　　　第一義空經》、《大般若經·第二分》和《大般
　　　　涅槃經》為主》,華梵大學東方人文思想研究所
　　　　碩士論文。

溫鈺華

2005 年，《四梵住實踐義涵之比較研究－以《清淨道論》、《大智度論》、《菩提道次第廣論》之思想傳承為主》，華梵大學東方人文思想研究所碩士論文。

楊維中

1998 年，《心性與佛性》，南京大學哲學系博士論文。

趙淑華

1997 年，《《阿含經》的慈悲思想》，台灣大學哲學研究所碩士論文。

蕭灯堂

2005 年，《《雜阿含經》無我論研究》，東海大學哲學研究所碩士論文。

謝莘莘

2005 年，《當代台灣佛教僧尼的戒律觀及其生活實踐》，玄奘大學宗教學研究所碩士論文。

羅耀明

2002 年，《《阿含經》之禪定－以佛陀成道的禪定為脈絡》，華梵大學東方人文思想研究所碩士論文。

釋清德

1992 年，《印順法師戒律與教制觀之研究》，中華佛學研究所畢業論文。

論文類 U095

《阿含經》解脫之道
——增上戒、定、慧三無漏學

作　　者　胡順萍

發 行 人　林慶彰
總 經 理　梁錦興
總 編 輯　張晏瑞
編 輯 所　萬卷樓圖書(股)公司
臺北市羅斯福路二段 41 號 6 樓之 3
電話　(02)23216565
傳真　(02)23218698

發　　行　萬卷樓圖書(股)公司
臺北市羅斯福路二段 41 號 6 樓之 3
電話　(02)23216565
傳真　(02)23218698
電郵　SERVICE@WANJUAN.COM.TW
香港經銷
香港聯合書刊物流有限公司
電話　(852)21502100
傳真　(852)23560735

ISBN 978-957-739-653-2
2021 年 10 月初版五刷
2019 年 10 月初版四刷
2017 年 8 月初版三刷
2014 年 11 月初版二刷
2009 年 6 月初版一刷
定價：新臺幣 380 元

如何購買本書：
1. 劃撥購書，請透過以下帳號
　　帳號：15624015
　　戶名：萬卷樓圖書股份有限公司
2. 轉帳購書，請透過以下帳戶
　　合作金庫銀行 古亭分行
　　戶名：萬卷樓圖書股份有限公司
　　帳號：0877717092596
3. 網路購書，請透過萬卷樓網站
　　網址 WWW.WANJUAN.COM.TW
大量購書，請直接聯繫，將有專人
為您服務。(02)23216565 分機 610

如有缺頁、破損或裝訂錯誤，請寄
回更換

國家圖書館出版品預行編目資料

《阿含經》解脫之道——增上戒、定、
慧三無漏學/ 胡順萍著.
-- 初版. -- 臺北市 ： 萬卷樓, 2009.06
面 ；　公分
ISBN 978-957-739-653-2

1.阿含部

221.8　　　　　　　　　98008825